後天首富養成書

各國零用錢觀 × 富豪們的童年大小事 × 孩子走上儲蓄之路

種下未來的搖錢樹！

錢媽媽 編著

◎ 再淵博的父母，也代替不了圖書館
◎ 再富有的父母，也不是永恆的搖錢樹
◎ 所以，教孩子理財你真的需要這本財商書
◎「窮過三代」的機率大過「富不過三代」？
◎ 金錢是最好的僕人，同時也是最壞的主人？
◎ 賺不了錢總有藉口，存不了錢有什麼理由？

年少的你，雖說不須仇富，但也不必拜金……
張愛玲曾說「出名要趁早」，各位！理財才更要趁早！

目錄

目錄

前言

消費主義（consumerism）一詞通常有兩種意義，一種是強調消費者權利的消費者主權運動，有時也譯為「消費者主權主義」；另一種意思是指缺乏批判意識地沉迷於消費。本文是在第二種意義上使用消費主義的概念。對消費主義的含義，有多角度、多層次的不同解釋。一種認為它是一種行為實踐，是指一個物品消費日益增長的事實或實踐。另一種認為它是來自資本主義意識形態的一個基本教義，即把盡可能多的占有和消費物質產品，作為其個人自我滿足和快樂的第一位要求。

可以肯定地說，在本文中，消費主義是一個貶義詞，指的是一種價值觀念和生活方式，它煽動人們的消費衝動，刺激人的購買欲望。消費主義不在於僅僅滿足「需求」（need），而在於不斷追求難以澈底滿足的「欲望」（desire），消費主義思潮代表了一種意義的空虛狀態以及不斷膨脹的欲望。

而針對青少年思想道德建設的核心，是使青少年形成正確的世界觀、人生觀和價值觀。消費主義思潮對青少年思想道德建設有著重要的影響，是由青少年的特徵和消費主義的特徵共同決定的。

人的思想是在其實踐的過程中逐漸形成的。在市場經濟條件下，市場交換行為或者說消費行為成為人們最基本的行為。今天的青少年從孩提時代起，就生活在商品的汪洋大海中。消費對於青少年發展而言，不僅是單純地滿足吃、穿、用等基本的生活需求，更包含了他們在消費活動中進行的學習和道德塑造，以及透過自身的消費形成價值觀的作用。

時尚消費行為對青少年會產生更大的影響。這是因為越是保守的人，越不願意追趕時尚。而在兩代人中，年輕的集體，更趨開放，更傾向趕時髦、講時尚；年老的集體，則相對更保守，不容易為時尚所動。

消費本質上就是文化，因為消費及消費品，均是表達意義的符號體系和象徵體系。消費主義在青少年中的擴散表明，支持這種生活方式的意識形態，正在青少年的日常生活中取得文化主導權地位。富裕從來不是奢靡的立法者，尤其不是消費主義生活方式的直接原因。只有文化才能為一種生活方式提供價值、觀念、知識以及道德上的合法性。

在當今的新形勢下，大眾文化對青少年的影響是非常巨大的。有學者提出這樣的設問：20 世紀發生的大事很多。那麼，人類登上月球和大眾文化的興起，哪一個對人類生活有更大的意義呢？前者是一件歷史性的大事，後者卻是我們的生活點滴。只要想一想，當今世界上有數以十億計的青少年，正透過電視、電影、網路以及手機遊戲等來了解生活，並在其中形成有關美醜對錯的世界觀、人生觀和價值觀，思考和確認自己與這個社會的關係，那麼，大眾文化與人類登月哪個更有意義不是不言自明嗎？

但是，我們必須明確一點，大眾文化具有一種赤裸裸的商品性，它是消費主義思潮的絕好載體。大眾文化透過消費大量生產的文化產品，以實現利潤最大化為根本目標。這樣，傳統文化與經濟的界限模糊了，這使得大眾文化比起傳統文化形式，更容易走進一般大眾尤其是喜歡標新立異的青少年的生活中，從而對青少年有著深刻的影響。這就是消費主義在青少年思想道德建設中，作用日益加大的根本原因。

消費行為和消費意識的教育是一種生存教育，是教育青少年做人的教育。青少年中蔓延的消費主義傾向，已經帶來了一系列的消極反應，如貪圖享受，不能吃苦；講排場、愛慕虛榮；依賴性強、獨立性差等。這對青少年形成健康的人格是非常不利的。

青少年要適應現代社會，必須具有健康的人格，其中所包含的基本品格有能吃苦、務實、獨立等。經驗和研究都一再表明，在物質條件過分優裕環境中長大的孩子個性嬌弱、缺乏毅力，吃不了苦。因此，教育者尤其是父母應有意讓孩子吃點苦，再富也要苦苦孩子，是一種先進教育理念的表現。消費主義傾向容易使青少年形成愛慕虛榮的人格特徵，這與現代社會所需要的實事求是、務實求真的精神不相符。愛慕虛榮的孩子往往不受同伴歡迎，而且背負著巨大的心理壓力。比如現在假名牌氾濫就是虛榮心態的表現。沒有錢穿戴名牌，又愛面子，只能買件假的充門面。經濟條件好而又不知控制的家庭，容易使青少年在高消費的環境下，失去對金錢的準確感知，遇到問題和挫折時往往過多地依賴金錢去解決，從而缺少鍛鍊自己獨立解決問題的機會。這些都不利於青少年的健康成長。

消費主義不僅傷害沉溺其中的青少年自身，也會對同儕造成傷害。比如大學裡的貧困學生沒有錢參加同學的聚會和各種高消費的活動，就只能選擇主動和同學疏遠，這種現象叫做「自我排斥」，因為他們的消費水準沒有辦法達到社會平衡的要求。

如前所述，既然消費主義對青少年的思想有著深刻的影響，那麼，從對消費主義的遏制與引導入手，就成為建設青少年思想道德的重要途徑。

西方有遠見的專家學者，已經展開了對消費主義思潮的反思和批評。美國著名的戰略學家茲比格涅夫·布里辛斯基（Zbigniew Brzezinski）在《失控：解讀新世紀亂象》（*Out of Control: Global Turmoil on the Eve of the 21st Century*） 書中憂心忡忡地指出，一股追求在豐饒中的縱欲無度的精神空虛之風，正在主宰人類的行為。「界定個人道德準則的下降和對物質商品的強調，兩者相互結合，就產生了行為方面的自由放縱和動機方面的物質貪婪」。美國學者艾倫·杜寧在他的著作《多少算夠》中，也對消費主義現象提出了尖銳的質問：「如果環境的破壞根源，在於人們擁有太少或者太多的時候，留給我們的疑問就是：多少算夠呢？地球能支持什麼水準的消費呢？擁有多少的時候才能停止增長而讓人類滿足呢？世界人民在不損及這個星球的自然健康狀況下，是否可能過一種舒適的生活呢？傳統美德中「崇儉」是消費價值觀念的核心，是維繫中華民族數千年繁衍不息的精神之一。「勤乃搖錢樹，儉是聚寶盆」是華人最喜歡、最常用的春聯之一。若說勤是生產勞動方面的主要價值規範，那麼「儉」則是消費生活方面的主要價值規範。所謂「儉」，就是在消費上講究節約，適可而止，反對鋪張浪費。在傳統社會生產力較低的情況下，人們倍感勞動成果的來之不易，因而自然而然地產生和推崇消費上的節儉觀念。

消費主義思潮指導下的消費是一種「消極性消費」，消費行為更多地受制於外在的誘導和標榜，而非出自內心真正的需求。所以，青少年要是沉迷於「消極性消費」，收穫的將是刺激和對刺激的無休止追求，而不是發自內心的滿足感和幸福感。專家們認為，要著力宣導消費觀的轉型，努力培養青少年的自主性消費觀。

所謂「自主性消費」，是指以自主需求和自我實現為目的的消費。自主性消費使消費成為自我實現的一種方式，使人們的內在力量得到展現，思想境界得到提升。這是因為，自主性消費要求行為主體擁有高度的自我控制和責任意識，能考慮到其行為與自然和社會的承受度是否適應的問題。透過自主性消費達到的自我實現，更加注重生活品質的非物質性一面。

自主性消費觀念是消費主義思潮的一味解藥，是對超出必要消費界限的揮霍性物質欲望和物質享受，做出理性限制的一種倫理觀念。當然，在現今社會，宣導自主性消費絕不可能是要求青少年禁欲苦行，而應該是為他們本身的幸福和利益，展示一種可供選擇的人生哲理。這是當前青少年思想道德建設的題中應有之意。一種觀念的養成不是短時間內可以見效的，這就需要社會從培養青少年良好的消費習慣入手，在青少年中著力培養一種從自我內心為自己的消費行為尋找理由的習慣。

科學消費觀是指符合人們身心健康和全面發展要求、促進社會經濟發展、追求人與自然和諧進步的消費觀念、消費方式、消費結構和消費行為。科學消費觀的樹立，可以使青少年有效地抵制消費主義思潮的侵蝕，從而建立正確的人生觀和價值觀。在幫助青少年樹立科學消費觀的過程中，全社會有大量的工作可做。比如加強青少年的消費知識普及工作，使青少年掌握更多的消費知識和具有更強的理財能力，用較少的消費投入，獲得最佳的消費效益。綠色消費觀是一種新的消費觀念，是比過度消費更豐富、更高級的生活結構，是一種以簡樸、方便和健康為目標的生活觀念和生活方式。綠色消費觀主張「夠用就可以，不必最大、最多、最好」。它摒棄了「增加和消費更多的財富就是幸福」的價值觀。事實上，心理學研究表明，消費與個人幸福之間的關係是微乎其微的。生活在 20 世紀末的人們，比世紀初他們的祖先們平均富裕 4.5 倍，但是他們並沒有比祖先們幸福 4.5 倍。更糟糕的是，閒情逸致、平和的心態，似乎都在奔向富有的過程中走向枯竭。人們為了滿足消費，必須煞費苦心地珍惜時間，加快生活節奏以便賺更多的錢，把人的精力和創造都耗盡在高消費上了。

在綠色消費觀的指導下，人們提出過一種以提高品質為中心的消費生活。而生活品質是指「人的生活舒適、便利的程度，精神上所得到的享受和樂趣」。綠色消費觀在西方的許多富裕國家越來越有影響力，而它對於現今的青少年而言，也是一種很好的選擇，有很強的現實性和針對性。

總而言之，在市場經濟條件下，消費主義思潮獲得了前所未有的蔓延，並對青少年的思想道德建設構成極大的威脅，我們要高度重視這一問題。從消費主義的遏制與引導入手，是我們進行青少年思想教育，為構建和諧社會做出貢獻的一個重要路徑。

總而言之，隨著經濟的發展和人民生活水準的提高，孩子口袋裡的零用錢越來越多，許多青少年在使用零用錢時沒有計畫性，養成了一些不良習慣，甚至形成道德上的缺失，讓老師和家長操心不已。如何引導子女理性消費，成為家長、老師和社會共同關注的焦點。青少年自己怎麼來「巧妙」地花零用錢，那就讓零用錢催生青少年自己的理財意識吧！

編者

第一章
零用錢裡有學問

國、高中生的零用錢從哪裡來？又如何處理他們的零用錢？根據某報社的一項調查資料顯示：有零用錢的學生占了被調查總數的98.6%，沒有零用錢的學生僅占1.4%。調查資料還顯示，孩子的零用錢絕大多數來自父母，占了94.4%；來自祖父母、外祖父母的占了19.7%；其他親戚給的占7.0%；以及自己打工而來的（以高中生為主）占4.2%。

交叉分析發現，高中生相對國中生來說，透過獎學金和打工獲得一些零用錢的比例略高一些。那麼國、高中生是如何處理自己的儲蓄呢？調查結果頗有趣味性，資料顯示：有45.5%的學生是自己保管儲蓄，34.6%的學生則把儲蓄「上繳」給父母，由他們來保管，只有7.8%的學生會把儲蓄存在銀行裡。

相關研究人員認為，有許多學生會把零用錢放在自己身邊，以供平時使用，這也是青少年自主意識的一個表現。不過有意思的是，很少有人會把錢存在銀行裡，這也說明現在的銀行儲蓄對於這些青少年來說並不太適用，尤其是一些還沒有拿到身分證的青少年，而且銀行儲蓄的手續和填寫，對於一些青少年來說不是非常方便，這可能也是造成孩子們很少將錢存入銀行的一個因素。

你還記得自己小時候的零用錢是哪裡來的嗎？可能大部分都是家長的「饋贈」吧？然而，在英國，孩子們的零用錢卻來自勞動所得。據《每日電訊報》報導，一項調查顯示，幾乎2/3的英國孩子要靠做家事賺取零用錢。英國哈利法克斯市儲蓄所所長彼得．傑克遜指出，透過這種方式，孩子才能更好地領會金錢的意義，並學會如何花錢。

靠勞動賺錢能讓孩子懂得金錢的可貴。

在英國父母的觀念裡，讓孩子們感受金錢的來之不易，遠比讓他們理所當然地享受家長的給予來得重要。

所以，家長一般都會將家庭的經濟狀況告知孩子，父母如何給孩子零用錢也會取決於家庭狀況，家境比較好的孩子，零用錢會多些，家境差的就會少些。但不管是多是少，孩子們的零用錢都應該透過勞動來換取。因為父母擔心，一旦金錢是不勞而獲的，孩子們將不能理解金錢和勞動之間的關係，不知珍惜所得，進而逐漸變為紈褲子弟。

例如，大部分英國孩子都會使用手機，因此父母每個月就要為小孩支付 10 英鎊左右的手機電信費。這筆錢雖說不算多，但若要求孩子必須用勞動去換取這些有限的收入，如收拾房間、修剪草坪、洗車和洗衣服等，他們就必然要小心地計算如何使用自己的珍貴所得，從而學會控制自己的消費行為，學會在付出與得到之間取得平衡。

家庭金錢交易只是教育手段。

儘管在一些人看來，家長與孩子進行金錢交易會有損家庭關係，不過實際上，讓孩子透過做事來換取零用錢只是教育方式而已，家庭關係並非是用金錢來衡量的。

有一個失業工人的家庭，他的 4 個孩子都還不到 12 歲，然而他們卻都很清楚父親是什麼時候失業，什麼時候找到工作的。他們在父親失業時為家庭付出的勞動都是免費的，完全是為了幫助父母。而當父親重新開始工作的時候，就得為孩子的勞動付費了。這時，孩子們也可以心安理得地用勞動去換他們的零用錢，分享父親獲得工作和金錢的快樂。

家長鼓勵孩子向政府貸款。

由於英國孩子從小就在學習如何賺錢和如何花錢，所以等到成年，父母就會讓他們掌管自己的帳戶。

按照《家族》雜誌的統計，雖然大部分的英國父母不像傳說中那樣，在孩子 18 歲以後就撒手不管，讓孩子「自生自滅」，可是仍有不少家長鼓勵孩子透過向政府貸款，來支付自己大學期間的生活費。

有些孩子每年要向政府借 3,000 ～ 4,000 英鎊來負擔日常的開支，那麼 3 年大學教育下來，畢業生負債 1 萬英鎊就成了很常見的事情。而所有這些貸款都要靠孩子工作後自己償還。

如何安排好孩子的零用錢，家長確實需要費心；拿到零用錢的學生，如何使用這筆錢，同樣需要細細規劃。

零用錢給不給？

零用錢到底給不給？給吧，自然不成問題。可是看那些成功人士，不少人小時候都是在工讀中培養出重要能力及優良品格。孩子倘若也能靠工讀解決零用錢問題，肯定也可從中得到鍛鍊。可真要狠心逼孩子工讀，又怕耽誤了孩子的學業及多采多姿的學校生活。

其實我們跳出給或不給的思路，可以學習一下海外很流行的「配對給付法」。比如本來給孩子一個月 1,000 元零用錢，現在突然不給，要他靠工讀賺取零用錢顯然比較困難。但可以要求他們靠工讀解決每個月 300 或者 500 元的零用錢，然後家長才按照 1:2 或者 1:1 之類的比例，配對給另外的 700 或者 500 元。這樣既可保證孩子的生活品質，又可迫使他們嘗試一下工讀，鍛鍊自己。

零用錢給多少？

零用錢給多少，無疑又是家長最頭痛的問題。給多了怕孩子亂花，給少了又怕孩子過分省吃儉用。在給零用錢上，家長一方面要量力而行，絕不可富了孩子苦了自己，這樣對孩子的成長也沒有好處；另一方面，倒是可以和其他的家長多溝通，看看目前一般的零用錢「行情」是多少。假使自己能承受，那就按照「行情」給，這樣也可讓自家孩子在「零用錢」上和其他孩子站在同一起跑線上，看看他們在理財方面是否能夠比其他孩子做得更好。

一次給還是按月給？

當然，如果希望他們有較高的「財商」，自然要給他們足夠的機會和教育。而零用錢怎麼給法就大有講究。有的家長會選擇一次性把半年甚至一年的零用錢加上學費給孩子，尤其是孩子在國外讀書時；有些家長則選擇每月給孩子一部分零用錢。

前一種方式的好處，在於孩子有更大的自主性，可以提前買一些較貴的物品，如手機或者電腦之類的，當然在隨後的日子裡就要省吃儉用了。甚至一些有投資頭腦的孩子會拿這些錢去投資，如果得法，自然零用錢可多出一些。但凡事有利有弊。若是孩子自控能力不強，半年不到就把一年的零用錢都花光，或者投資失敗折損大半，那最後還是要向家長伸手的。那時又有多少家長會狠心不給呢？可是一給，鍛鍊他們自我管理零用錢的初衷無疑就失敗了。按月給零用錢自然可避免這種情況，卻也讓孩子失去嘗試管理一大筆財富（相對而言）的機會，而這是他們未來人生必然要學會的一課。

比較好的方式，是將零用錢拆半，一部分一次性交給孩子自己規劃，另外一部分則每月給他們，每月發放數量，以讓他們正好過日子、不太寬裕為限。這樣既可保證他們有一定的自主權，也可讓他們在亂花錢後，仍舊每個月有足夠的生活費能夠糊口，雖然可能日子過得不寬裕，卻能夠因此留下教訓。

給零用錢是一門大學問。不僅體現家長對子女的愛，更是對他們未來「財商」的重要鍛鍊。在這個問題上，家長可是要多花點心思的。

不管怎麼樣，孩子們的零用錢看來是不得不給。難麼，你給孩子零用錢了，你的孩子會花錢嗎？

有人說，零用錢是孩子學習消費的「學費」。確實，花錢不是一件簡單的事，從分析需求、節制欲望到收集資訊、選擇商家、比較商品的品質與價格，再到討價還價、找零核對，在支配零用錢的過程中，孩子能學到的東西有很多很多。

所以，明智的父母們是不會排斥孩子用錢，而會教孩子如何花錢。

教孩子們零用錢怎麼用：

1. 學知識。

在 3 歲以後，孩子就可以學著了解紙幣和硬幣了。了解錢幣不光是讓孩子說出錢幣的面值，還應知道它們所代表的實際價值。如夏天時讓孩子去買冰棒，了解不同品牌的冰棒，價格是不一樣的；去兒童樂園時，讓孩子知道一百元可以玩哪幾樣遊樂活動等。

再大一些的孩子，可以讓他們見證零兌整、整兌零的交換活動，了解錢幣單位之間的換算關係。

2. 學消費。

孩子在花錢買東西的過程中，父母要教會孩子審慎決策，形成合理的消費觀念，培養基本的消費能力。

「買什麼」——學習按需消費。

有了錢，並不是想買什麼就買什麼，父母要幫助孩子逐步分辨：哪些是必需的，哪些是可有可無的，哪些是浪費，知道該花的錢要花，不該花的錢要省。

透過零用錢，你可以向孩子傳遞良好的生活理念，如商品是買不完的，我們必須學會理性地取捨，在滿足部分願望的同時，就得節制其他的欲望。一個人的財富與地球上的資源都是有限的，節儉是一種美德，它可以使我們把更多的錢用在更有意義的事情上。

「向誰買」——學會比較與選擇。

小孩子往往拿到錢就往商店跑，找到商品就是它了。大一些的孩子，也許稍稍懂點品質優劣與價格貴賤，但大多也不能兼顧二者，要麼一味追求品牌，要麼盲目追求省錢。

確定要買的東西該向誰買、買哪種？父母不妨在帶著孩子逛超市時，在琳瑯滿目的商品陳列架前貨比三家，比較貨品的品質與價格，學會綜合權衡。

「怎麼買」——學學討價還價、找零核對。

「討價還價」其實是一個有趣的心理遊戲，讓孩子明白商家的出價與物品的實際價值之間是有空間的，學一點「生意經」，避免以後「吃大虧」；附帶著，孩子的語言表達也得到了鍛鍊。

帶孩子一起買東西時，簡單的運算可以讓孩子去完成；讓孩子替大人跑腿買東西時，要求他彙報價格和餘額，這些都是訓練孩子找零核對的實戰機會。

3. 學理財。

孩子上小學以後，就可以利用零用錢進行相關的理財教育了。

・幫孩子開設一個銀行帳戶，讓孩子熟悉金融機構辦理手續的一般程序，知道帳戶裡的錢屬自己所有。

・學會計劃開支，比如可以讓孩子擬一個本週開支的清單計畫，為自己的各項開支做一個大致的預算。

・學會記帳與核算。用一個小帳本記錄自己的開支專案，週末核算看看是否有不理性的消費，收支是否平衡，各項開支與預算是否有出入，是預算不合理還是消費失度，及時總結以便調整下週計畫。

・針對大宗物品，可以讓孩子體會一下儲蓄與借貸的意義。比如，孩子想買一雙輪滑鞋要一千元。父母可以提議孩子透過勞動報酬與表現獎勵爭取額外的收入，同時每週存 50 元，存 3 個月，湊滿 600 元，再向父母借貸 400 元，2 月還清，付息 20 元。在這些半真半假的金融活動中，孩子可以真切地領會到儲蓄與借貸的意義與價值。

4. 學習愛。

總是在算計著金錢，難免會功利，要讓孩子知道錢的意義不只是錢。

比如，捐贈活動中父母掏錢給孩子捐贈，除了達到募捐的目的外，孩子並沒有受到愛心教育。最好是讓孩子掏自己的錢，孩子就會面臨得與失的權衡與選擇，這時無論捐多捐少都是愛心的洗禮。節日或生日時，讓孩子用零用錢為家人買一些小禮物，用錢來傳遞愛與表達愛。這樣，孩子才能懂得錢除了可以滿足人的欲望，還有更多更高的價值與意義。

當然還有幾點需要特別提醒：

・不要把家事與零用錢簡單掛鉤。做家事是每個家庭成員應盡的責任與義務，孩子分內的勞動如收拾玩具、保持自己房間的整潔等必須完成，不該計取報酬。額外的勞務可以考慮適當報酬，如幫媽媽去便利商店買包鹽，找的零錢不妨歸他。

- 錢是錢，愛是愛，不要混淆。零用錢的有無、多少與父母對孩子的愛無關，這一點父母都清楚。不過我們仍然會不自覺地向孩子暗示兩者的關係，像是：「你最近表現得很不好，我不喜歡你這樣，再這樣做就別想我下週會發零用錢了。」、「我爸媽就是比你爸媽心疼孩子，你看他們給兒子這麼多壓歲錢。」、「親愛的，今天我過生日你什麼禮物都沒買，你是不是已經不愛我了？」
- 讓零用錢成為家庭制度。關於零用錢，父母應鄭重其事地和孩子協商，要讓孩子感覺到零用錢是家庭生活中的一項制度，不是父母對孩子施壓的一張王牌，不會因父母的情緒好壞而隨意增減數量。零用錢協定一旦達成，雙方都必須遵守。

孩子在零用錢的使用過程中，難免會出錯，不要責怪孩子，給他機會練習，錢就會越花越聰明。

如果家中的孩子經常吵著要買昂貴的玩具，身為家長的你也許跟孩子說：「家裡不是很有錢，所以不能買。」3 歲的時候，你的孩子會叫你多買些錢放在家裡。6 歲時你的寶貝孩子就會說了：「爸爸，小聲點，要不然人家還以為我們家真的沒錢！」這時，錢在您小寶貝的心目中已經是「身分」的象徵了。

沒有受過理財教育的孩子，日常生活中，憑藉錢的使用，逐漸摸索現實社會的運作法則及人際間的互動模式，並在家庭和外界環境的交互影響下，對錢有了不同的了解。

錢等於愛。爸爸總是說：「我那麼辛苦工作，就是為了賺錢給你。」爸爸若是沒時間陪孩子，總會給孩子好多錢用，而孩子在花錢時就會想到他了；沒錢時，會思念爸爸對「我」的「愛」。

錢是種獎品。成績好，獎品大些；成績差，獎品就小。沒整理房間，獎品被沒收；幫媽媽拖地，還有額外獎品。表現愈符合大人的要求，獎品就愈多；反之，則一無所有。

錢是麻煩。家裡中大樂透的那個同學晚上不敢接電話，因為媽媽說，如果有陌生人打電話問他是不是一個人，千萬要回答說：「不！」

所以說，錢在孩子幼小的心靈裡，是件複雜而矛盾的「鬼東西」！

在現今競爭激烈的社會裡，一個人若不能掌握理財之道，適當地處理投資事務，便可能會落伍。

要培養孩子正確的金錢觀和消費理財的概念，重要的是讓孩子有用錢消費的經驗，以及支配金錢的決策能力。

不同年齡的孩子對金錢、數字概念的認知不同，所以給孩子零用錢時，應先考慮孩子個別的成熟度及需求。

對 5 歲以下的孩子而言，零用錢的意義並不大；6 歲左右的孩子，則可考慮給他小額零用錢，讓他學習金錢的運用及了解金錢的價值；對七八歲的孩子來說，金錢已具有意義，但在使用上，卻不懂得節制，面對這個階段的孩子，父母應著重灌輸他正確的金錢觀念。

通常零用錢的需求與年齡是成正比的，年齡愈小的孩子，給的金額愈少，間隔時間愈短。也就是說，六七歲的孩子，可以每天給他小額零用錢，而 10 歲左右的孩子，則可以一次給他多一點的零用錢，並每個星期或每兩個星期給他一次。

給孩子零用錢，不是在打發孩子，也不是補償孩子，應該在給孩子零用錢的同時，指導他零用錢的使用、保管方法，如此才能充分發揮零用錢的教育功效。

對於年齡較小的孩子，可採取以父母作為銀行的方式發給零用錢，孩子想要買東西時，向父母申請，由父母陪同孩子一起購買、選擇商品；八九歲的孩子多半已有固定的零用錢，這時父母可以指導他簡要地記錄零用錢的去向，協助他有計劃支配零用錢。

讓孩子支配、使用零用錢，不僅可以培養孩子的數位概念，還可以培養其獨立自主的能力，並從使用零用錢的過程中，建立價值觀。沒有支配金錢經驗的孩子，會有缺乏自制、慣於依賴的情況發生。父母有求必應，孩子易有揮霍無度的習性；嚴格約束孩子用錢的父母，則可能教育出一個性情拘謹、行為保守、缺乏獨立能力的孩子。因此，無論孩子年齡是大是小，無論零用錢是多是少，父母要記住一個大原則：從小培養孩子節約開支、明智消費、隨時儲蓄的概念。這樣對孩子將來有計劃地使用金錢、有效地管理金錢，才會有幫助。

第一章　零用錢裡有學問

第二章
零用錢怎麼給

世界上所有孩子到了一定年齡，都應有享受零用錢的權利。零用錢對於孩子並非一無是處，哲學家培根（Francis Bacon）說過：「假使孩子小的時候，在金錢上過分吝嗇於他，孩子在性格上將會變得猥瑣。」的確，在孩子小的時候不學會怎樣使用錢，成年後其財商就會非常低下，難以適應經濟社會的發展。

現實生活中給孩子一些零用錢是應該的，因為這樣能讓他儘早地了解錢和學會正確使用錢。

零用錢中國孩子最多。

比起近鄰的日本、韓國和越南，中國孩子的零用錢更加充裕，根據日本學者的一份調查顯示，四國當中，中國城市青少年的零用錢絕對金額最多。然而讓人感到擔憂的是，中國同齡孩子間零用錢的差額過大，父母給孩子零用錢的方式較為隨意，孩子對零用錢的支配權也偏小。

日本前橋國際大學的山本教授，發表了他和同事關於中、日、韓以及越南四國少年零用錢方面的調查報告。

越南孩子零用錢最少。

在比較四國孩子零用錢時，日本學者表示，按比例而言，中國孩子的零用錢絕對金額最高，「在我們入戶調查的一個中國家庭，該戶讀國一的國中生一個月零用錢達到 1,600 ～ 2,000 元，而據他的母親表示，這個數額在班級上並非最多。」按照實際購買力換算，這相當於日韓孩子家庭零用錢平均水準的 2 倍甚至 3 倍。

根據他們的調查，在日本相同年級即十三四歲的國中生中，每個月零用錢在 2,000 ～ 3,000 日元之間，折合臺幣約 450 ～ 670 元之間，韓國青少年的零用錢絕對金額比日本略少，但是考慮到購買力的因素，兩國相差並不大，而同樣經濟發展迅速的越南，青少年的零用錢數額最低。

中國孩子零用錢數額差距大。

在描述中國青少年的零用錢狀況時，日本學者用了「不安定」這個詞語來形容。在中國家庭，子女的零用錢金額隨著家庭經濟的變化，每個月可能都不相同。此外，一個班級當中，孩子零用錢的數額相差也非常大，日本學者表示，中國孩子零用錢的「貧富差異」讓人吃驚。

日本學者調查發現，中國一個班級裡一個月零用錢多者可以上千元，少的可能幾乎沒有。即使收入水準差不多，因為家庭教育觀念的不同，中國家長給子女的零用錢數額也有明顯差別。

在日本和韓國，儘管經濟條件不盡相同，不過一個班級同學的零用錢基本保持在同一水平線上，父母甚至會相互打聽各自給子女零用錢的數額，並約定大致的數額，以免讓孩子互相比較而造成心態不平衡。

中國孩子支配零用錢自主權小。

一個在中國較為普遍的現象也引起了日本學者的興趣，即中國孩子的零用錢並不是完全自主安排的。山本教授說：「我們在調查中發現，中國孩子的零用錢雖然比較多，特別是壓歲錢也有很大數額的進帳，可是這些錢的使用通常要由家長指導支配，最後多數用在學費、書本費等方面。」

山本教授表示，零用錢在日本完全都由孩子自己支配，學費等費用則是家長應當承擔的支出。日本、韓國家長雖然嚴格控制子女零用錢的數額，但是一旦給出就不會對零用錢的使用有過多的干涉，讓孩子自主安排零用錢，家長視之為培養孩子理財意識的途徑。

給孩子零用錢中國家長最隨意。

中國家長給孩子零用錢似乎缺乏固定的模式，日本學者表示在其他三國，家長給子女零用錢的方式都比較固定，而中國家長給孩子零用錢的方式就顯得較隨意：既有可能定時定量地給，也可能為滿足孩子的要求而額外增加。

據調查，四國的父母對孩子零用錢的控制有兩種方式：第一種是定期給孩子一定數額的零用錢，讓孩子自己安排開銷。第二種是根據孩子的要求或願望來給孩子零用錢，每一次和孩子協調或者控制孩子的要求。日本家長多選擇前者，韓國和越南的家長則樂於採取後一種方式，而在中國，兩種方式的選擇兼而有之。

日本學者認為，不同零用錢的給予方式對孩子的人格培養有不同影響。定時定量的方式可以讓孩子懂得統籌安排財富；需要用錢時與家長協商，則能鍛鍊孩子協調人際關係的能力。

而沒有規律地隨意給零用錢，可能造成的後果是，如果給得少，孩子有可能會壓抑自己的欲望，一旦給得多，則可能導致欲望的無節制。

透過零用錢創造生活。

孩子一天天大了，父母開始擔憂給不給零用錢，什麼時候給，給多少。國外父母對此似乎並無擔憂，讓我們一起來借鏡一下：

日本用金錢傳遞「魔力」：

日本的山本教授認為，孩子的零用錢作為一種文化仲介工具，在生活中占有重要地位，孩子們透過使用零用錢來創造自己的生活。

山本說：「打個比方來說，金錢彷彿是一種很有魔力的東西，倘若父母給孩子一些錢，那就意味著他們向孩子傳遞了這種『魔力』，因此他們會非常擔心自己的孩子如何使用這種『魔力』。」

美國從零用錢學理財：

教孩子使用零用錢是讓孩子學會如何預算、節約和自己做出消費決定的重要教育手段。父母應盡可能將孩子的零用錢數量，控制在與他的同儕大致相當的水準上。至於零用錢的使用，則由孩子全權負責，父母不直接干預。但孩子因使用不當而犯錯時，父母不輕易幫助他們渡過難關。只有如此，孩子才能懂得過度消費所帶來的嚴重後果，從而學會對自己的消費行為負責。

教會孩子如何存錢。

透過減少送給孩子昂貴物品的方法來激發孩子的興趣，向孩子解釋：要是將來想擁有更有價值的東西，他們就得在當前放棄一些價值不大的東西。存錢的習慣會使孩子珍視自己的勞動所得。

新加坡宣導儲蓄：

「節儉和儲蓄是美德」，這種傳統的價值觀在新加坡的大人和孩子中始終牢固不變。從銀行存款額看，新加坡全國中小學生西元 1992 年參加儲蓄的百分比超過 53%，平均每名學生大約有 1,144 新元存款。新加坡的學生如此會存錢，在於社會與家庭、學校的合力引導。教育部、郵政儲蓄和銀行，每年都會開展全國性的校際儲蓄運動。在這種環境下，許多孩子都成了儲蓄迷，他們為了防止自己花錢沒有節制，連提款卡也不申請。

給你的孩子真正的財富！

兒童節時，你想給孩子一份什麼樣的禮物？布娃娃、變形金剛，還是現金？你愛你的孩子嗎？給他最需要的吧！古人都說，授人以魚，不如授人以漁；同樣，給你的孩子財富，不如讓他學會創造財富，學會理財的能力，一生無憂！

中外兒童理財觀念差距大。

「宋凡 13 歲了，這個兒童節，大人們給他 800 元，不過怎麼用還真沒有具體打算，主要是他自己用，不過他平時花錢好像有點沒有節制。」宋先生和宋太太月收入加起來約六萬左右，平時對孩子用錢狀況沒怎麼控制。至於培養孩子的理財能力，宋凡的媽媽覺得兩三年內還不需要，大一些可能會考慮讓他節儉和存錢，現在主要是讓他好好學習，成績好了什麼都有。

而與宋凡不一樣的是來自美國的男孩詹姆士，在父母的監督下，他每週開銷都有簡單的計畫，從 3 歲起，他就能辨認硬幣和紙幣，五六歲時，就能夠看價格標籤，並自己拿面值不大的錢買東西了。8 歲時，就試著做額外工作賺錢，兩年後開始每週節約一點錢，以便大筆開銷時使用。

理財方面的專家認為，華人小朋友以花錢為主，美國小孩則兼顧賺錢。國外除了過耶誕節外，禮物都是透過兒童自己先努力後收益得到的，而華人家長則是利益先行，經常一開始就提出考 100 分買禮物什麼的。而很多情況下，90%的錢都在平時被花掉了，其中無計畫的零散花費是重要原因。

除了零用錢之外，你最終能給孩子什麼？

根據法國調查機構 CSA 為里昂信貸銀行進行的最新調查顯示，法國孩子每人每月平均可得到 23 歐元的零用錢。但法國父母之所以如此大方，為的是教孩子從小學會理財。

這項調查針對 501 名父母和 502 名 7 ～ 15 歲少年兒童展開。結果顯示，孩子越大，每個月得到的零用錢越多。7 ～ 10 歲的法國兒童平均每人每月可得到約 12 歐元，11 ～ 13 歲少年平均每人每月可得 16 歐元，14 ～ 15 歲少年則每人平均月「收入」30 歐元。

CSA總裁讓．達尼埃爾．萊維分析說，如今，法國父母很早就為子女的未來打算，希望從小培養孩子的理財觀念，因此「慷慨」地給予他們零用錢。有零用錢的孩子也確實不負父母所望，一般不會有錢就立刻花光，而是會把錢存起來買「貴重」物品。

調查表明，一般來說，法國父母在孩子9歲時第一次給他們零用錢，但也有23%的法國孩子7歲時就有了零用錢。此外，超過42%的法國父母會留心觀察子女如何使用零用錢，83%的法國孩子也不排斥父母這樣做。

家庭教育是一個常說常新的問題。說它「常」，是因為只要家庭存在，就有家庭教育的問題。兒女抬頭不見低頭見，古人說子女都在「膝下」，形象地說明了父母和子女的親密關係，無數的事實證明了家庭教育對於一個人的成長具有多麼關鍵性的影響。說它新，是因為社會生活和家庭結構都發生了很大的變化，特別是獨生子女和單親家庭越來越多，孩子所直接接觸到的社會資訊也越來越多，許多父母覺得孩子「不聽話」，「管不了」。不知多少父母都在感嘆，教育孩子是一件吃力不討好的苦差事。

父母的苦，首先來自家庭教育的目標問題，你要把孩子培養成什麼樣的人？從理論上說，孩子有無限的前途，有的父母看著走紅的明星、著名的作家、成功的經理等等「社會名流」，眼紅心熱，恨不得自己的孩子一夜成名。

父母有了「超常」的期望，自然就會給自己超常的壓力，而這種壓力，轉嫁到孩子身上，就是超常的「投入」，外加超常的要求。進口的奶粉，時髦的衣服，高價位的玩具，連綿不斷的零用錢……父母們似乎在心甘情願地吃苦受累。實際上這些都是父母的糖衣炮彈，反思一下，在看上去無私無悔的投入背後，父母藏匿了多少不切實際的「願望」呢？孩子無法洞察父母的心思，不過他們身上的各種毛病就是對父母最好的「報應」，最起碼，父母也落個吃力不討好的下場。

每個人一出生，就意味著開始脫離母體，成為獨立的人，成為有「別」於父母的人。孩子的成長，最終要依靠他自己的基本素養。最貼切的比喻，就是教子如種樹，父母要在孩子的「根」上下工夫，而不要整天想著子女應該開什麼花，結什麼果。古人所說的「揠苗助長」，非常形象地說明了急於求成，本末倒置的不明智做法，這個成語大家都熟悉，可是事到臨頭，自己教育子女的時候，就不由自主地功利起來了。

再淵博的父母，也代替不了圖書館；再富有的父母，也不是搖錢樹。你最終能給孩子多少具體的知識和物質享受呢？倘若你的孩子在這一時期，從你的家庭教育中獲得了健康的人格，可以獨立地解決困難，自信地面對挑戰，自覺地遠離惡習，主動地承擔責任，熱情地投入生活，友好地看待他人——總之，成了一個素養經得起嚴格考驗的人，成了一個不用你操心，能為社會做出貢獻，實現自己個人理想的人，那才是功德無量的事情。

孩子不是父母自己的，而是屬於孩子自己的，父母有撫養和教育的義務，沒有管制和強迫的權力，如《老子》所說的：「生而不有，長而不宰。」有的父母可能會說：「孩子是我的骨肉，我們當父母的辛苦撫養孩子，教育孩子，孩子怎麼不是我自己的呢？」但是，成年人不要忘記自己的身家性命也不是大風刮來的，每個人都是被撫養、被教育才長大的。所以說，教育孩子是父母應盡的社會責任，也是對自己所受教育的一種償還，因此不能認為身為父母，就理所應當地對孩子發號施令；不能把父母的意願強加給孩子。

父母也不是孩子的，在孩子面前，父母的獨立自主性不該由於血緣關係而放棄。父母完全沒有必要，最終也不可能成為孩子的僕人。不少父母自覺自願地為孩子遮風擋雨、端茶送水、穿衣提鞋 —— 不肯錯過一次機會，同時兼任孩子的自動提款機，孩子連提都不用提，錢就送上來了。我們對這樣的父母朋友要說一聲：「您別忙了！」

最要緊的，是要把孩子培養成獨立自主的人。因循守舊、懶惰怯懦、悲觀厭世、浮躁輕率、好高騖遠、自私孤僻等等不良因素，都會左右孩子的成長。社會是大熔爐，也是大染缸，最終能否成「才」，有沒有獨立自主的人格是最關鍵的因素。

家庭教育是一個日積月累的漸進過程，它是一種藝術，而不是一種技術，也就是說，不能像設計產品那樣，按照一定的配方教育孩子，然後便可以料定孩子的長短。孩子是活生生的，社會是不停變動的，家庭教育實際上是處於動態之中的。同時，家庭教育也沒有什麼祕密可言，有些父母希望獲得一勞永逸的「靈丹妙藥」，也是不切實際的、偷懶的想法。

現在，大多數家長都在孩子很小的時候就開始各種教育，包括理財教育，其實不管什麼教育，道理都差不多，我的意見是，注重觀念和理念教育，方式方法是次要的，所謂「先知其所以然，後知其然」。

起始於觀念教育。

當你旅遊時，可能沒有留意，各地的財神廟都不是當地最起眼的，甚至香火遠比不上名剎大寺，這至少說明：「錢財雖惹人喜歡，但並不值得尊敬。」家長在給孩子們上關於財富第一課時，一定要告訴孩子：「財富雖然是舒適生活的必要條件，卻絕不是充分條件。」一定要讓孩子在接觸財富前，先樹立對財富的正確觀感 —— 不必仇富，也不必拜金。這裡套一句書裡的話，「首先要學會做個偉大的人，才能學會偉大的能力」，只有具備正確的財富觀和取財態度，才能在將來懂得如何把握時機和選擇正確的方式理財。

培養良好習慣。

不管做什麼事，有良好習慣，是成功的不二法門。我們要培養孩子在理財上有好習慣。「複式記帳」是不錯的方式，引導孩子將每筆開銷和支出，運用複式記帳方法記錄下來，不僅能讓家長了解孩子的錢花在哪裡，更能讓孩子自己透過記帳的方式，了解自己的消費和支出喜好，並定期追蹤，克服消費衝動和不良消費習慣，並不斷調整自己，自己的歷史是自己最好的鏡子。而且複式記帳更能讓家長早早知道孩子將來可能的擇業取向，若是你的孩子對數字特別敏感，也喜歡這種記帳方法，那麼你可考慮將孩子培養成下一代的金融專家！

不妨來個「強迫」存款。

還有一個較好的方式就是「強迫存款」，在每月或定期給孩子的零用錢中，強行扣下一部分用於存款，從先期的強迫到孩子自願，每次都存一部分，這可讓孩子從一開始就樹立起將可支配收入分成儲蓄和消費兩項進行管理和配置的理財理念，使他將來有了自有收入後，開支分配更合理和經濟。當然，如果覺得存款利率太低（要是孩子提這樣的問題，那他或她已是個小理財家了），貨幣基金或者開放式的定期定額也不錯。在孩子足夠大的情況下，你還可在他同意並認真進行複式記帳後，為他申辦一張信用卡副卡（主卡當然由家長持有，主卡可限制副卡的消費金額），以培養孩子先消費後還款的理財理念。

金錢教育絕不僅僅是一種理財教育，它在很大程度上還是一種人格、品德教育。對比國外相對成熟的金錢教育，我們的家長需要做的還有很多，而首要的就是要樹立一個正確的金錢教育意識。

「過多的財富會給自己的子孫帶來災難。」美國富翁洛克斐勒（John D. Rockefeller）這樣認為。雖然洛克斐勒十分有錢，但是他給子女的零用錢卻少得可憐。他家帳本的扉頁上印著孩子使用零用錢的規定：7～8歲每週30美分；11～12歲每週1美元；12歲以上每週3美元。零用錢每週只發放一次，他要求子女們記清每一筆支出的用途，待下次領錢時交給自己檢查。

在美國，大多數家長對給予孩子零用錢的金額都表現得很「苛刻」，據調查發現，美國54%的青少年學生沒有零用錢，而且年齡越大越不可能拿到零用錢。

而英國政府規定：孩子自5歲起便可開始學習錢是從哪裡來的，可以有什麼不同的用途；7歲起開始學習如何管理好他們自己的金錢，如何利用儲蓄以備日後的需要。再大一點的孩子則將接著學習理解影響人們使用金錢、儲蓄金錢的因素，以使他們能夠懂得如何運用零用錢，控制預算，善用金融服務等等。

由於育兒觀、育兒方法著眼於培養孩子獨立生存的能力，英美國家的少年兒童從小就表現出以下幾個特點：

具有很強的自立能力。

英美國家的孩子從18歲開始就不能再依靠父母了，即使是非常富裕的家庭，在讀書的孩子打工的也不少。有一位美國教授，他讀大學的女兒每週都在一家餐館做服務生的工作，以換取零用錢。

具有適應市場經濟的頭腦。

英美國家的家長都會刻意地培養孩子養成精打細算、勤儉度日的習慣。英國一對在約克郡的兄弟，在其父職業的影響下，獨立成立了「洗車公司」。兄弟兩人做事十分認真，而且收費低廉。他們寧可多走路也要去價格較低的商場購買工具、車蠟、洗滌劑等，以降低成本，贏得穩定的顧客群。

具有適應社會環境的本事。

由於從小的艱苦磨練，英美國家的青少年都不怕苦，而且具有克服困難的毅力，他們遇事鎮定沉著，能與周圍的人們和諧相處，有作為社會成員而獨立存在的信心和勇氣。

鼓勵孩子在業餘時間打工。

在英國，國、高中生去打工是很尋常的現象，並且都會得到家長的支援。一位英國人說：「孩子外出打工賺錢，家長都不會反對，甚至還會鼓勵。一則可節約一些開支，更重要的是，可以從小培養孩子的自立意識，讓孩子知道錢必須用勞力去換取。」

美國家長一般都會鼓勵孩子靠打工來賺零用錢。孩子們從很小的時候便開始接受商品經濟觀念的薰陶與實踐，知道付出勞動便理所應當地獲得報酬，這在美國幾乎是一條連自家人也不例外的「金科玉律」。幾乎每個美國孩子手中都有零用錢，這些錢幾乎都是他們透過幫助父母或家人做事所得到的報酬。父母給孩子錢的初衷大多按照這幾個原則：

1. 遵守按勞付酬的觀點。
2. 讓孩子們有一定的錢可以購買他們必要的食品和學習用品。
3. 讓孩子們得到一些實際的鍛鍊。

甚至包括一些富豪對自己的子女也是「不勞動者不得食」，迫使孩子們從小摒棄「不勞而獲」的依賴感，確立和鍛鍊靠自己的雙手吃飯的觀念。讓孩子知道有了錢該怎麼合理地花。

琳達是紐約市的一位心理醫生，她曾帶著 6 歲的兒子埃里克逛三家商店，目的是為了替孩子買一臺物美價廉的小汽車。埃里克跟媽媽逛了三家商店，知道同樣功能的小汽車的最高價與最低價之間的差價是 10 美元。在尋找物美價廉的商品過程中，琳達讓孩子學會了節儉。

給孩子提供模擬成人生活開支的訓練。

許多孩子都生活在一個非現實的經濟世界裡，因為他們住在家裡，沒有太多的生活開支讓他們承擔。處在這種狀態中的孩子，當他們長大後不得不開始自己付房租、水電費，買食物和衣服以及付交通費用時，他們會震驚並且感到束手無策。小時候不知道家庭實際開支的孩子，將被迫改變以前的消費壞習慣。為了幫助孩子在未來生活中做好準備，家長可以讓年紀大一些的孩子，為自己的電話費和交通費以及一部分家庭開支付帳。一旦孩子的消費觀念成熟了，家長還可以翻開帳本，告訴他家中的錢是怎麼花的，以幫助孩子了解該如何掌管家庭的「財政」。

人們都說：「再富也要窮孩子。」要讓孩子學理財，還是應從觀念和理念入手，正所謂「漢字是教不全的，但查字典的方法是容易學會的」，只要孩子樹立了正確的財富觀念，並在你的調教下養成了良好的理財習慣，你還需要擔心他以後不會理財嗎？

第二章　零用錢怎麼給

第三章
零用錢怎麼花

零用錢裡的學問，除了身為家長一方的「怎麼給」外，當然，孩子自己的零用錢「怎麼花」那更是大「問題」了。

我們還是先從小朋友開始說起，家裡的小寶貝在幼兒階段初步建立金錢概念後，父母開始給予孩子日常的零用錢，此時，父母要堅守和實踐以下兩大原則：

原則 1：因應需要給予金額。

根據孩子實際消費需求而給予金額，例如買零食的開支，千萬不要給孩子太多零用錢，否則難以幫助孩子培養節制和自律用錢的理財習慣。

原則 2：每日給予零用錢。

倘若一次給予孩子整個月的零用錢，他們會很快便花光。

其實，零用錢怎麼花是留給父母的課題 —— 零用錢怎麼給。父母的這道題做對了，孩子才會知道零用錢怎麼花。使用零用錢時，若是孩子於不知不覺間超出預算，媽媽不妨採取以下策略：

事先跟小孩說清楚，如果這星期用完零用錢，要直至下星期才可再領。每次只給孩子 100 元。萬一孩子的零用錢用盡，但仍未到週末，父母唯有每天給予現金作為孩子的交通費。不過謹記不要再於該週內，給予子女額外的零用錢。

藉著孩子有零用錢的機會，你教會孩子如何花錢了嗎？

有沒有被你的孩子糾纏過買某樣他（她）喜歡，可是在大人看來完全不值得買的東西？要是碰上這種情況你會怎麼辦？有某報記者日前採訪了二十多位 5 ～ 12 歲的孩子的父母，讓他們回答同樣的問題。

結果多數大人說他們被糾纏過，他們會向孩子妥協 —— 買就買吧！又不是家裡沒錢買不起。只有 3 名受訪家長說自己不會輕易答應小孩的物質要求，即使小孩哭鬧也會嚴詞拒絕。還有沒有更好的做法呢？

其實，孩子們之所以會提出種種不合理的消費要求，是因為他們對支取的上限沒有概念。為什麼大人會理性消費？因為我們知道自己每個月可以賺到多少錢，有哪些錢是必須花的，還有多少閒錢可供自己自由支配，或者奢侈一下，或者滿足某一愛好，或者替心上人買束玫瑰花。

所以好的做法也許是給孩子們一個上限，讓他們養成習慣，並做出取捨。

有趣的是，這批受訪者基本有給孩子零用錢的習慣，不多，7 歲以上的大概每月也就給幾百塊。主要用於早餐、搭車和買零食。但一半的受訪者說，他們從來沒有考慮過小孩還有「消費習慣」。

其實，零用錢是可以被很好地利用的，它可以成為父母與孩子溝通的一個橋梁。有兒童學家這樣說過，當家長的要給孩子四種自由：支配時間的自由、管理零用錢的自由、讀書自由、興趣自由。有沒有設想過，有一天孩子也許會用這筆零用錢，為你買張生日賀卡？

引導孩子學會管理零用錢 —— 也就是他的私人財產，將是他人生的一個起點，從這裡他學會的可能不僅是如何消費，還有如何付出和得到、如何做人的道理。

韓小姐也是受訪家長之一。她在一高級社區居住，兒子阿銘 3 歲時入讀社區的幼兒園。由於社區居住的都是有錢人，因此幼兒園也成了名副其實的「富家子弟」聚集地。

兒子 5 歲那年，有一天他回家突然纏著韓女士要買一款名牌鞋，不答應便大哭大鬧不肯罷休。韓小姐只好哄兒子，週末才去看鞋。她覺得奇怪，兒子以前是很少在衣著上主動提出要求的，去幼兒園了解才知道，原來是有一名小朋友最近買了款名牌鞋並在園內炫耀，在他的影響下，不少小朋友回家向父母提出了一樣的要求。

週末，韓小姐帶著兒子一起去逛街，在專賣店看到了那款鞋子，她讓兒子看了價錢，然後把兒子哄到另一家非名牌的店裡，拿了另一款類似但便宜得多的鞋子，同樣讓他記下價錢。之後，她帶著兒子來到一家吃飯的地方，買了兒子喜歡吃的東西，坐下來對兒子認真地說：「兩雙鞋的用途是一樣的，可是你要的那雙鞋要貴一倍，這一倍的錢至少可以讓你吃三餐這樣的東西，你自己決定要買哪一雙。」兒子吃著手上的東西，沒有回答。之後韓小姐買了便宜的那款鞋子，兒子並沒有異議。接下來的週一，阿銘不僅高高興興地穿著新鞋去幼兒園，還得意地對小朋友們說：「我媽媽不僅幫我買了鞋子，還帶我吃了漢堡！」

相比韓小姐，胡小姐的做法似乎更超前，她在女兒小潔提出種種「非分」要求之前，先刻意地讓女兒養成「理財」的好習慣——經常帶著女兒到超市去買東西，並且，每次家人在外面消費找回來的硬幣，她都交給女兒管理，並告訴女兒，存起來的錢，到一定數目就可以買她自己喜歡的東西。她還特地買了一個可愛的存錢筒，讓女兒把硬幣投進去。

但是漸漸的，胡小姐發現女兒對存錢筒視如珍寶，不僅不讓別人碰，而且從來不肯讓別人從裡面拿零錢。有一次，胡小姐的老公要到超商買個東西，在女兒的寶貝存錢筒裡面拿了一些硬幣，被女兒看到，哭鬧了很久，直到父親拿了雙倍硬幣「賠償」，她才停止。胡小姐覺得這樣發展下去，女兒將成為一個自私的「守財奴」。

有一天，胡小姐帶回一個很漂亮的大存錢筒，當著女兒的面把自己錢包裡的錢放了一大部分進去，然後和女兒說：「我們一起到超市買東西，但是只能用錢包裡的錢，存錢筒裡的要存起來。」進了超市，她掐著數字買東西，然後到收銀處付錢。錢不夠，胡小姐便把女兒喜歡喝的優酪乳拿出來，對女兒說：「不買優酪乳了，媽媽的錢不夠。」小潔說：「可是妳剛才把錢放存錢筒裡面了。」胡小姐便趁機說：「那是媽媽學習小潔存起來的錢，不能用。」

最終胡小姐沒有買優酪乳。這次之後，小潔漸漸改變自己「小小守財奴」的習慣，有時候甚至主動從存錢筒的小洞裡掏出硬幣讓爸爸去買東西。到後來，存錢筒滿了之後，她高興地接受媽媽的建議，拿那些錢買了整套的《兒童十萬個為什麼》。

相比小寶貝們，中小學生的零用錢怎麼花的問題，就更需要體現「理性」和「智慧」了。小孩子如何用好自己的零用錢，還需要家長的幫助，不過青少年就要完全靠自己「掌握」了。

每天放學時，各個中小學校門口的一些雜貨店、小吃攤就熱鬧起來了，店門攤前圍滿了各年級的學生，老闆們對學生口袋裡的錢可是動足了腦筋。消費品市場上針對學生一族而設計的各種學習用品、生活用品也日益豐富多彩。但是這些學生到底有多少零用錢？他們平時都把錢花到哪裡去了呢？

由於青少年的零用錢來源穩定、數量可觀，所以他們在消費時不考慮價格，追求個性，要滿足更高的物質需求從而享受生活。在青少年的消費心理形成過程中，社會文化、社會流行、家庭是影響他們的三大主要因素。

在商品由賣方市場轉為買方市場時，參與競爭的商品必須具備兩個條件：一是要有符合消費者需求的商品品質和功能；二是要有吸引消費者的包裝。於是，人們開始看重品牌和包裝。人們在購物時，買的不光是一件實物，還有商品所能體現的一種概念 —— 流行時尚、身分地位、個性。

在這樣的經濟氛圍中成長的青少年，也相當關注商品表達的一種潛在概念。他們希望擁有名牌的服飾、名牌的生活學習用品，他們有的擁有自己的手機、筆記型電腦，他們會跟隨時尚的腳步裝扮自己以表現與眾不同的一面。

該給青少年補理財課了。

怎樣讓孩子學會花錢，這是世界上任何一個家庭都會遇到的問題。學習如何花錢，對於一個人的健康成長，形成正確的道德和勞動觀念有何意義？我們應該讓孩子從小學習理財嗎？

某班上有一個學生，因為他媽媽答應買玩具給他晚了一天，他就在班上拿了兩個小朋友準備交學費的錢，。當班導和這個學生談話時，發現他根本沒有意識到拿別人的錢是不對的，他只想今天一定要得到那個玩具。那時，老師突然發現，孩子不缺錢，他們得到錢太容易了，他們甚至對錢的數目都完全沒有概念。

心理學家認為，孩子的口袋裡越早有錢，就能越快地適應成年後的生活。有資料表明，即使是很小的孩子，也會為自己擁有小錢包而感到自豪。不過，有錢不代表你能理財，存錢也不簡單等於會理財，理財是一種人生規劃，是需要豐富的知識才能進行的。提高孩子的理財能力，不一定是為了把他們培養成金融家或炒股大戶，最主要的目的是讓他們適應現代經濟生活。

理財是讓孩子有條理地處理零用錢，而不是見錢眼開。

一直以來，有不少家長堅持讓孩子遠離金錢，這大概是源於孔子的一句老話——「君子喻於義，小人喻於利。」然而這一觀點難以適應快速發展的時代潮流。隨著全球經濟一體化的到來，新的時代需要新型的人才。高素養、高品質的人才，不單要掌握基礎科學知識、自然科學知識，還必須掌握具有時代特徵的財商專業知識，而這種知識的培養要從孩子做起。

現在學校針對學生的理財教育之所以得到眾多家長的支持，是因為現在的理財教育，培養孩子對錢的了解並不是唯一目的，重要的是滲透三方面的重要內容，樹立青少年的誠信意識，培養青少年的節儉品格，督促青少年保留孝敬的優良傳統。

著名教育家曾說過：「千教萬教教人求真，千學萬學學做真人。」只有誠信做人，誠信地對待工作、家人和社會大眾，才可能建立和完善職業道德、家庭美德和社會公德。同樣，致富的根本是節儉，富人的智慧也是節儉。檢查一下家中的物品，會發現許多一時衝動買下的不需要的東西。而「二八定律」就是經常發生的現象，比如常穿的衣服只占所有衣服的20%，無用的衣服占了絕大部分的空間。所以無論是成年人或是孩子，一定不要受廣告的誘惑而打亂儲蓄和收支計畫，當想買一樣東西時，一定要記得區分那是你「想要」的還是你「需要」的，這非常重要。我們（學校以及家長）教孩子理財，是要讓孩子有條理地處理零用錢，而不是見錢眼開。

誠信是為人處事之道，創業立業之本，也是投資理財之本。銀行的貸記卡之所以稱為信用卡，也可見最大程度的誠實將是我們一輩子的財富。也許按照我們的傳統，孩子太小，不應該跟他談這麼市儈的東西，但是我們每一個人都生活在社會中，是一個需要合作的團體，所以，你必須向孩子談錢，必須教他們如何花錢，教他們如何賺錢，這是所有父母不可推卸的責任。如果能教會孩子負責任地儲蓄、消費和投資，將為孩子增加生活的能力。

現在大部分家長以及學校社會都已經了解到，讓孩子學習理財的重要性，身為家長，應該如何對孩子進行理財教育呢？

現在的小學生基本上都有自己的零用錢，要為儲蓄找個目標，儲蓄才有意義。每個人都應該有三個錢罐，分別是短期錢罐、中期錢罐和長期錢罐。小朋友的短期錢罐目標可能只是一張小貼畫，也許幾天夢想就能實現；中期錢罐可能是一架模型飛機，這也許需要一個月；長期錢罐要是一臺電腦的話，則會需要更長的時間。身為家長，幫助孩子設定儲蓄目標，養成儲蓄習慣，做到聰明理財，理智消費，夢想錢罐終會變成現實。

而「財商」是一種了解和駕馭金錢運動的能力。財商培養以形成健康、積極的財富觀念為宗旨，提高財富使用者自我約束、自我管理的能力，延遲青少年的消費欲望而獲得更大滿足。

在美國、英國、日本等國，越來越多的學校制定了財商教育計畫，並列入學校的必修課中。這種教育讓孩子從小懂得，想要什麼和需要什麼的區別；懂得勞動與金錢的關係；懂得理性消費與儲蓄。花錢是融入社會的方式之一，沒有足夠的消費行為就不能很好地了解社會；不知道金錢的可貴，就不會設想如何去賺錢，如何去為社會創造財富。身為家長，告訴你的孩子，不要每次都把零用錢花光，要將其中 10%儲蓄起來，這不是小題大做，這是在培養理財習慣。倘若能教會孩子負責任的儲蓄、消費和投資，你就也為他們的未來鋪平了成功的道路。

在學習國外的財商教材中，常有這樣的案例：美國幾歲大的小孩，就會將自己用不著的玩具小熊擺在家門口，放一塊「Sale」（出售）的牌子，等待別人付錢拿走小熊，而自己得以獲得一點收入供零用。

但這樣的方式因地區而異，有些國家的人對於二手物品的接受程度不高，而且把東西放在家門口代售也不太現實，還極可能被順手拿走。

所以，兒童的理財教育不能照搬國外的經驗，或照搬某個案例的經驗。最好能夠針對家庭的成員結構和經濟狀況、社區和居住環境的狀況等因素，進行有針對性的、刻意的指導，在別人的經驗基礎上改進，因地制宜。

在孩子的理財教育中，因材施教也很重要，其中最主要是照孩子的年齡大小來安排，否則超過了孩子某一年齡層應有的接受度，極可能扭曲為「揠苗助長」，得不償失。

比如，讓上幼兒園的小朋友自己出去「打工」賺錢，顯然缺乏一定的安全性，也幾乎沒有實現的可能。此時還不如讓孩子在家裡好好學會辨認錢的大小。又比如，前面講到的美國兒童賣二手玩具的案例，我們的家長可以在孩子進入高中或大學後，刻意地告訴孩子，透過網路「易物」或在網路跳蚤市場中拍賣自己閒置的二手物品，也能獲得一定的收入。

再比如，英國教育部門現在就針對不同年齡階段的孩子提出不同的理財教育要求：

- 5～7歲的兒童要懂得錢的不同來源，並懂得錢可以用於多種目的。
- 7～11歲的兒童要學習管理自己的錢，了解到儲蓄對於滿足未來需求的作用。
- 11～14歲的學生要懂得人們的花費和儲蓄受哪些因素影響，懂得如何提高個人理財能力。
- 14～16歲的學生要學習使用一些金融工具和服務，包括如何規劃預算、儲蓄和初步的投資。

第三章　零用錢怎麼花

第四章
零用錢的金錢觀

何謂金錢觀？

什麼是金錢觀？簡而言之，就是對金錢的了解、分配與使用方法的思考與行為模式。現在，有不少孩子在很小的時候，就了解這個神奇的物品，但是，如果我們能多給予孩子一些正面的教育與示範，就能幫助孩子未來在處理金錢事物上，奠定一個良好的習慣。

金錢觀分成兩個部分，一個是使用的時機與方法，一個是對金錢處理的看法態度。常言說：「由儉入奢易，由奢入儉難。」正是一般人忽略對金錢觀的認知所造成的影響，因此，我們常說富不過三代。隨著知識經濟的到來，我們應更有方法讓我們不只在財務規劃上立穩步伐，更應有計劃地為我們的下一代，建立一個好的金錢觀，使孩子不光懂得吃魚，更知道如何釣魚！

教給孩子正確的金錢觀。

金錢是什麼？金錢意味著什麼？有人說它使人貪婪無度，有人說它讓人豐衣足食，有人說它是一種改善自己和他人生活的工具。面對這紛繁的世界，該如何幫助自己的孩子樹立正確的金錢觀呢？

有關專家指出，父母完全能夠教會孩子具有經濟頭腦，也能夠訓練孩子養成良好的理財習慣，而且這類教育宜早不宜遲。受到良好金錢觀教育的孩子長大成人後，才能對金錢抱有正常的心態，處理好人與金錢的關係。

什麼是正確的金錢觀？是貪圖富貴，揮金如土？還是只賺不花，做守財效？雖然有錢沒錢都可能導致罪惡，但金錢本身並不可怕，關鍵是家長首先應該弄清自己的價值觀，否則無法成功地教導孩子。孩子是透過觀察父母的言行來學習的。若是父母在吃飯的時候，總是談論什麼東西值多少錢，那麼，當你告訴孩子錢並不是一切時，孩子肯定是大惑不解。

針對不同年齡的孩子，金錢觀的教育也是不同的。

3～6歲：

銀行家尼爾．高德佛瑞建議家長對幼兒進行遊戲教育，讓孩子從小了解錢幣，了解找零錢。當孩子稍大一些後，可以帶他去購物，並和他討論所購物品的價格。

幾乎每個家長都會遇到這樣的問題，一帶孩子購物時，要是不買給孩子他要的東西，他就會生氣耍賴。為避免此類事情發生，最好在出門之前就和孩子講好「條件」：只買一樣。這樣，孩子就會在整個購物過程中仔細考慮他要的東西。對於孩子的過分要求，即使你買得起，也要對孩子說「不」。慢慢地，孩子會知道，不是他們想要什麼就有什麼。

此外，還應教會孩子學會給予。要讓他知道不是每個人都有機會上學念書，都有溫暖的家，都能穿漂亮的衣服。讓孩子去接近、去關心、去幫助處在困難中的孩子。

7～12歲：

孩子在7歲左右已能懂得行為與結果之間的關係，並開始自己做出決定。這時候可以開始給孩子零用錢。家長一定要記住，給錢的目的，並不是讓孩子去炫耀家庭的經濟地位或解決生存之必需，而是要讓孩子學習如何使用與管理金錢，這是給零用錢的最重要目的。當孩子手裡拿著有限數目的金錢時，他就會學著取捨。

零用錢還提供給孩子一個學會節省的機會。有一對夫婦，丈夫是律師，妻子是教師，生活還算可以。他們每週給女兒50元零用錢。夫妻兩人每月都把一定比例的錢存起來，他們也鼓勵女兒這樣做。女兒說，她的一部分零用錢用來買漫畫書和文具用品，省下的存銀行：「等我長大了，我要拿自己存的錢買一幢房子、一輛車，還可以用它去幫助有困難的人。」

13 ～ 17 歲：

這個年齡的孩子應該掌握怎樣控制消費。父母到底該不該給孩子買他企盼已久的新款名牌運動鞋呢？這是許多家長都會遇到的典型問題。如何決定，不僅取決於你的收入水準，還取決於你和孩子的價值觀。香港一位姓韓的保險業女士，一開始反對買那麼貴的名牌運動鞋給孩子，不過後來她改變了主意。她說：「實際上，名牌鞋更耐穿，而且樣子確實好看。」讓韓女士感到欣慰的是，她的孩子已逐漸學會合理支配手頭的金錢。她和孩子關於物品性能價格比的討論，開始發揮作用了。

當孩子向家長要錢時，家長不要總是有求必應，要多少給多少。孩子不那麼容易拿到錢，有利於培養他們的獨立與自尊。若是家長不贊成孩子穿名牌服裝，那麼就對他說「不」，並向他說出你的理由，這樣，有助於當孩子獨立面對奢華誘惑時，理智地做出自己的判斷和選擇。

對十幾歲的孩子進行金錢觀教育的終極目標，是培養他們的經濟獨立意識。父母不妨自問：「當我的孩子成人時，他能夠處理好自己的經濟問題嗎？」如果你的回答是否定的，那麼現在開始幫助他、引導他，為時不晚。

別讓孩子「金錢至上」。

雖然我們說要重視孩子的理財教育，不過家長們千萬要記住，對孩子從小進行理財教育，目的在於培養孩子一定的理財意識和能力，絕不是讓孩子變為金錢的奴隸，可千萬別讓孩子形成「金錢至上」的意識。

這可能也是家長在對孩子進行理財教育中，無意間會犯下的錯誤，為此，一定要掌握好「度」的問題。

例如，逢年過節，家裡的長輩總要給孩子們一些紅包，數額較大的主要是過年分到的「壓歲錢」。家長們當然可以教育孩子，把每年收到的壓歲錢，包括平時的零用錢存在小朋友自己名下的帳戶裡，讓孩子懂得錢放在家裡不會「長大」，但存到銀行可以變多一些，也就是取得利息收入，讓錢自己去生錢。

可是，當孩子們看到存款帳戶的數字越變越大，假使家長發現孩子為此著了迷（有些小朋友可能老是會催著媽媽看存摺的數字有沒有變化），那就得稍微調整一下孩子的心態。比如，在爺爺奶奶外公外婆生病時，告訴孩子也要盡一份孝心，問問孩子是否能夠把自己存摺裡的錢取出一小部分，買點水果給親愛的長輩？如此，一方面是培養孩子對於親人的感情，一方面也是教育孩子錢能用來買東西，錢能幫助生病的長輩，這不僅不會讓孩子偏執地關注自己資產的增長，還能增加孩子的情商和財商。

又比如，現在很多家長都在談「股」論「金」，甚至有些幼兒園和小學裡的孩子，還會說股票代碼，知道父母在投資哪個股票，甚至會懵懂地互相「交流經驗」。但我們認為，股票是一種複雜的投資工具，至少要國中以上的孩子才能初步理解，身為家長更不要當著孩子的面為股票上的得失而爭吵。

有一年大考前，正在看書複習的兒子聽到母親的手機又響了，是媽媽炒股的朋友打電話來，告訴他母親一開盤又是全面跌停，心急如焚的母親讓兒子趕快放下課本，幫他開電腦看看行情。兒子有些惱火：「到底是我重要，還是股票重要？妳還讓不讓我專心看書？」

所以說，我們是要讓孩子懂得「錢」很重要，錢能「美化」生活，不過別讓孩子以為生活裡最重要的就是錢，別讓孩子以為炒股票比學習、工作都重要！因為金錢只是一種生活的工具，而不是人們生活的最終目標。

看美國人如何培養孩子財商：

一、教孩子了解各種貨幣的價值及其使用。家長從小就注意讓孩子識別各種貨幣及價值，與買商品的活動相結合，教孩子使用貨幣。

二、教孩子養成儲蓄觀念，並為以後學買賣股票打下基礎。對孩子的零用錢或者勞動報酬，家長會幫孩子找銀行開存款帳戶，讓他把所有得來的錢都存入這個戶頭，每半年或一年，就和孩子坐下來算：這個戶頭得了多少利息，並教他們如何利滾利。

三、教孩子合理使用自己的積蓄。家長除了供給孩子最基本的生活必需品外，有些消費讓孩子用自己的積蓄去支配。

四、在金錢的使用方面，要教孩子樂於分享，自覺自願地把自己的微小積蓄，捐贈一部分給需要幫助的人，體會到人與人之間該相互幫助和分享，感受到捐款和助人的喜悅。

五、學會精打細算，不亂花錢。儘管美國一般家庭都較為富有，可是他們的生活簡樸，不論是在家裡吃飯，還是請客吃飯都比較簡單。他們的生活開銷也是有計劃的。在一般情況下，家庭都會協助孩子擬定一個消費計畫並正確執行。

六、教孩子學會透過正當手段，去獲得一些收入。美國人常將自己不需要的東西拿出來拍賣。小孩自己用不著的玩具等，也可以擺在家門口出售，以獲得一點收入。雖然幫家中做些日常生活的事情，並非事事都給錢，但是家裡要付錢請人做的事，如割草、洗車、清理車庫、油漆牆壁、修剪花園等，可以付錢請孩子幫忙。

七、有的家長也用金錢作獎賞，來養成孩子的良好行為。有的家長在孩子為他人做了好事後，也給予一定的獎勵，以強化孩子的同情心和助人為樂的精神。

八、家長應十分注意用自己的理財觀念和消費行為來影響孩子。許多時候，父母會把花錢的決定、次序、信念及習慣等，潛移默化地傳授給孩子，所以家長處處都要以身作則。

孩子將來總要步入社會。對於正在成長中的孩子們來說，學會正確理財，不僅是讓他學會用錢，還包含多方面的教育內容和多種能力的培養。聰明地利用零用錢提高孩子的「財商」，將使他們終身受益。

某銀行分行會計師鄧先生在這方面頗有心得，他介紹父母們不妨依照以下幾個步驟，嘗試培養孩子的理財觀念：

1. 定期給孩子零用錢，並告訴孩子在下次發零用錢之前不可再要。
2. 養成孩子記帳的習慣。家長可據此檢視孩子的消費傾向，萬一發現偏差，也可以適時糾正。
3. 讓孩子花錢之前仔細想一想，過完這一階段，錢還夠不夠用。並為孩子開一份獨立的銀行帳戶，逐漸養成孩子自覺儲蓄的習慣，避免孩子過度消費。
4. 當父母到銀行辦事或在家中計算家庭財務時，不妨讓孩子適當參與，親身感受一下。家長可詢問孩子要達成何種目標，如買單車、玩具等，幫助他計算每個月的零用錢並製作時間表，估計大約花多少時間可以達到目標，建立孩子的理財目標及投資觀念。

鄧先生指出，理財期間最重要的，是父母要以身作則，並且不要以金錢作為獎懲的手段。讓孩子學會正確使用零用錢，自主理財，拒「零財商」。

「金錢觀」在青少年 10 歲的時候最關鍵。

青少年到了 10 歲左右，開始知道「買」的概念，此時培養孩子正確的金錢觀非常重要，包括如何獲得和使用。不少家長讓孩子做家事賺零用錢，這是一種很好的方法，可以讓孩子明白，錢沒有白給的，都要用自己的努力賺取。

家長可以將零用錢分成兩部分，一部分是達到基本的日常好行為的獎勵，如準時起床、收拾自己的房間、自己穿衣、吃早餐等；另一半可以用學習、勞動來賺取，如洗車、做家事、功課獎勵等。

不用擔心孩子會把一切勤勞行為都「金錢化」，父母只要注意正確引導就行。不要讓孩子為賺錢而勞動，為賺錢而學習，而要讓他們在勞動中得到快樂，與父母關係更親密，這樣，錢的目的性就會被減弱。

家長自己要明白，金錢不是罪惡的，別讓孩子對錢產生神祕感，錢也不是天上掉下的「餡餅」。孩子不管在哪個階段都會有「金錢主義」，倘若你沒在家裡教會他正確的金錢觀，而是把這塊空白留到他離開家步入社會之後才來填補，那就很容易失控，那些上大學後，拿學費玩手遊、網購，出國的孩子用學費買跑車，都是因為父母早期的金錢教育缺失或錯誤造成的。

培養正確的金錢觀，還包括鼓勵孩子累積財富，讓他明白，零用錢不是他自己的錢，更不是父母欠他的。

如何培養青少年正確的金錢觀。

我們有不少人大概到了成年以後，才知道自己的父母每月薪資是多少。可是，今天的社會進入了商品社會，孩子不可避免地要與金錢打交道。對每個家庭來說，如何幫助孩子協調欲望和資源之間的關係，培養一個經濟上有責任感的孩子，是一個新的課題。

首先，金錢是我們生活中的一個重要部分，是孩子了解社會如何運轉的一個重要方面。

例如，孩子還在幼兒階段時，幼教老師可以在和孩子遊戲時，帶著孩子「模擬現實」，老師可以指著一間教室說，這是爸爸媽媽來幫小朋友交學費的地方，爸爸媽媽把錢交給幼兒園，然後幼兒園拿來交房租，發薪水給老師，買玩具紙筆，買食品水果。平時，爸爸媽媽也應該讓孩子知道，錢不是天上掉下來的，不是樹上長出來的，而是工作換來的。這樣，孩子也逐漸明白了工作的價值。過去，不少父母在孩子提出金錢方面的問題時，經常難以啟齒，或者顧左右而言他。其實，孩子是有足夠的理解力的，他們也有權利了解社會運轉的這一機制，只要我們成年人坦然地用他們能夠理解的語言解釋給他們聽。

孩子經常遇到的金錢方面的問題，往往和購買欲望有關。孩子剛會走，可能就會指著東西要這要那了，吃的啦，玩具啦，琳瑯滿目。而大人經常採取的對策是：「哎呀！媽媽沒帶錢。」時間長了，孩子也變聰明了，說：「妳不是有卡嗎？」於是，買還是不買，成了大人和孩子之間無休止爭論的焦點，也出現商場裡令無數父母頭痛的對峙場面。

有的父母覺得，我們小的時候那麼苦，想要什麼都沒有，現在家境好了，孩子想要個玩具，那能花多少錢，有什麼可猶豫的？何況，這些玩具對孩子成長也有好處。可是，我們不應該忘記，再豐富的資源，也有窮盡的時候。孩子正是從小時候買玩具開始，學會如何對待欲望，無窮盡地索取的孩子，任何願望都立刻得到滿足的孩子，長大了難以勝任大事，也難以從工作和生活中得到快樂，產生幸福感。

讓孩子自己管理一點零用錢，首先可以教會孩子合理分配資源。例如，孩子在買霜淇淋的時候，每次都要買最貴的那種。後來，他有零用錢了，自己負責去買霜淇淋，很快就知道如果買便宜一點的那種，他可以多享受幾次。出去旅行的時候，給孩子一點錢自己買東西，他會很快就發現不同地方的物價差異，甚至弄清了匯率。

給孩子零用錢之後，最常出現的一個問題就是，孩子突然變得「唯利是圖」！媽媽口袋裡掉出的一塊錢，他硬是要歸為己有；買零食，一點錢的事，她猶猶豫豫，拿起來又放下，讓爸媽於心不忍，覺得孩子失去了童心；更有甚者，你讓他幫忙倒杯水，他要收費，你請他拿雙拖鞋，他也要討價還價一番。不少原來打算給孩子進行財商教育的父母，到此大感受挫，也就偃旗息鼓了。

家庭造就孩子的金錢觀。

現代的父母越來越懂得規劃未來，不但在結婚前存一筆結婚基金，甚至孩子的奶粉錢，也在結婚之初，便開始計劃。

事實上，家庭的經濟與家庭生活品質息息相關，然而，在這個不確定的年代，我們除了盡力供給孩子一個健康的生活外，更應建立良好的金錢觀念，並隨時調整思維，使我們的觀念想法更加實用，並給予孩子一個好的行為典範。

對孩子來說，家庭的影響往往是最最直接的場所，孩子因為擅於模仿，所以大人的一舉一動，無不深深影響孩子一生。舉例來說，由於現今孩子生得少，許多小朋友在家庭與家族間備受寵愛，因此，大人們常常有求必應，造成子女對金錢觀與物欲的混亂；父母親往往認為能給的就多給，卻忽略孩子是不是適合或真正有這個需要！

再者，隨著傳播媒體的刺激，當今日捷運街頭電視廣告強力地放送 —— 借錢是為了走更長遠的路！預借現金或種種商品的包裝誘惑，在孩子的潛意識中，也埋下深刻的印象。過年期間大樂透瘋狂地下注，幾乎人手一券買個希望的同時，孩子究竟在這中間學到了什麼？都是值得我們深思的地方。

此外，學校的同儕團體也是影響孩子金錢觀的一個重要管道。在這個多元的社會，有的家庭經濟狀況較為優渥，不單孩子使用的用品多所講究，出入更有傭人陪同，對於每一個家庭的差異，我們應教導孩子不比較或過度宣傳，對於環境較差的孩子也要一視同仁，不應用金錢來衡量一個人的價值或參與活動的權利。若是我們不能在孩子幼年時期，給他好的建議與協助，孩子便不能有所分辨，甚至於有些青少年時期的孩子，為了買一個手機或新穎的物品，從事非法的行為，都是讓人遺憾的事！

除此之外，還有哪些方法可以讓孩子學習金錢觀？

1. 教孩子記簡單的生活支出，利用一本簡單的本子將支出記錄下來，使孩子了解支出的時機與不浪費的好習慣。
2. 教導孩子有關各行各業的工作與小故事，讓他知道每一份工作都需要努力地付出，大家所領取的酬勞就是錢。

我們父母是孩子的模仿標竿。孩子的觀念與習慣養成，家庭有很重要的影響力。孩子往往經由一個觀念、想法、做法的引導變成習慣。當孩子賴在玩具店耍賴著不走的時候，您不妨想一想，是買玩具的時候嗎？您真的有需要買這樣的玩具嗎？

過度寵愛孩子，對孩子是一種沉重的負擔，與其讓孩子因為錯誤的金錢觀誤導生活的方式，不如讓孩子懂得節制、懂得取所當得，在付出與獲得的努力中，領略金錢所帶來美果。新時代的父母不再只是孩子經濟需求的供應者，而是孩子模仿的標竿。父母親除了要教導孩子如何建立觀念與想法，更應運用經驗，教導孩子在金錢觀上，破除傳統唯利是圖的迷思，才能在財富聚全的同時，共同營造一個富而好禮的社會。

第五章
窮孩子和富孩子

學校裡，窮孩子和富孩子日夜生活在一起，因為錢的原因，他們的關係變得微妙了，他們的友誼時刻受到錢的現實考驗，他們的金錢觀、價值觀面臨著重重疊疊的包圍。

住在同一個宿舍的同學，家境好的孩子隨意到樓下的超市，或者任何一個就近就便的地方買零食和日用品，而家境差的則要走好遠的路去價格比較便宜的市場，這樣一來，兩個人就沒有什麼交集了。不僅如此，富家子弟對貧困孩子的窮酸，多少有點不由自主地瞧不起（往往少了理解和同情），貧困孩子不愛接近富家子弟（往往多了自卑和倔強）。有時候同學聚會，在選擇聚餐地點時，富家子弟遇到小吃攤嫌環境太差；窮困孩子卻覺得這已經很不錯了！如果實行 AA 制，窮孩子會拒絕參加，富孩子會感到極為掃興。

窮孩子即使跟富孩子借 50 元，也會表現得猶豫，借完之後還會謹慎地說：「我明天一定還你！」富孩子心裡就暗想：「才 50 快，不用這樣吧？」偶爾會不耐煩地說：「好啦好啦！」富孩子與富孩子之間，張嘴就可以這樣：「喂，給我 20 元買枝冰！」彼此都不用償還，因為根本不拿這點「小錢」當一回事！

富孩子偶爾會對窮孩子說：「喂，我說，你穿衣服也得注意搭配，這件衣服和這件褲子不搭吧！」窮孩子會說：「我哪像你那麼有錢？還注意搭配咧！」

富孩子過生日時候，會給每個來替他慶生的孩子買一份「貴重」的禮物，窮孩子不接受吧，面子上過不去，接受了吧，就背上個不小的「情債」！節衣縮食也要還這個情。

富孩子張口閉口名牌、名品，窮孩子在一邊瞧不起：「是在炫耀什麼啦！」

富孩子看到好吃的，會：「哇！好好吃，你要不要吃一點？」窮孩子會搖搖頭。富孩子口袋裡有錢，控制不住要買，但又不好意思自己吃，分給對方一些，心裡就會想：「幹嘛自己不買，真會占便宜。」窮孩子本來是要省錢，卻說要減肥硬是不吃，坐在一邊看著，弄得富孩子無法吃得心安理得。

若是要去很遠的地方，窮孩子第一個想到的是搭公車，富孩子第一個想到的是搭計程車，他們從小不習慣搭公車，但窮孩子又不好反對。可是搭上計程車後，往往是富孩子付錢。久而久之，富孩子想：「搭車他怎麼從來不掏錢。」窮孩子想：「總讓人家拿錢太不好，下次不跟他去了。」

上街購物，經濟條件不一樣，在一起逛不出個結果來。窮孩子光看捨不得掏錢，對審美沒什麼概念，讓富孩子覺得沒品味。富孩子對窮孩子選的東西老是看不上眼，讓窮孩子的心裡每每自慚形穢，兩人嘴上不說，最終不歡而散，以致這類的事情不再找彼此陪伴。

富孩子總是這樣想窮孩子：「他怎麼這樣啊！」卻從沒想到他自己之所以「大度」是因為家境的原因，從未想過自己換個環境，也會跟窮孩子一樣。

窮孩子與富孩子的問題是值得關注的一件事。

當下，窮與富的差距是無法避免的。不過在孩子之間，貧富的差距不應該拉得太大。有一句話叫做：「再窮不能窮教育，再富不能富孩子。」我見過一些千萬富翁，幾乎不給孩子零用錢，讓孩子充分品嘗貧窮的滋味，讓他們懂得珍惜錢，能過苦日子，將他們與窮人家的孩子放在同一個起跑線上。而有些富人卻予毫不節制地滿足孩子的所有要求，使孩子難以親身去體會生活的艱辛，更不知道未來的生活需要自身去奮鬥。

我想，富孩子有得天獨厚的條件，在越來越重視知識的今天，他們有更多接受良好教育的機會，但也會有許多難以克服的弱點，教育方式不當，使其中許多人終難成大器。對於窮孩子來說，雖然與富孩子在一起常常處於劣勢，但「自古雄才多磨難，從來紈絝少偉男。」他們中的一些人透過所經歷的這一切磨礪了心志，激發了理想，他們適應得了艱苦的環境，經得起困難的考驗，人生的前程並不灰暗。

對於孩子來說，金錢可以使人自信，也可以使人淺薄；可以使人大度，也可以使人無度；可以使人快樂，也可以使人沉淪；可以使人幸福，也可以使人不幸。金錢可以使人吝嗇，也可以使人節儉；可以使人屈辱，也可以使人堅強；可以使人自卑，也可以使人自強；可以使人艱難，也可以使人奮進。

窮孩子與富孩子都是我們的未來。如何讓他們在不同的環境下同樣能夠成材，是大人們要思考並要做好的事情。

出生貧寒的「窮孩子」與衣食無憂的「富孩子」，有什麼區別呢？

衣：「富孩子」從頭到腳全是名牌，「窮孩子」衣衫襤褸。當「富孩子」為一雙價值不菲的鞋纏著父母，因父母不願「慷慨解囊」而生氣、不滿時，「窮孩子」也許正在掏出針線，縫補衣服；當「富孩子」早上在挑揀衣服時，「窮孩子」已穿戴好用心地背著單詞。

食：「富孩子」吃著麥當勞、肯德基還挑三揀四，「窮孩子」卻因三餐有肉而滿足；「富孩子」三五成群，邊吃邊抱怨菜色不夠好，「窮孩子」邊狼吞虎嚥，邊背著公式。

態度：「富孩子」因老師生病而欣喜若狂，「窮孩子」因能入學而熱淚盈眶；「富孩子」崇尚「有錢能使鬼推磨」，「窮孩子」信奉「寶劍鋒從磨礪出」;「富孩子」輕浮地說:「錢不是萬能的，但沒有錢是萬萬不能的！」;「窮孩子」自信地說：「不怕窮，就怕被貧窮壓彎了脊梁，磨掉了凌雲大志！」

成績：「窮孩子」在名校圖書館中啃書本時，「富孩子」為學歷低而請人買「學歷」;「窮孩子」為社會貢獻心力時，「富孩子」虛度半生;「窮孩子」告訴子女：「萬般皆下品，惟有讀書高。」「富孩子」則教育下一代：「有錢就有一切！」

同一片藍天下，「窮孩子」能考第一，「富孩子」沒有理由當第二！「窮孩子」能 5 點起床背單詞，「富孩子」就不可以 7 點還賴在床上！同一片藍天下，無論窮孩子還是富孩子，有付出，就會有收穫。成為枝頭的鳳凰，還是落魄的雞？一切都在於自己。

據報載，大學新生入學時，有位有錢人家的孩子竟撂下一句「我不想跟窮人住同一間宿舍」的話。見到老師張口就是：「高爾夫球場在哪？」致使老師也無所適從。看完這樣的報導，令人感慨頗多，不禁要問：究竟誰是「窮孩子」？誰是「富孩子」呢？

試看這位有錢人家的孩子是如何的「貧窮」:

一是缺乏愛心；為了求學，走進同一所學校，走進同一間教室，住進同一間宿舍，成為同窗，本應是人生一大快樂，為何以窮富論英雄？更何況他的富有只是基於其祖輩的財富，除了血緣的關係，並沒有自己多少功勞。

「不願和窮孩子住一間宿舍」，赤裸裸地昭示了他有多麼自私，在他驕傲的眼睛裡怎麼能有平等？當然更談不上什麼關愛了，這不正是愛心的欠缺嗎！丟失了自己被別人關愛的權利，怎能不說是一種「富有」的悲哀！

二是缺乏知識；不願和窮孩子住同一間宿舍的言行，只能證明自己的幼稚。知識在每一個人的面前都是平等的，富裕的環境只能證明自己物質方面比別人多，物質多不等同於你的知識就多。被你看不起的「窮孩子」在貧窮的環境裡，克服了更多的困難，與你考上同一所學校。在知識的面前，你沒有什麼資格稱自己「富有」，那些在逆境中懂得奮鬥，懂得珍惜，透過自己的努力，在學習的道路上攀登的窮孩子，才是真正的「富有者」。

將財富與知識混淆進而對比，只能證明自己知識的缺乏、精神的匱乏、心靈的貧乏。

三是人生觀畸形；張口：「高爾夫球場在哪？」的這位有錢人家的孩子，除了炫耀財富的心態外，也證明了他自己人生的定位 —— 以玩作為人生的主題。可想而知，其擁有什麼樣的人生觀，更不難預測其將來對社會、家庭、他人的奉獻了。警鐘長鳴，絕不是危言聳聽，假若這樣的現象，我們也聲援的話，長此以往，我們的社會會變得如何？這難道不是一種深痛的悲哀嗎？

不可否認，貧富差距是許多國家都存在的問題。但如何正確看待窮富的問題，如何教育年輕一代正確看待富有的問題，應該是家庭、學校、社會共同承擔的責任，獲取物質文明和精神文明的雙豐收，應是我們大家共同之路。

窮孩子 130，富孩子 6,000，孩子花壓歲錢有頭腦。

「恭喜發財，紅包拿來！」無論是富裕家庭還是貧困家庭，在春節，長輩們都要向小輩派「壓歲錢」是多少年不變的習俗。但面對孩子荷包裡揣著數目可觀的壓歲錢，家長們開始犯愁，不知該如何處理這筆錢。

陳立凱，16 歲，高一學生，今年共收壓歲錢 2,000 元。

2,000 元，對來自貧困家庭的陳立凱而言，已是個不小的數字。陳立凱說，父親一直以賣菜為生，家裡還有一個哥哥和一個姊姊。今年春節，全家人一起回老家過年。

「孩子的叔叔、伯伯他們一人給 300 元，這已經算多的了。」季父說，孩子每年收到壓歲錢，他都會讓孩子自己保管並使用這筆錢。孩子成績好，高中三年學費全免，目前住校讀書。每個週末兒子回來，他都會給兒子 200 元生活費。「有時候他還嫌多，只要一半而已。」季父說，兒子知道父母賺錢的辛苦，平時一向都很省，過年的壓歲錢也不會亂花，一般都會用壓歲錢去買參考書。

陳立凱說，對於他們這樣的家庭，有壓歲錢簡直成了一種奢望，但為表示心意，親戚們每年仍然會從拮据的家用中拿出一些錢給孩子們，這讓他心存感激。雖然 2,000 元的壓歲錢對其他同學來說少得「可憐」，他卻分外珍惜。

目前，他已經做好了規劃，準備拿出一部分買幾本課外讀物，還會存一些留作大學學費，為父母減輕家庭重擔。「父母每天起早賣菜很不容易，還要照顧我們三個孩子，我還想存些錢為父母買點東西。」陳立凱說。

中等收入家孩子：拿出 20 元賠了一本書。

王宇，9 歲，小學四年級學生，過年收了 5,000 元壓歲錢。

「過年期間花不到 500 元，剩下的全都交給媽媽保管。」王宇說，過年期間他買了一些小玩具和鞭炮，都是十幾元的小東西，沒有花什麼錢。大年初四媽媽還帶他去圖書館賠償遺失書籍，用的也是壓歲錢，花了大概

200 元。

王宇說，那是之前在圖書館借的書，不小心弄丟了，一直不願意去處理，正好過年有時間，媽媽要他勇於承擔責任，從中吸取教訓。「以後我會好好保管借來的圖書。」王宇說。

至於剩下的壓歲錢怎麼花，王宇心中也有自己的想法，他告訴記者：「媽媽 2 月 21 日過生日，我打算拿一部分的錢幫媽媽過生日，買一個生日蛋糕和一份生日禮物給她。前兩天跟媽媽一起去蛋糕店看過，打算買一個 800 元的 8 吋蛋糕，至於生日禮物嘛，要給媽媽一個驚喜，不能說，到時候我再找媽媽支取壓歲錢去買。」

「很高興兒子能想到幫我過生日。」王媽媽說兒子還太小，壓歲錢給他拿著不太放心，所以一般都是大人替他保管，過完生日還會剩餘不少，她已經跟兒子商量好要用來報名英語補習班，因為學英語也是兒子主動提出的願望。如果還有剩餘，王媽媽打算帶兒子去辦存摺，教兒子存錢。

家境優渥的孩子：發紅包給弟弟妹妹。

張子童，6 歲，幼兒園大班，過年期間親戚塞了一大堆紅包，由於對錢沒什麼概念，具體數額尚未統計。

「我也不清楚到底有多少壓歲錢。」6 歲的童童對錢沒什麼概念，每當收到紅包，轉手就遞給媽媽。

張媽媽表示，女兒還小，不想讓她對錢的問題過於敏感。她不主張給很多壓歲錢，每年只是象徵性地給女兒 2,000 塊，或者送女兒一些比較實用的禮物，可過年期間親朋好友塞給女兒的紅包還是有一大堆，差不多有上萬元。

「我還發了紅包給弟弟妹妹呢！」年紀雖小，童童覺得當姊姊就要有當姊姊的樣子。剩下的壓歲錢，除了用來交學費外，可以在特殊的日子給爸爸、媽媽還有爺爺、奶奶買他們喜歡的禮物。

張媽媽表示，有多少壓歲錢並不重要，重要的是可以藉機讓女兒了解華人最隆重的傳統節日有哪些民俗文化。她一向的觀點是「女兒要富養」，不想讓女兒從小學著如何算計著過日子。等到女兒再大點，對金錢有一定的支配能力後，再考慮由其自己打理壓歲錢。

如今，孩子拿到的壓歲錢動輒成千上萬。事實上，這正是家長培養孩子理財觀念的最佳時機。像是家長可幫助孩子開列生活所需和學習所需物品的清單，並做支出預算，讓孩子學習合理安排收支，讓孩子從小學會預算、理性消費等，培養孩子良好的生活習慣和態度。

孩子收到壓歲錢之後，家長和孩子可以選擇將錢存入銀行。這時家長不妨和孩子一起到銀行，以孩子的名字開立一個活期或定期帳戶。家長帶孩子存錢時，可以教孩子一些理財小常識，比如定期儲蓄比活期儲蓄利率高，活期儲蓄比定期儲蓄取款方便等相關儲蓄知識。這樣，讓孩子從小意識到理財是自己生活中的一部分。

家長還可以用壓歲錢替孩子購買圖書和保險，從而為孩子的學習和健康提供一定的保障。也可以定期定額投資基金，在培養孩子理財意識的同時，也可以獲得相當的收益。

再富不能富孩子。

富孩子花錢雇同學背書包、寫作業；窮孩子每月零用錢不超過兩百塊；因家境有差距，窮孩子很少和富同學交往。「學校是培養人的地方，不能存在窮人區、富人區。」遺憾的是，從小學到國高中乃至大學，貧富差距愈演愈烈。經濟條件好的學生花錢不手軟，穿名牌、用旗艦手機，經濟條件不好的學生卻要靠到處打工維持學業和生活，這就是大家所熟知的，也是當今校園內不斷上演的活劇。而就在不久前，某報以〈為迎家訪，女兒逼父換豪宅〉為名的連續報導，更是引發了社會對校園貧富差距的大討論。貧窮本身並不可怕，可怕的是貧富差距愈來愈大，以及由此引發的諸多社會問題。如何應對學生比較成風，已是不可迴避的社會難題。

不少人忽視了學校這個特殊的地方，以為這裡是一片淨土，不會產生貧富差距，即使有也不會放在心上，也會想當然地以為，學生貧富差距是由各自的家庭原因造成的，無關社會和學校的責任。學生來自不同的家庭，社會背景和家庭經濟條件不一樣，導致了彼此間的貧富差距。這就是貧富差距的淵源，事實上，事情遠非如此簡單。校園上演貧富差距，學生互相比較，究竟誰之過？這與其在社會、學校裡的生活環境和學習氛圍有直接關係。

校園中的高消費者與貧困集體的出現，是社會上貧富差距在校園中的體現。學生家庭的經濟基礎固然不同，但這只是物質層面的差距，並不牽涉到精神領域的落差。而富孩子花錢雇同學背書包、寫作業，窮孩子儼然成了為金錢所驅使的雇工，則必然導致學生中出現因貧富帶來的優越感差距。因家境有差距，窮孩子很少和富同學交往，就足以說明問題。

而這無疑是非常可怕的，窮孩子本身就承受著困窘的經濟壓力，還要忍受有錢學生優越感所帶來的無形壓力，這種壓力及無處不在的身分差距，必然會挫傷他們的自尊心，衝擊他們純潔的心靈，進而影響他們健康人生觀的養成。從國高中生的觀念裡就能看出未來社會的發展走向。可以假設的是，「當這些國高中生長大成人、成為社會的主流時，現在所形成的印象和觀念必然會留有難以磨滅的陰影。」

同在一片藍天下，同屬一個年齡層，又同處一個校園，有的學生花錢如流水，有的學生卻為生計發愁，如此近距離的對比竟有如此巨大的反差，實在是匪夷所思。青少年時期的他們，身心發展還不夠成熟，容易產生比較心理，如此發展下去的後果可想而知，尤其「對貧困學生健全人格的形成是不利的」。「一般是富裕一點的學生比較活躍，而貧寒一點的學生則相對自我封閉」，這就是當代校園的真實生態，「一些貧困同學身上表現出更多的心理問題。除了封閉、自卑、缺乏自信外，偏激、悲觀和仇視感也有所體現。」至於貧富學生對未來之路的期待和看法，更是截然不同，貧困的學生首先想到的是最基本的生存問題，而富學生則無憂無慮，「由於有家庭提供強大的經濟來源，往往不擔心就業」。

校園貧富差距，是必須正視和重視的大問題，必須採取得力措施儘快解決，以消除由於貧富差距給學生造成的心理障礙。這中間，學校有所作為的空間很大。除了強化必要的心理諮商工作應對貧困學生的心理疾病外，學校尤其需要探索實施弱化差距感的辦法，正確引導學生的消費觀念。

必要的時候，學校應制定一些限制個別學生在學校的高消費行為，並懲處一些不當的高消費行為。此外，還要讓全體學生樹立正確的貧富觀，讓貧困學生獲得成就感和自信心。「再窮不能窮孩子」的觀念，是到需要反省的時候了。

第六章
窮人家的富孩子和富人家的窮孩子

父母應「窮」孩子，還是「富」孩子？

近日，某知名網站對 5,546 人進行的一項調查表明，56.1%的人認為「再富不能富孩子」，父母錢再多也要控制孩子物質上的追求。同時，也有 21.6%的人認為「再苦不能苦孩子」，要盡力給孩子提供蜜罐似的生活。身為父母，究竟應該讓孩子富一點還是苦一點？

對孩子應「富門寒教」。

就這一問題，有媒體記者進行了隨機採訪，受訪者觀點如下：

「勤儉節約是我們的優良傳統，雖然現在生活富裕，但也不能丟掉這種傳統。我們在關愛孩子時，不應對他們百依百順，而應時刻教育他們要養成勤儉節約的好習慣。」張先生說。

在大學任教的魏小姐說：「每年新生報到時，都會見到不少父母大包小包地幫孩子拎行李，還在宿舍忙前忙後，孩子則在旁邊坐著休息。我認為這樣的孩子獨立性較差，而且不懂得關愛他人。另外，許多學生完成了大學 4 年的學業後，還要讀研究所，當『孩子』出社會時，都已超過 24 歲。此前，他們的生活一般由父母供養，畢業後找不到工作，就乾脆當起『啃老』族，繼續依賴父母。」

「我有個朋友 30 多歲了，從小在父母的溺愛中長大，現在結婚好幾年，生活自理能力還是很差，每天都跟老公一起把父母家當餐廳。她在精神上無法獨立，不知道除了聽從父母的指示外，未來的路該怎樣走。我覺得現在的父母應該向比爾蓋茲、洛克斐勒學習，對孩子『富門寒教』。」王小姐說。

「蜜罐」中的孩子見識廣？

對「再富不能富孩子」持反對意見的人則認為，「富孩子」不用為物質條件擔憂，接觸到的新事物、新知識都多，所以眼界比「窮孩子」更為開闊，也正是因為孩子一代比一代富，所以社會經濟才會發展。

「我從小家裡的條件就比較優越，現在的房子也是老媽買給我的。在父母支持下，我在美國完成學業，並且周遊了歐洲 10 多個國家，現在有一份收入不錯的工作，我也要為我的孩子創造更好的條件，不然他會怪我不負責的。」林小姐說。

「我出生在偏鄉，小時候學習的資源很差。上大學後，看到都會區的孩子見多識廣，非常羨慕。我以後會努力工作，不能讓我的孩子吃我小時候的苦。」就讀於師範大學的張同學說。

支持孩子，但不要包辦一切。

父母努力賺錢沒有錯，這本身也能樹立一個榜樣給孩子看。不過在創造良好物質條件的同時，也應該教孩子如何理財，讓他們知道父母的每一分錢都賺得不容易，這樣他們才會珍惜生活，並積極地為生活打拚。

父母得讓孩子自己的事情自己做，別人的事情幫著做，不會的事情學著做。每個人的人生都不可能一帆風順，過於養尊處優的孩子面對困難時大多會手足無措。

不久前，有個對近千名學生的調查結果顯示，有超過三分之二的家長被孩子認定為是「不合格家長」，這些家長有的對孩子過分保護，事事為孩子包辦；有的家長對孩子過分干涉，喜歡讓孩子按父母的意願生活。其實，父母不可能照顧孩子一輩子，應該多給孩子「嘗試——錯誤——完善」的機會，讓孩子親自去體會，去感受各式各樣的生活，這對孩子的成長才是最重要的。

「窮過三代」的機率大過「富不過三代」。

俗話說：「龍生龍、鳳生鳳，老鼠的兒子會打洞。」這話挪到人身上，就是子承父業。現在有一種趨勢，就是貧窮也會被世襲。窮人們常愛說，富不過三代。這話可能只是心理安慰，阿Q的精神勝利法。因為，窮過三代比富不過三代的可能性要大的多，富不過三代並不能保證窮也不過三代。

「富裕」的世襲並不可怕，可怕的是「貧窮」的世襲。「貧窮」的世襲意味著，窮人家出生的孩子與富人家出生的孩子，天生就有巨大的鴻溝。比「貧窮」世襲更可怕的是，將世襲上升為一種社會潛規則，從而根本阻隔低社會階層的人流向高社會階層。印度的「種姓制」是如此，中國西周時期的「宗法分封制」也是如此。

當然，在現今的時代，再回到種姓制、宗法分封制那樣的時代是不可能的，可是某種程度上的回歸卻是已經發生的事。比如，教育產業化使得無錢無權家庭的孩子，幾乎無法接受到一流的教育。再比如，父母公司好的子女也進其公司、父母當官的子女也當官，這些政策與潛規則所導致的結果，就是阻隔低社會階層的人流向高社會階層。

社會階層的正常流通是非常重要的。即，低社會階層的人可以透過自己的努力，從而流動到高社會階層；高社會階層的人由於缺乏能力等原因，也會被降到低社會階層，這是保持社會的活力和進步之所在。要是一個社會完全阻隔了社會階層的流通，那麼這個社會就是缺乏活力和進步的社會。歷史上，許多朝代更替的一個重要原因就是，上下溝通、流動的管道被堵塞，民間菁英進而尋求體制外的極端方式。

美國社會的兩極分化也很嚴重，但是他們保持了社會階層的正常流通，讓窮人家出生的孩子透過自己的能力和努力也可以發財致富，甚至當上總統。從而能夠有效地化解危機。倘若我們研究一下中國古代的科舉制，會發現它的最大作用，就是給了社會下層人民一條出路，儘管這條出路很狹窄。

現在有個重要的問題是，必須消除那些阻隔社會階層流通的各項政策和社會潛規則，讓不同社會階層的人能夠正常流通。使窮人家出生的孩子能夠感到公平是可以追求的，感到生活畢竟是有希望的，感到自己能夠擺脫世襲的貧困。

「窮人的孩子早當家」這是我們耳熟能詳的諺語，也一直被眾多望子成龍的父母視為金科玉律。然而當社會逐漸走向富裕，面對財富對子女教育的挑戰，許多父母卻常常顯得茫然失措。

針對不少經濟條件好的家長心態不平衡，對於孩子的要求經常無原則妥協的情況，比較正確的方法是：假如孩子特別嚮往某一件事情或某種東西，必須讓他經歷特別的努力，甚至經歷一定的坎坷和挫折，最終達到目標，才能將他（她）所嚮往的東西獎勵給他。這樣對其今後追求某一目標的行動，才有引導和激勵意義。

孩子能否健康成長與家庭財富無必然關係，關鍵看父母如何發揮自己的引導作用。

伴隨著經濟持續發展，有越來越多的家庭將擁有更富足的生活，也將下一代的教育更多地置於財富的挑戰之下，而很多人卻依然堅守「窮人的孩子早當家」的傳統理念。

曾有專家建議有一定經濟條件的家長，別把財產的具體數額告訴孩子。在日常消費上面，應該節儉一點，生活標準不要太高，應引導孩子做出恰當的消費選擇。不過在關涉個人發展和前途的重要事情上，像是選擇進入師資雄厚、設備先進完備的學校，學習各種知識技能，參與各類選拔競賽機會和開闊知識視野、鍛鍊個人才幹等方面，家長應該努力支持並予以充分地經濟投入。

窮人家的富孩子：理財可不是有錢人的專利。

這句話雖有些偏激，但這句話也的確可以作為我們一般家庭以及「窮人家」用來教育孩子理財的開場白。

告訴孩子：要是你的錢本來就不多，那就更需要合理有效地理財。

一、發現身邊的小錢。

小錢在哪裡？不找不知道，一找嚇一跳。不知不覺在你手中流失的，其中大部分就是我們平時不太注意的那些小錢。它可以是公司臨時發的一筆獎金，或是存銀行獲得的一小筆利息，也可能是你在外面兼職獲得的一點小報酬。

二、打理你身邊的小錢。

人們常說：「花錢容易賺錢難。」這是感慨掙錢的辛苦，也是遺憾常常守不住自己的錢口袋。該花的一定花，不該花的一分不浪費，這樣簡單的理財守則往往卻很難做到。所以，理財不是有了很多錢才開始打理，理財更應該從小處、從小錢、從現在開始，為自己和家庭做出計畫。

就拿壓歲錢而言，年節長假歸來，孩子口袋裡多多少少都有一筆壓歲錢。別看錢不多，利用好這筆錢，不僅可以以錢生錢、小錢變大錢，讓家長與孩子共同守歲，而且可以為孩子從小樹立理財觀念做出榜樣。

如何幫孩子規劃這筆小財富呢？

將孩子壓歲錢的30%存進銀行，作為孩子成長獎勵基金；20%用於孩子零用錢，孩子拿到現金會更深切感受到大人們的關心與愛護；餘下的

50%建議為孩子購買保險，為孩子靈活設置國中、高中以及大學期間的教育儲備金。同時，還可以為孩子附加少兒意外傷害醫療和長期重大疾病保險，並注意增加投保人豁免功能。

這樣安排至少有三大好處：

1. 讓壓歲錢真正發揮壓歲作用。孩子的快樂成長和家庭生活多了一重保險鎖。
2. 壓歲錢不單為孩子守歲，也為大人護佑平安。投保人豁免功能的增加就有這個作用，即萬一父母不幸喪失繳費能力，無法繼續照顧子女，未付的保費可享受豁免，保單繼續有效至保單到期日，這樣便確保了孩子繼續享受安心成長的權利。
3. 每年存入小錢，數年後就是一筆不小的學業基金，也同時達到理財目的。

從小處著眼，科學規劃，日積月累小財也會變大財！怎麼樣？在幫孩子把壓歲錢理財小計畫做好以後，您是否對家庭的理財大計畫也心中有數了呢？

富人家的窮孩子：教孩子做個勤儉節約的人。

印度作家泰戈爾曾說過：「鳥翼繫上了黃金，這鳥永遠不再在天上翱翔。」

美國一些百萬富翁的兒子，常在校園裡撿垃圾，把草坪和人行道上的破紙、飲料罐收集起來，學校便給他們一些報酬。他們一點也不覺得難為情，反而為自己能賺錢而感到自豪。有的家庭經濟並不困難，也會讓八、九歲的孩子去打工賺零用錢，目的是培養孩子自力更生、勤儉節約的習慣。

美國著名喜劇演員大衛．伯瑞納（David Boreanaz）中學畢業時，父親送給他一枚硬幣作為禮物，並囑咐他：「用這枚硬幣買一張報紙，一字不漏地讀一遍，然後翻到廣告欄，自己找一份工作，到世界上闖一闖。」「有錢難買幼時貧」、「窮人的孩子早當家」後來取得成功的大衛在回首往事時，認為那枚硬幣是父親送他的最好禮物，它使大衛懂得了生活的艱辛，衣食的來之不易。

在具體培養方法上，建議家長可以從下面幾點著手：

第一，父母自身要勤儉節約。宋朝開國皇帝趙匡胤生活儉樸，反對奢侈。一次，他見女兒穿了一件用翠羽裝飾的短襖，就命令她脫去，以後不許再穿。在他影響下，一時節儉風氣舉國盛行。

第二，指導如何使用零用錢。首先家長給孩子零用錢要有計畫，要限制數額，不要有求必應。應根據孩子年齡大小、實際用途和支配能力，定時定量給予。讀小學一二年級的孩子，每次可少給些，時間間隔可短些，隨著年齡增大，一次可給得稍多些，時間間隔也可長些，如每星期或每十天給一次。其次，家長要過問孩子把錢花在什麼地方，每次給錢時，可讓孩子說說上次的零用錢用在哪裡。用得不當，應予批評，甚至暫停「援助」。有些家長要孩子記帳，過幾天查一次帳，這不失為一種好辦法。另外，家長要鼓勵孩子該用的地方要大大方方地用，能少用的就不要多用，能不用的盡可能不用。總之，要教育孩子既不亂花錢，也不要養成吝嗇的「守財奴」性格。

第三，要經常講勤儉持家的故事和道理給孩子聽。讓孩子懂得一粒米、一滴水、一度電來之不易，都是人們辛勤勞動換來的。歷史上的陶侃（東晉時大官）由於受他母親良好的教導，一生勤勉儉樸，連造木船剩下的碎塊木屑都收藏好，備以後用，這一美談流傳至今。

第四，要讓孩子從小養成節約的好習慣。使用文具用品要節約，一張紙寫錯了字，擦掉還可以用；生活上也要講節約，隨手關燈、節約用水，等等。

第五，要讓孩子學會利用廢舊物品。比如可用易開罐做個花籃，將舊涼鞋剪成拖鞋。這樣既可培養孩子的節約習慣，又是一種手工勞作練習。

最後，要培養孩子理財投資意識。新加坡的青少年在這方面受到的教育是首屈一指的。「節儉和儲蓄是美德」這種傳統價值觀在人們生活中始終牢固不變。由於社會、學校合力引導孩子學會花錢、學會節儉，他們都很會存錢。目前，教育部和郵政儲蓄銀行每年都開展全國性儲蓄運動，每年的運動都有不同的主題，如：

—— 西元 1990 年：現在節省，終身受益。

—— 西元 1991 年：儲蓄的將來計畫。

—— 西元 1992 年：積少成多。

……

而許多父母鼓勵孩子把錢放進存錢筒，等到一定時候，打破罐子得到一筆不少的錢財，卻少了利息。我們不妨幫孩子將錢存入銀行，這樣不但有儲蓄效果，還能得到一筆利息。有沒有投資意識，具不具備理財本領，對跨入新世紀的人來說，是十分重要的。

第七章
零花錢，花零錢

小學生應該有零用錢嗎？不管應不應該，現在絕大多數的青少年都擁有或多或少的「零用錢」，有的還數目「可觀」。那麼，有了零用錢該怎樣引導他們消費？這個的確是不容忽視的問題。有關機構曾調查採訪幾所小學的學生、家長和老師。仁者見仁，智者見智，被採訪者大多看法不一，但一個基本的事實是，現在的孩子大多數都有零用錢。

現狀：校園門外消費火。

下午四點左右，正值小學生放學。孩子們並沒有直接回家，而是蜂擁趕到校園外的一些攤販上，三五成群圍在一起選購文具用品或者購買街頭小吃。「老闆，給我一份炸薯條！」「老闆，我要一碗涼麵！」「好，好！馬上來！」賣熟食的兩位小販一位專職收錢，一位專門舀吃的，還是忙不過來。

「我們每天都要趕在小學生下午放學之前，先把吃的做好，有涼麵、炸薯條、蔥油餅……這些東西，孩子們都愛吃，平均是 20 塊錢一份！」老闆還補充說，除了寒暑假外，基本上每天都能賣完。「孩子們還喜歡到校外的文具店或攤子上買東西。」老闆指著不遠處說。

果然，在不遠處看到，幾家文具店裡人頭攢動，一些孩子在店裡唧唧喳喳地討價還價。有的店門外還擺了攤位，擺滿各式各樣的文具，紅紅綠綠的禮品十分吸睛。「現在剛剛開學不久，買文具的學生很多！」一位剛忙完的商販直言，孩子們的生意還是好做，有時，某種東西很流行，他們就一窩蜂地來買。

調查：八成孩子有零用錢。

「小朋友，你們有零用錢嗎？每天有多少？」調查人員詢問幾位正在吃零食的孩子。「我每天的零用錢是 30 元。」其中一位小女孩告訴記者，她每天要坐公車回家，需要花掉15元，剩下的15元，就隨便她處理。「我有20元錢，媽媽說讓我渴了買瓶水，也可以留著，我通常都用來買點吃的，同學們放學了都愛買炸薯條！今天不花，明天媽媽也不給的。」另一位小女孩說。他們說，前不久的教師節，他們用自己省下來的零用錢，買了賀卡或者鮮花送給自己喜愛的老師。

在某小學任教的黃老師告訴記者，他曾調查過5年級的一個班的孩子們關於零用錢的事。班上38人，其中有29個同學或多或少都有零用錢。有三個孩子的例子比較典型，代表了三類人。除了日常交通費外，陳宇繁（化名）同學，家庭條件一般，每月有零用錢400元，都是父母給的，需花費200～300元；王玉（化名）同學，家庭條件良好，每月有零用錢1,000元，其中一部分是父母給的，一部分是家中長輩給的，幾乎不花父母給的錢；于亮同學，家庭條件較好，每月有零用錢2,000元，需花費300到500元。

「據觀察，王玉同學懂得節約用錢，她的零用錢基本花在買學習用品上，行為習慣良好。而于亮同學則是亂用零用錢，把這些錢都用在零食和小玩具上，不會合理用錢。大多數同學的情況和陳宇繁同學類似，基本用於購買正常用品，也有一小部分用來買零食等食物。」黃老師告訴記者。

說法：零用錢給不給？

據相關調查，支持給予孩子一定零用錢的家長占了大多數。

王媽媽：如果從小就把孩子的零用錢卡得太緊，不讓他理財，長大了去外地讀書，突然有了一筆錢讓他自己支配，你覺得他會花好嗎？肯定是茫然無措，盲目跟風衝動消費。這是自然而然、合情合理的發展結果。所以我還是每月給他一些零用錢，教給他怎樣預算、開支。

于爸爸：從小就對孩子太大方了不好，孩子一張口就給錢，花光了再要，久而久之，他會習慣把父母當成提款機，這種習慣一旦養成就不好改了。

劉媽媽：家裡經濟情況不好，還是希望孩子們也能體會家長的難處，除了正常的開銷外，不要多花錢。平時我也不給他，不然他拿去買遊戲點數怎麼辦？還是希望他放學了趕快回家做功課。而且，我們鄰居的小孩，有為了要零用錢而向父母撒慌的，我可不希望孩子這樣。

孫爺爺：孫子喜歡玩具，喜歡吃點零食，你不給他就又哭又鬧的，怎麼受得了？況且，別的孩子放學了都買點東西吃或者買些文具，孫子口袋裡沒有一點錢，心裡會難受的，自卑了就不好了。

那麼，怎樣引導孩子花零用錢？

面對怎樣引導孩子花零用錢這一問題，有的家長建議說，按期給孩子零用錢，花不完的歸他自己，花光了就不再給，讓他自己想辦法。時間一長，他也就慢慢學會精打細算、節約開支了。

另外有的家長拿出自己的經驗說，孩子逐漸長大，到了法定成年的年齡，家長可以考慮適當向他透露家裡的財政狀況和各種收支項目，進行家庭投資決策的時候，也要適當徵詢他的意見等等。一來身為成年家庭成員的他有權利了解「家底」；二來可以使其更有責任觀念。

其實，國內有的專家已經開始呼籲對孩子進行理財教育了，畢竟理財能力是現代人必須具備的基本素養。呼喚中小學生理財教育。

在西方，針對兒童的理財教育從小就在家庭開始了，這讓孩子從小就適應了現代經濟。然而我們的理財素養教育卻長期不被重視，並為此付出了高昂的代價。一是使我們的孩子有高消費、盲目消費，甚至野蠻消費的行為，崇尚享樂主義，濫用父母的錢，躺在父母的錢包上生存，直接造成他們的財商低下。二是使我們的孩子缺乏生存能力、創業能力。

我們的學生只會花錢不會賺錢，只會考試不會創業，大學畢業即失業的現象，應該及早引起警覺。理財教育的主陣地在家庭。家庭對孩子的理財教育應該從小開始，從培養孩子正確的理財觀念和習慣開始，要從孩子的零用錢開始，同時還要對孩子進行必要的理財訓練。

在一些發達國家和地區，人們十分重視兒童的理財教育，這種教育甚至滲透到了兒童與錢財發生關係的一切環節之中。我們不妨來品味一下這些國家和地區，在兒童理財教育中的獨特「菜肴」。儘管社會背景存在著差異性，不過這些理財教育的獨到之處，是值得我們借鏡的。

美國：讓孩子早早學會自立。

身為移民國家的美國，歷史很短，所以美國人傳統、保守的思想較少，在生活習慣上也不墨守成規。同樣在子女理財教育方面，美國人習慣花未來的錢，這點也與其他國家頗有不同。美國的教育體系與美國濃厚的商業社會氛圍是緊密相連的，學生在中小學階段就掌握了基本的經濟和商業常識。

美國人認為，在市場經濟和商品社會中，一個人的理財能力，直接關係到他一生的事業成功和家庭幸福。美國父母希望孩子早早就學會自立、勤奮與金錢的關係，把理財教育稱之為「從 3 歲開始實現的幸福人生計畫」，讓孩子學會賺錢、花錢、有錢、與人分享錢財。一般的美國人沒有「銅錢臭」的思想，他們鼓勵孩子從小就工作賺錢，並教導小孩透過正當的手段賺取收入。

美國每年大約有 300 萬中小學生在外打工，他們有一句口頭禪：「要花錢就去打工！」美國人常常將自己不需要的東西拿出來拍賣，而小孩也會將自己用不到的玩具擺在家門口出售，以獲得一點收入。這樣能使孩子了解到：即使出生在富有的家庭裡，也應該有工作的欲望和社會責任感。

透過各種切合實際的金錢教育，美國人的孩子基本具備了很強的獨立性、經濟意識以及經濟事務上的管理和操作能力。如果必要的話，一個十五六歲的美國少年，靠自己的雙手養活自己大都不成問題。

英國：能省的錢不省很愚蠢。

提起英國人，向來給人們的印象是過於保守，這種作風體現在理財教育方面則表現為：英國人更提倡理性消費，鼓勵精打細算。所以英國人善於在各種規定裡，尋找最合適的生活方式。

身為發達國家，英國人的這種精打細算不完全是為生活所迫。英國稅率和物價都很高，可是人們的生活水準並不低，英國人的平均薪資折合臺幣計算，每人每月約賺 8 萬多。不過他們認為能省的錢不省很愚蠢。尤其善於理財的英國女性，年輕的時候，她們積蓄錢財，省吃儉用，熱衷於在各地購買房產，退休後，把多餘的房產出租或出售，獲得大量收入。

自然，英國人把他們這種理財觀念傳授給了下一代。理財教育在英國中小學的不同階段有不同的要求：5 ～ 7 歲的兒童要懂得錢的不同來源，並懂得錢可以用於多種目的；7 ～ 11 歲的兒童 要學習管理自己的錢，了解儲蓄對於滿足未來需求的作用；11 ～ 14 歲的學生要懂得人們的花費和儲蓄受哪些因素影響，懂得如何提高個人理財能力；14 ～ 16 歲的學生要學習使用一些金融工具和服務，包括如何規劃預算和儲蓄。

在英國，兒童儲蓄帳戶越來越流行，大多數銀行都為 16 歲以下的孩子開設特別帳戶。有三分之一的英國兒童將他們的零用錢和打工收入存入銀行和儲蓄借貸的金融機構。

日本：自立更生、勤儉持家。

日本人講究家庭教育，他們主張孩子要自力更生，不能隨便向別人借錢，主張讓孩子自己管理自己的零用錢。日本人教育孩子有一句名言：「除了陽光和空氣是大自然賜予的，其他一切都要透過勞動獲得。」許多日本學生在課餘時間都要在校外打工賺錢。

特別是近年來，由於日本經濟持續不景氣，勤儉持家的觀念愈加被日本人推崇，家庭內部則分外重視對孩子們的理財教育。在日本，許多家庭每個月給孩子一定數量的零用錢，家長會教育孩子節省使用零用錢以及儲蓄壓歲錢。而在買玩具給孩子時，無論高收入的家庭還是低收入的家庭，都會告訴孩子玩具只能買一個，若是想要另一個的話就要等到下個月。在孩子漸漸長大後，一些家長會要求孩子準備一本記錄每個月零用錢收支情況的帳本。

零用錢，無論是鄉下孩子還是城市孩子，每個同學或多或少都有。特別是那些城市孩子，個個是家裡的「寶貝」，他們的零用錢和壓歲錢不少，用法各不相同。有的不會利用，有的利用得非常好。而鄉下孩子，同樣也有零用錢，有的用得很妥當，有的卻胡花亂用，儘管他家裡並不富裕。這也成了家長面對「學生零用錢」的一大難題。在這樣的情況下，我沒有理由不談一談「學生零用錢」這一話題。

零用錢的出現，給家長們帶來了煩惱。因為它在給學生們帶來好處的同時，也帶來了許多的壞處。該怎樣處理好這個問題呢？

「零用錢」的好處：

零用錢的好處多於壞處。端看你會不會利用。會用零用錢的人，他們自己會有一個小存錢筒。這個小存錢筒，在積存零用錢的同時，也積存著美好的品德。如果，把爸爸、媽媽每天給的錢省下來，累積到一定數量時，便可以去買學習用品或自己需要的書籍。他們從不亂花錢，買了學習用品就能更好地學習，書籍可以開闊眼界，增長知識，學習成績自然得到提高。最重要的是，在儲蓄的過程中，培養了他們勤儉節約、合理用錢的好習慣。

「零用錢」的壞處：

在眾多學生中，也有這樣一類人。父母給了他們零用錢，他們從來不會去想一想該用在什麼地方。而是一拿到錢，滿腦子都想著超商裡那些包裝華麗的食品，或是路邊攤的食物。為此，有些家長為「零用錢」而煩惱。不給吧，有時真要買學習用品和需要的東西。給吧，他們一拿到錢就亂買零食。小朋友們吃得不亦樂乎，吃病了到醫院，醫生急忙檢查、打針、吃藥……一堆麻煩事，把家長急壞了，這都是零用錢帶來的危害——出錢買病！

同學們，請用你那雙勤勞的手，握緊手中的每一分零用錢，不要讓它毫無意義地飛向那亂七八糟的零食；而應讓它更有意義地飛向那蘊藏著淵博知識的世界——書店。

同學們，如果你想讓零用錢花得更有意義的話，那麼就伸出你充滿熱血、充滿愛心的雙手吧！讓它飛向失學兒童、貧困地區……讓它溫暖同一片藍天下的小朋友們的心吧！

身為家長，該教兒女如何花錢了。

美國丹佛大學婚姻和家庭研究中心主任霍華德．馬克曼指出：「用錢方面的分歧，是夫妻衝突中的首要問題。」可是，每個人的用錢習慣都是從小形成的，要改變往往很不容易。所以，我們要重視從小培養正確的用錢習慣。

最近，我忙裡偷閒去參加了高中同學會，見到闊別 20 多年的同學，心情分外激動。出於職業習慣，我忍不住向同學們打聽，他們都是怎麼給孩子零用錢的。

張先生目前已經擔任某研究機構的負責人，夫妻都有穩定的收入。他兒子今年考進了名校。當談到孩子花錢的問題時，他充滿自信地誇兒子多麼懂事，從來不亂花錢。我問他每月給兒子多少零用錢，他說不太清楚，因為給了兒子一張提款卡，如果戶頭的錢花完了他就再存。他認為，只要兒子沒有亂買東西，花多少都應該支持。

我告訴張先生，身為父親對兒子的愛，他的態度我是完全可以理解的。不過，客觀上他的做法無疑給了孩子兩種錯覺：其一，錢是取之不盡用之不竭的，只要有需要，就可以從銀行裡獲得。其二，如果卡裡的錢省下來了，爸爸就不會再多給錢。

兒子今後一旦離開父母獨立生活時，花錢就容易沒有節制，因為他誤認為只要是值得用錢的地方，就可以無限量地花錢。在現實生活中，並沒有人為他提供無窮無盡的錢，每個月的薪資收入都是有限的金額。就算父親把所有的積蓄都送給兒子，也經不起兒子無節制地消費。

要是從小不培養量入為出的習慣，孩子將來就不知道該如何控制金錢，生活就會陷入入不敷出的困境。更為嚴重的是，當孩子成家後，假使雙方花錢都是出手闊綽，家庭生活就無法富有。倘若一個人非常節約，另一個人揮金如土，家庭矛盾可想而知。另一方面，如果卡裡還有餘額時，父親就不再多給錢，這樣也會在心理上造成兒子花錢不節省的壞習慣。

高太太的家庭經濟相當富裕，她的做法則和張先生正好相反。女兒上國二，她從來不給女兒零用錢，害怕女孩子有了錢就亂花，怕女兒學壞。若是女兒要買什麼東西，每次都是向媽媽申請，由媽媽決定後買單。

高太太以為不給零用錢就可以限制女兒用錢。結果，有一天她發現女兒竟然趁自己不注意的時候，從自己的錢包裡偷拿了 1,000 元，出去請同學們吃肯德基。這事讓高太太非常生氣，馬上把此事告訴丈夫，結果夫妻為此大吵一架。丈夫說自己辛辛苦苦在外面賺錢養家，希望老婆在家把女兒管教好，誰知道還鬧出這種事情。

原來，因為平時女兒手裡沒有零用錢，吃飯搭車的錢都是每天從媽媽手裡拿的。現在學校裡同學們都有了一定的社交活動，平時同學生日等也會邀請好友出去慶祝。之前班裡上的同學辦生日會，請高太太的女兒去吃麥當勞，女兒希望能回請同學們一次。不過跟媽媽提出幾次後，都被媽媽拒絕了，只好偷偷地從媽媽的錢包裡「借」錢出去請客。

當今的社會結構中，有越來越多家庭是由妻子負責家中的財務管理。要是女兒從小在家裡沒有接受該如何用錢的教育，將來成家後不可避免地將面臨理財的困惑。

其實，在科技年代，孩子們時刻都會碰到用錢的問題。錢不僅僅限於我們平時使用的現鈔，其他如信用卡、點數和禮券等等，都是金錢的化身。我們要面對和正確看待兒童的用錢心理，要讓孩子對各種用錢方式有正確的了解，這樣才能教育孩子養成正確用錢的習慣，比如限制和紀律等等，這會讓他們將來在社會上獨立生活受益匪淺。

如何讓孩子從自身的經驗裡，學到理財的知識、培養用錢的好習慣，這將是現今父母面臨的一大挑戰。

教育孩子，零花錢，花零錢，花錢，鼓勵！

現在的小孩子已經學會花錢了嗎？這就未必了。

女兒上二年級，獨立花錢才半年多。問一問其他家長，也差不多。分析個中原因，主要還是我們這批家長的原因，我們這個年齡的人小時候多數是不被允許亂花零用錢的，亂花錢的孩子會被大家視為壞孩子。所以我們一直篤信不花零用錢是真理，並把它當作傳統繼承下來。

這種思想伴隨著我們漸漸長大，而且變得根深蒂固。等到自己有了孩子以後，也不允許自己的孩子隨便花錢。我就是這麼個傳統的家長，對讓孩子隨意花錢很不以為然。但後來我的想法轉變了，轉變的原因也是因為孩子。

一年級下學期，教材中出現錢幣換算題。孩子在作業中經常出錯，而且是一錯再錯，不論我們夫婦怎樣講，嘴皮子都快磨破了，結果還是錯，這說明孩子對這樣的問題根本就沒有理解。到底該怎麼教？我們有些黔驢技窮了。

這段時間裡我們很苦悶。

一天，孩子說班上有幾個同學這樣的問題做得非常好，他們為此還經常受到表揚。我們感到很驚訝。就在我們納悶的時候，孩子又告訴我們說，那幾個同學的家長是做「生意」的。聽後我們恍然大悟，很快就理清了思路。原來那些同學經常在家裡看父母打理「生意」，有時還伸伸手幫忙。耳濡目染，久而久之，不但能夠參與「生意」，而且還學會了用錢。所以當遇到課本中那種「小兒科」的算術題時，做起來自然是小事一樁了。

生活能夠造就人，「小朋友」也不例外。

既然已經知道「鋼鐵是怎樣煉成」的了，我們就要立刻行動起來！

我們雖然不能像那些同學的父母那樣做「生意」，但我們可以讓孩子立刻與金錢進行「親密接觸」。而那種「小孩不能亂花錢」的老教條，通通被拋到了腦後，我們已經顧不了那麼多了。21 世紀了，我要讓孩子從小就了解錢、會花錢，儘早融入這個經濟大潮中。

晚上睡覺前，與孩子她媽經過簡短的「枕邊會議」，起草腹稿如下：1. 每天 20 元，自己支配。2. 存下來的零錢不用上交，不過要如何使用得告知家長，原則上不干預。3. 視理財情況可以增加每天零用錢金額。

決定與次日早上宣布施行。孩子很高興。

剛開始的時候，小孩子對錢的概念還是相當模糊的，往往都會花光一天的零用錢，而且是真正意義上的「亂花錢」。

這樣的日子持續了一兩個月，孩子除了花錢的本領一天比一天更「專業」外，我們所期待的書面結果沒有出現。我們的心開始忐忑起來，信心也開始動搖。並開始懷疑我們的教育方法是不是出了問題，很擔心搞不好弄巧成拙，給孩子帶來更嚴重的問題。

怎麼辦！每天的零用錢是停不下來了，畢竟不能失信於孩子，那樣問題會很嚴重的。繼續下去的話，又怕孩子花錢上了癮，結果事與願違。唉，騎虎難下啊！

俗話說：「眾人拾材火焰高。」、「人多力量大。」於是我們決定徵詢親朋好友的意見，看看他們怎樣說。

經過多日忙碌，最後將眾多建議歸納總結、權衡利弊，決定：鼓勵花零用錢！並將每天的零用錢從 20 元提升到 30 元，不過有個小小的要求，就是要求孩子用這僅有的零用錢多買東西，買少了要懲罰。目的是要孩子將零錢打散去使用，以此快速掌握用錢的知識和技巧，也希望透過這個辦法培養孩子的統籌能力。

「功夫不負有心人」。一兩個月以後，有了成效。孩子不單學會了錢幣的換算，而且更可喜的是，學會了理財 —— 把錢存起來，合理使用。

成功了！高興之餘我們也在思忖：其實小孩子是可以和大人一樣使用金錢的，只要正確引導就不會有問題。孩子的許多「不開竅」，其實是家長的「不開竅」，是家長的拘泥和陳腐、老套和迷信，阻礙了下一代前進的腳步。家長落伍，致使孩子也難以「與時俱進」。所以孩子的問題，其實也是家長的問題，家長的問題解決了，孩子的問題也就迎刃而解了。傳統裡面有好多有價值的東西，但也充斥著迷信與偏見，我認為當代人應本著「取其精華，去其糟粕」的態度去對待傳統，畢竟這是我們自家的東西，好與壞都是自己的，怎樣用還是自己說了算。

另外，耐心很重要，我剛開始時的忐忑不安，就是急功近利的結果。我要說：「耐心是上帝。」做好了這個「上帝」的工作，那是就一定能夠給你回報。

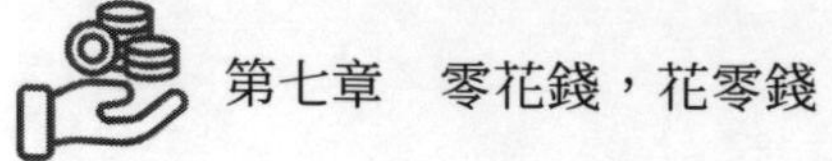

第八章
金錢是最好的僕人也是最壞的主人

一般人的金錢觀是簡單而傳統的。

第一，金錢是清白的，不清白的是人的內心。據說中國和猶太的傳統道德，是世上僅見的不仇視金錢的兩種傳統道德。

《論語．子罕篇》中，子貢問孔子：「有美玉於斯，韞櫝而藏諸？求善賈而沽諸？」孔子說：「沽之哉！沽之哉！我待賈者也。」可見儒學淵源並不將固守清貧和富貴兩相對立。《國語》中說：「言義必及利。」強調「義以生利，利以豐民」，《晏子春秋》中說：「義厚則敵寡，利多則民歡。」連中國的佛教也並不認為金錢是不好的，指出佛其實要的不是清貧如洗，而是富貴嚴華，那種苦修戕身的做法，從來在中國善男信女中沒有什麼市場。中國的民俗也是如此，例如我們常常說，有點文采武藝，是要賣於帝王家的，又說書中自有黃金屋。因此，金錢本身無疑是清白的。

既然五千年的傳統是這樣，為什麼迄今知識分子對談論金錢如虎狼之畏呢？大約是近 50 年來中華文化遭受了深重的突然斷裂所致。君子可以不重利，但發展到羞恥於言利的程度，離偽君子也就不遠了。不否認知識分子中有不以貧困為苦的，例如孔子的弟子顏回就能「居陋巷，一簞食，一瓢飲，人不堪其憂，回也不改其樂」，但應該看到，顏回是那種「素富貴行乎富貴；素貧賤行乎貧賤」之人，他是隨遇而安、知足常樂之人，雖然不以貧困為苦，卻也並不以富貴為恥。

人的「動物性過去」使得真正能從貧困中得到莫大歡樂的人少之又少，而即使如此，也並不排斥知識分子可以在義利之辯的基礎上，過得相對寬裕一些。視金錢如洪水猛獸者，和中華傳統無關，僅僅和其內心的局促和焦慮有關。同樣，知識分子和金錢兩相對立，也和高風亮節全然無關，僅僅是內心的一種扭曲而已。

第二，君子愛財，取之有道。

知識分子必然不是社會分層中最為富裕的，但也不是最為困窘的。做著普通的工作，享受著尚能接受的薪資和種種福利，還可以賺一些稿費養家糊口，因此內心是平和的。佛陀在《善生經》中為善生童子開示生存之道時說：「先當學技藝，而後獲財富。」一個人在社會上立足，必須有一定的謀生之道，即使擁有福報，也還需要透過相應的技能才能實現。

我們現在靠寫字謀生，也算是安守本分吧！應該警惕的是，君子愛財並不能作為知識分子道德墮落的藉口。迄今為止，「窮則獨善，達則兼濟」，仍是我們在義利之辯的同時，應有理欲之分的準則。

若是取之有道，那麼，即使那些金錢是我在燈下寂寞地閱讀、思考、寫作而得，雖分毫也不應該羞於接受；如果那些金錢並非誠實勞動所得，那麼就應該看開些，別讓貪欲迷惘了自己，所謂「不義，雖利勿動」也。

記得佛經中記載著這樣一個故事。佛陀與弟子阿難外出乞食，看到路邊一條蛇纏繞著一塊黃金，就對阿難說：「毒蛇。」阿難也回應道：「毒蛇。」他們眼中只有毒蛇而沒有黃金。正在附近忙農活的父子聞言前來觀看，當他們發現佛陀和阿難所說的毒蛇竟然是黃金時，他們心裡只有黃金而沒有毒蛇，立刻欣喜若狂地將其占為己有，結果卻引來了殺身之禍！黃金沒有替他們帶來富貴，反而使他們被毒蛇咬中而致命。臨死前，父子才追悔莫及地想到「毒」的真正意義。我們內心的毒蛇比路上偶遇的毒蛇要多得多，所以時時反省是必要的，這樣即使不能保證時時走在正途，也可避免墮入萬劫不復的深淵吧！

第三，不要讓金錢拖累後代。

福特說：「所謂美好人生，就是『儉樸的生活，健康的身體，勤奮地工作」。」一位朋友說：「如果你有一張床，一口飯，就已經比世界上大多數人幸福。」幸福往往並不是我們擁有的時候所珍藏的，而是在失去之後才追悔莫及的那種東西，就像空氣、水一樣擁抱著我們的人生。因此，若是有一點點金錢，不要為兒孫考慮太多，兒孫自有兒孫福，金錢只會拖累而不會哺育後代，這就是所謂寒門多俊彥，紈絝少偉男的道理。

第四，金錢是最好的僕人，卻是最壞的主人。

當你的生活被追求金錢所主宰時，你就迷失了自我；當你的金錢被你的生活所主宰時，你就接近幸福。金錢對守財奴而言，是一串數字而已；對有理智的人而言，則是隨時可以打發的僕人。因此，在青春年少的時候，金錢僅僅是身邊可以流淌的東西，即使做不到「五花馬，千金裘，呼兒將出換美酒」的豪爽，也應該少一些為風燭殘年斂財的計畫。我們的命運總是隨波逐流的，誰都無法預言三年後自己的生存狀態，因此為什麼要在 30 歲時考慮 60 歲的事情呢？

我們如何才能成為金錢的主人？佛經裡把人類分成三種：第一種是盲人。這種人不知如何使自己擁有的財富增長，不知如何獲得新的財富，他們也無法區分道德上的好壞；第二種是獨眼人。他只有一隻金錢眼，而無道德之慧眼。這種人只知道如何使自己擁有的財富增長和創造新財富，卻不知道如何培養好的道德品格；第三種是雙眼者。他既有金錢眼，又有道德之慧眼。他既能使他已有的財富增長，並獲得新財富，又能培養良好的道德品格。

做一個有德而富，富而有德，有兩隻眼睛的人，倘若不是我們已達成的現實，至少可作為一種追求的境界和目標。

金錢是青少年最壞的主人。

「家有小女初長成」，本該是件令人高興的事，但是張媽媽卻怎麼也高興不起來，因為她發現自己13歲、就讀國二的女兒小文，近來越來越愛花錢打扮。只要看到周圍有人有了新飾品，小文就非得纏著爸媽買，如果不滿足她的要求，小文就馬上又哭又鬧耍起大小姐脾氣。

專家指出，像小文這樣的孩子並不少見，隨著物質生活的日益改善，青少年學生的消費觀念也發生了很大的改變，「消費教育」顯得越來越有必要。學生互相比較的消費行為會越來越突出。張媽媽和張爸爸本身也是教師，她認為，現在的生活條件越來越好，不像她小時候那樣物質缺乏，想要買個髮夾、小娃娃什麼的都是一種奢望，在條件允許的情況下，為孩子買些東西是不想讓女兒像自己一樣留下什麼遺憾；而且，孩子平時想要的東西一般也花不了太多錢，所以能滿足就盡量滿足。

只是，讓張媽媽想不到的是，女兒想要的不僅是一枚小髮夾那麼「簡單」，明明家裡的各類飾品已經很多了，但只要發現同學或身邊的人有「新品」，小文就一定要買，她對新款飾品的追捧幾近「發燒級」狀態。

有一次，張媽媽拒絕了小文的無理要求，哪知小文竟賭氣地將自己關在房間裡，幾天都不跟父母說話。青少年心理諮商中心的主任分析說，孩子在這樣一個提倡消費的社會裡，他們的消費行為並不如想像中健康，其中互相比較產生的消費行為，就是一個很突出的問題。

小文目前正處在和她周圍所接觸的人群中的比較消費之中，她最近的表現正是這樣的消費行為中較典型的例子。應當指出的是，家庭環境的影響、父母的榜樣作用、學校的消費教育、社會風氣影響以及國高中生自身的性格發展變化，都是造成比較行為出現的幾個重要因素。

讓孩子體會父母賺錢的辛苦，是樹立青少年正確金錢觀的開始。針對小文的情況，關鍵在於糾正她的消費觀念，進一步糾正不良消費行為。首先就是要借助於家庭教育，讓孩子明白哪些錢該花，哪些錢不該花。如今這一代青少年學生的父母，大都經歷過從物質嚴重缺乏到逐漸富足的過程，不少人都想把自己童年時代得不到的盡量「彌補」給孩子，讓孩子從小就生活在一個富足的環境裡，這樣根本無法讓孩子體會賺錢的艱辛。

建議家長們最好注意控制孩子零用錢的使用，必要時定期檢查孩子零用錢的去向，並嚴格規定其用途；有機會也讓孩子參與一些家庭的理財計畫，讓孩子親身體會如何理財；有條件者還可以讓孩子利用假期外出打工，讓他們親身體會賺錢的艱辛，從而改變自己的認知，糾正自己的不良消費行為。

其次，學校也要注意集體宣傳教育。學校可以透過辯論、演講、展覽等形式，讓同學們了解到不良消費行為的壞處，建立正確的消費觀。透過這些活動潛移默化地教育，讓他們了解到這種行為的負面影響，糾正自己的不良消費行為。要減少學生的互相比較的消費行為，關鍵在於預防！

無論是學校和家庭都要對學生進行消費教育，引導學生閱讀相關的名人奮鬥史等文學作品，並指出他們行為的負面影響，加以教育引導。樹立學生正確的消費觀和金錢觀，避免學生不良消費行為的出現。

讓孩子在「挫折」中學會如何花錢。

如今孩子生得少，不少人都是成長在比較富足的生活環境中，由於經濟社會的消費觀念影響，「小王子」、「小公主」們一時無法樹立正確的消費觀念，頗易滋生「比較消費」。國外一些國家流行的「挫折教育」也許值得我們借鏡，吃了「苦」才更能品味到「甜」的美妙滋味！

眾所周知，現如今不少孩子花錢似流水，錢一到手中，旋即成了「過眼雲煙」，揮霍得分文不留；一些中小學校園裡高消費現象在不斷升級，甚至出現比較消費、過度消費等現象。這些現象，充分反映出部分青少年個人理財意識、技能的缺失和低下。

這種狀況，不僅對青少年自身發展不利，在今後的社會中難以立足，還會給家庭和社會帶來嚴重的負面影響，導致家庭負擔加重和社會資源的浪費。更為嚴重的是，長此以往，中華民族的傳統美德「勤勞儉樸」之風尚，將會蕩然無存，後果不可想像。

因此，近年來一直有教育專家呼籲，加強青少年個人理財教育。然而，遺憾的是，這種呼聲並未引起社會的廣泛關注和重視。不少家長仍是傾其全力滿足子女的虛榮要求，只注重孩子的學業，絕少考慮其是否善於理財；各地的學校也未將理財教育納入教學範圍，不但小學、中學課程中難見相應的章節設置，就是在大學，也難以有機會接觸到以投資、創業、消費、理財為核心的系統性理財教育課程。即使有，也是空洞的說教多，實際操作少。

對青少年進行理財教育，不是把他們培養成一個金錢至上的拜金主義者，而是在理財教育的過程中，進行錢文化的薰陶，進行錢行為的規範，在「錢能生錢」的道理中學會儲蓄，在「賺錢不易」的教化中學會節儉，在「隨意花錢」的反思中學會理性消費。讓他們從青少年時期就學會正確對待金錢、運用金錢，學會價值判斷和提高道德尺度，促進其個性能力的良好發展，從而為其長大後獨立理財和開拓一番事業打下較好的基礎。

在當今高度發達、快速發展的新時代，理財能力作為現代人必須具備的基本素養，直接關係到一個人在社會中的生存和發展。在這個時代裡，理財教育不應該是一個空白，尤其是我們的教育致力於提高學生的綜合素養，致力於培養適應時代要求的複合型人才，所以，從中小學階段開始對青少年進行理財教育就更不能缺失了。

金錢是青少年最好的僕人。

那麼，青少年該怎樣運用零用錢？他們認為怎樣才算「善用」金錢？以下是香港第二屆消費文化考察報告獎初級組冠軍得獎學校 —— 香港聖保羅男女中學的參與同學及老師的分享。

何浣琳（中四學生）：我是一個尚在求學的少年，零用錢是我最主要的收入。我每個月的花費除膳食交通外，主要是購買書籍雜誌。我很愛看書，不論是科學、心理、文學，還是輕鬆小品，都是我所愛。當然，我亦如其他年輕人般，喜愛聽音樂，所以花費在這方面的金錢也不少。

究竟怎樣才算「善用」金錢呢？在經濟不景氣的今日，更應用心思考。我認為善用金錢就是用得其所的意思。當然，「用得其所」就取決於個人的價值觀。青少年或多或少都喜愛玩樂，假如玩得積極健康，也算用得其所。

當然，把金錢花在書本、旅遊等能增廣見聞的項目上，就更是用得其所。許多人認為善用金錢就是節儉，我不大同意。過分節儉只是吝嗇，應用不用，應花不花，那又怎算善用呢？尤其那些以此為理由，拒絕捐助有需要的人，更是不當。其實和好友一起助養弱勢兒童，每個月僅數十元，既有意義，又能從中增加友誼，何樂而不為呢？

黃峻顯（中四學生）：我是一個物欲很強的人，最愛花錢買東西，因此我的支出一向要受父母監管。父母每個月給我的零用錢，只足夠我應付午膳和交通，用完後便再問父母要。我隨身攜帶的零用錢通常不足二百元，但由於可隨時「添加」，基本上還是綽綽有餘。我最大的支出是買唱片，但由於正版的流行歌曲唱片賣百多元，故不會經常買。

在這充滿誘惑的商業都市中，「善用」金錢確實不易。我認為「善用」金錢對不同人來說有不同定義。對靠自己賺錢的成年人來說，買一件東西，物超所值，自己喜歡，便行；而對我來說，善用金錢是要把錢用得實際，用了以後自己會獲益良多。例如買課外書、參考書，可豐富自己的知識，對學業成績大有幫助，一生受用。

相反，在遊戲機中心消費，「打」一場遊戲只不過數分鐘，一輪刺激後什麼也得不到，時間卻浪費了不少，豈不是賠了夫人又折兵？「消費」是一種投資，投資是為了回報，因此我認為用錢時要能從中取得最大的回報，這就算是「善用」金錢。

李凱兒（中四學生）：每個星期，父親都會給我一百五十元零用錢。基本上我用錢的機會很少，主要原因是我每天不是上學就是在家，並沒有和朋友出外玩樂的習慣。早餐我在家裡吃；午飯多是家裡準備便當讓我帶來學校；至於晚餐，更不用說，是在家中和父母一起吃居多。就連消費最大的車資，也是利用八達通自動增值服務，不需使用我的零用錢。

所以平常消費最多只是在學校小賣部買飲料，或偶爾買小吃解饞，間或買點課外書籍已是我最大的消費。我性好藝術，當我遇上愛不釋手的書籍、聽出耳油的音樂或看得津津有味的電影時，就會不能自控地掏錢以滿足心頭愛。有時候，我也會自覺太揮霍而有掙扎及煩惱，但每每總是滿足自我的心態得勝。

我認為一般人努力工作，都是想生活安定，自己和家人都吃飽睡足、有個安樂窩，有餘錢，就可進一步滿足自己和家人的物欲。可是，吃的、穿的、住的、用的，怎樣分配才算合理？金錢如何運用才算善用？細想後，我有以下幾點看法：

1. 消費需有其本身價值。我們所購買的物品，要符合實際需求，有實際用途。但無可否認，緊張的生活需要娛樂調劑，紓解繃緊的情緒，故娛樂消費亦是合理消費，如看電影、唱卡拉 OK、和朋友吃喝聊天等，都可說是有「實際」需求的。不過必須小心衡量所付出和收穫是否平衡。
2. 購物前必需深思熟慮、冷靜分析，盡可能在購物前多考慮。我們可以嘗試評估物品的價值，如列出其中好處及壞處，或和別人商討，收集多方意見之後才做決定，這樣理財就不會造成浪費。
3. 需要時別過分吝嗇。舉個例子來說，考試時必須用到圓珠筆，就應買一些書寫流暢的圓珠筆，絕不能因為貪便宜而購買一些品質差的。不然考試時筆墨不流暢，甚至沒水斷水，完成不了考卷，因小失大就後悔莫及了。

李頌楷（聖保羅男女中學教師）：怎樣才算「善用」金錢？什麼叫「物有所值」？我想這問題的答案是因人而異的。這涉及價值觀的問題，而價值觀是主觀的。然而，我頗贊成我校同學對金錢的看法，特別是幫助貧困國家兒童的主張。我覺得與其花錢在一些不必要的物品上，不如把金錢用在幫助貧困兒童來得有意義。我相信這算是「善用」金錢及「物有所值」的其中一例。

還記得若干年前我和一個朋友的女兒同時喜歡上某款球鞋，結果我們同時買下它。我知道她之後又先後買了另外三款球鞋，那雙和我同時買的球鞋早扔掉了。我卻仍把那雙球鞋保存得十分良好，像新的一樣，因我大多時仍穿一雙更舊而又未破的球鞋。

或許我們不應要求新一代要和我們對金錢有一致的看法。現今的新一代在經濟繁榮的環境下長大，一般來說，他們比我們年幼時有較多零用錢，加上傳媒的影響，他們普遍比較重品牌，又會多花錢在流行玩意上：漫畫、手機、付費收聽流行音樂及演唱會等。他們這些行為雖然不為我所認同，但我想我是可以諒解的，因為若我和他們在同一環境中長大，我也不知道自己是否會和他們一樣。

在善用金錢的問題上，我認為家庭教育是重要的，特別是當孩子還年幼時，父母就應開始教育他們不要浪費金錢，要讓他們明白金錢是辛苦賺來的，切不可「先使未來錢」。透過身教言教，父母亦要讓孩子明白品德的重要，金錢及物質並不代表一切。

其實我自己對金錢的看法也隨著時間而有所改變，年輕的時候不懂珍惜金錢，抱著「千金散盡還復來」的心態，辛苦賺來的錢很輕易地就花掉了。現在我終於明白金錢其實是可以用在更多更有意義的事情上，例如幫助我們可以幫助的人；照顧家人令他們生活得更幸福；用在自己進修、旅遊以至儲蓄退休後的生活費等。

怎樣才算「善用」金錢，最終仍是要由自己來決定。當我們花錢時，其實就是面對一個抉擇，一個究竟要用金錢去換取什麼的抉擇。因為很多時候我們用錢去換了甲，就不能同時去換乙了。用錢去買甲還是乙才算是善用金錢？這是個人價值觀的問題。一個自私自利的人，當然會覺得花費在自己身上，永遠比花在別人身上來得划算。

我本人非常同意「衣食足而後知榮辱」這句話。人只要自覺物質豐裕，就會追求多一些來自精神的滿足。用錢之道也大致一樣，一個懂得物質知足的人，大概不會再多花金錢在更多的物質上，而會利用金錢尋求心靈的滿足。對這個人來說，這樣花錢就是「善用」金錢了。然而，問題是，當人生活在一個經濟掛帥、物欲橫流的世界，是不容易跳出對物質的貪求，而自覺滿足的。

第九章
什麼決定孩子的命運

是什麼決定孩子的命運？

「一個不能靠自己的能力改變命運的人，是不幸的，也是可憐的，因為這些人沒有把命運掌握在自己手中，反而成為命運的奴隸。」

這句話應該警醒所有愛孩子的父母！因為在很多時候，我們都是只知道要愛孩子，卻不知道怎樣去愛；我們想要培養出優秀的孩子，卻不知道怎樣培養；我們希望用自己的呵護去關照孩子的一生，但這個美好的心願卻永遠不可能實現。

是的，我們給孩子的財富再多，他們也有花完的時候；我們給他們的知識再多，也有不夠用的時候；我們給他們的愛護再多，也會有終結的時候。所有這些，在我們無法為孩子的未來導航時，都不能成為孩子自己改變自己命運的東西。

對於絕大多數的孩子來說，最缺少的並不是成就大事的願望，而是能幫助自己實現願望的技能。而決定孩子一生命運的，正是技能！只要有了技能，再多的財富也可以創造出來，再多的知識也可以學得到，再美好的未來，也會被緊緊地掌握在手中。

在這個競爭日益激烈的時代，社會需要的，不是溫室中長大的脆弱花朵，也不是只知道死啃書本的書呆子，更不是只會消費不會創造的廢物，而是掌握了各種技能的社會菁英。沒有技能，我們的孩子無法找到稱心的工作；沒有技能，我們的孩子無法適應將來的職位；沒有技能，我們的孩子最終將會被社會拋棄！

為了孩子的未來，請教他技能！請教他十種最關鍵的技能：

獨立生存的技能；塑造自我的技能；自我保護的技能；運用語言的技能；心理調節的技能；社會交往的技能；觀察社會的技能；求職就業的技能；

組織管理的技能；開拓創新的技能。

今天的青少年是21世紀的主人。複雜多變、充滿競爭和快節奏的現代社會，要求每一位社會成員具備較強的應變能力。而生長在現代家庭的青少年們生活優渥，許多事情都由大人包辦了。衣來伸手、飯來張口，免不了失去獨立生活的能力，這對未來參與社會競爭是十分不利的。獨立自主是健康人格的表現之一，從小學會獨立生存的技能，對自己的生活、學習品質，以及成年後事業的成功和家庭生活的美滿，都將產生重要的影響。我們的目標是要青少年成長為一株迎風而立的大樹，而不是經不起風吹雨打的小草，所以要在實際生活中讓他們經歷錘鍊，學會獨立生存！

經典電影裡的臺詞說：「21世紀什麼最貴？——人才！」而什麼又是「人才」？就是具備一定技能的人。身為未來的人才，青少年學習和掌握必要的技能當然是必須的，而其中從小就要培養起來的良好的理財技能更是不可或缺。

父母要明白，孩子的人生之路最終還是要他們自己去走，身為父母幫得了一時幫不了一世，只有讓他們學會為自己服務，才能為他人服務；也要讓孩子明白「天上不會掉餡餅」、「從來就沒有什麼救世主，一切要靠我們自己」的道理。只有離開父母的懷抱，才能鍛鍊出蒼鷹的矯健翅膀，翱翔於天空之中。

有一部講述野生狐狸的日本電影紀錄片，令人難以忘懷。一群小狐狸稍稍長大後，狐狸媽媽便「逼」牠們離開家。曾經很護子的狐狸媽媽忽然像發了瘋似的，就是不讓小狐狸們進家門，又咬又趕，非要把牠們都從家裡攆走，最後小狐狸們只好夾著尾巴落荒而逃，開始自己的獨立生活。多麼冷酷的心理斷奶！但這又是多麼理智的生存教育啊！我們確實需要這樣的「狐狸媽媽」。

而青少年還未滿十八歲，當然沒有到必須要「離開家」的時候，那麼，掌握必要的理財知識、自主理財以及正確的金錢觀，是時候可以開始了。張愛玲說：「出名要趁早。」青少年理財更要趁早才行啊！

美國洛克斐勒家族是石油界的鉅子，資產無數。不過這個家族的孩子們，從小就要接受節約教育和勞動教育。每個週末，孩子們從父母那裡得到幾十美分的零用錢，至於怎麼支配完全由孩子們自己決定，可是他們必須詳細地記在個人的小帳本上，以備父母查詢。假使孩子們覺得零用錢不夠用，父母不會再給他們，而是鼓勵孩子們透過自己的雙手去賺錢。所以，星期天的時候，洛克斐勒家的孩子們便忙著修剪草坪、整理花園或者擦皮鞋。擦一雙皮鞋 5 美分、擦一雙長靴 20 美分。

億萬富翁洛克斐勒家族的孩子們都能這樣對待錢財，身為普通人家的孩子，是不是更應該明白金錢的價值、學會自主理財的技能呢？

英國哲學家培根有句名言：「金錢雖然是好僕人，有時候也會搖身一變，變成壞主人。」在當今市場經濟的新形勢下，很有必要讓青少年樹立正確的金錢意識，懂得金錢需要用勞動去獲得，而且要學會節約用錢，絕對不能「一擲千金」地揮霍，從小就要刻意地培養他們自主理財的能力。在日常生活中接觸錢、了解錢，學會如何合理用錢。

這從眼前來看，能養成不亂花錢的習慣；從長遠來看，將有利於及早形成獨立自主的生活能力，以便在高度發達、快速發展的時代中，具有可靠的立身之本。培養自主理財的能力，首要的是正確理解金錢，既不能淡漠金錢，更不能崇拜金錢。

第一，金錢在生活中是必需的，要讓孩子明白，要得到想要的東西就必須用錢交換，想悄悄地從商店拿出來是不行的；第二，要知道自己所花的錢，都是父母辛辛苦苦工作換來的，是「血汗錢」，不是想要多少就有多少的。第三，要知道錢也不是萬能的，比如父母對孩子們的愛護，就完全是出於無私的愛，而不是為了賺錢。

在現今我們所生活的物質導向社會，事事歸根究柢多少都能和金錢扯上一些關係，所以父母只有讓孩子掌握自主理財的本領，才能將金錢為孩子所用。

（一）讓孩子做一份自己的財務計畫：

要在這充滿誘惑的花花世界中不為所動，最好的辦法就是嚴格按照財務計畫花錢。一個準確地反映孩子自己對金錢的控制目標、有力得當的財務計畫，能夠使孩子清楚地了解自己當前的財務狀況，以此來掌金錢流向並做出消費決定，以達到控制金錢的目的。

製作月分財務預算表。讓他們盡力把上個月的各項花費重新組合，把收據、發票等全部拿出，然後把這些分為幾大類，例如食物、衣服、書本、娛樂等。如果沒有保留這些消費紀錄的話，就不容易組織上個月的金錢流向，所以應讓孩子從現在開始每天記帳。

得到這些之前的消費紀錄後，讓他開始建立計畫。決定該買哪幾類物品以及各自的具體金額，然後嚴格按計畫執行。並要求孩子隨時查看他的計畫，若是他有別的需求，及早做出更正，像是食物支出超支，就要考慮刪減衣服支出或者娛樂支出來控制總額。告訴孩子這是執行財務計畫最困難的地方，但是總比長期處於財務困境要好得多呀！

月底時再次評估執行計畫的成果。教會孩子在計畫與實際花費的對比中，累積經驗教訓，決定下個計畫中刪除某一項費用，或者為購買另一項更大花費的物品提早節省。長期下來，你會發現孩子改變許多，可以量入為出而且遊刃有餘。

在計畫之餘，最好讓孩子事先準備一些隨心所欲的零用錢。當然數額不能巨大，一般以占月總計畫支出的5%為宜。這樣孩子才不會過分受到計畫限制，計畫也會變得有效而令人快樂。

（二）讓孩子學會盡量節省花費：

告訴孩子，與其拿所有的精力去賺錢，還不如減少一點點對金錢的要求。減少不必要的花費，實際上是變相的收入，提高了手中金錢的利用率。

首先，讓孩子停止購買「無用之物」，反省他的購物習慣。例如：定出每個星期只有一天可以購物，且只買日用雜貨及真正需要用的東西。買東西之前必須想清楚是否真的有需要，可以讓他在心裡問自己：「我需要這個東西嗎？」「是不是已經有其他東西可以替代打算要買的東西？」之類的問題。

適當延遲一些數額較大的購物的時間，或許，一個月之後他就會發現實際上不需要這個了。逛街的時候務必提前列好購物單，千萬不要為了消遣而買東西。

其次，改變一下他的逛街方式。倘若他覺得還是很難控制自己的購物欲望，可以讓他的購物行為變得複雜些，或乾脆在他想閒逛的時候做些其他的替代活動，可以給他這樣的建議：逛街時只帶少量的零用錢，讓他根本不夠買什麼奢侈品；和朋友一起逛街，讓朋友隨時注意他的購物行為，當然這個朋友一定不能是個購物狂；或者乾脆安排他去逛公園或者參加體育運動什麼的。

盡量克制他追求流行的欲望。「流行」只是商家故意製造出來的、用以刺激顧客購買那些他們根本不需要的東西，千萬不要被這種趨勢沖昏頭腦。

（三）養成存錢的好習慣：

口袋裡有現金，銀行裡有可觀的存款，會使你的孩子更輕鬆自在，同時他的自信心也會不斷增強。對所有的人來說，存錢是取得成功的必備條件，存錢可以使他將來的活動有很大的緩衝餘地，而且出現突發事件的時候也不必手忙腳亂。可以讓孩子使用存錢筒，或者幫他在銀行開戶，養成定期存錢的好習慣。

（四）給孩子賺錢的機會，但不接濟他：

可以像開頭所提到的洛克斐勒家族那樣，為孩子提供擦皮鞋、修剪草坪等需要付出一定努力、有一定難度的賺錢機會，報酬不要太高，讓他們切身感受「錢來之不易」。當他們沒有學會節制、出現入不敷出的時候，千萬不要可憐他，替他追加零用錢。要讓他懂得負債是可恥的，要學會自己為花費過度負責任。

你認為自己是一個貧窮的人嗎？如果你還是青少年的話，這也許就是要在 10 年、20 年後要問自己的問題。若是青少年沒有理財觀念，說不定將來你就是「窮人」中的一員。那麼，身為聰明的青少年，你從現在就可以開始努力了。你完全可以改變自己的現狀，還有未來很有可能的「貧窮」，從現在起累積自己的財富，邁向富人的行列吧！

讀讀以下的這些理財哲學，或許會對你有所啟發：

A、將生活費用變成第一資本。

一個人用 1,000 元買了 50 雙拖鞋，拿到地攤上每雙賣 30 元，一共得到了 1,500 元。另一個人很窮，每個月領取 1,000 元生活補貼，全部用來買米和油鹽。同樣是 1,000 元，前一個 1,000 元透過經營增值了，成為資本。後一個 1,000 元在價值上沒有任何改變，只不過是一筆生活費用。

貧窮者的可悲就在於，他的錢很難由生活費用變成資本，更沒有資本意識和經營資本的經驗與技巧，所以，貧窮者就只能一直窮下去。

青少年財智哲學：渴望是人生最大的動力，只有對財富充滿渴望，而且在投資過程中享受到賺錢樂趣的人，才有可能將生活費用變成「第一資本」，同時累積資本意識與經營資本的經驗與技巧，以便在不久的將來獲得最後的成功。

B、最初幾年困難最大。

其實，貧窮者要變成富人，最大的困難是最初幾年。財智學中有一則財富定律：對於白手起家的人來說，如果第一個百萬花費了 10 年時間，那麼，從 100 萬元到 1,000 萬元，也許只需 5 年，再從 1,000 萬元到 1 億元，只需要 3 年就足夠了。

這一財富定律告訴我們：因為你已有豐富的經驗和已啟動的資金，就像汽車已經在路上行駛，速度已經加上去，只需輕輕踩下油門，車就會疾駛如飛。開頭的 5 年可能是最艱苦的日子，接下來會越來越有樂趣，且越來越容易。

青少年財智哲學：貧窮者不僅沒有資本，更可悲的是沒有資本意識，沒有經營資本的經驗和技巧。貧窮者的錢如不是資本，也就只能一直窮下去。

C、貧窮者的財富只有大腦。

人與人之間在智力和體力上的差異並不如想像的那麼大，一件事這個人能做，另外的人也能做。只是做出來的效果不一樣，往往是一些細節的功夫，決定著完成的品質。

假如一個恃才傲物的職員得不到老闆的賞識，他只是簡單地把原因歸結為不會拍馬屁，那就太片面了。老闆固然不喜歡不尊重自己的人，但更重要的是，他能看出你的價值。同樣，假如你第一次去辦營業執照，就和工作的人吵得不可開交，可以肯定，你開的那個小店永遠只能是個小店，做大很難。這樣的心態，別說投資，連日常理財都難做好。

不少投資說到底是一種賭博，賭的就是將來的收益大於現在的投入。投資是件風險極大的事，錢一旦投出去就由不得自己。

貧窮者是個弱勢團體，從來沒掌握過局勢，很多時候連自己也無法支配，更不要說影響別人。貧窮者投資，缺的不僅僅是錢，還有行動的勇氣、思想的智慧與財商的動機。

貧窮者最寶貴的資源是什麼？不是有限的那一點點存款，也不是身強力壯，而是大腦。以前總說思想是一筆寶貴的精神財富，其實在我們這個時代，思想不僅是精神財富，還可以是物質化的有形財富。一個思想可能催生一個產業，也可能讓一種經營活動產生前所未有的變化。

青少年財智哲學：人與人之間最根本的差別不是高矮胖瘦，而是裝著經營知識、理財性格與資本思想的大腦。

D、對自身能力的投資。

有一位偉人的話，大意是一個人的價值大小，不是看他向社會索取多少，而是看他貢獻多少。相比之下，按勞分配並不是按你的勞動量來分配，而是要你生產出更多的價值。只要你願意，你勞動的能力越強，創造的價值越多，就越可能獲得高收入。多勞多得的根本是質而不是量，貧窮者最根本的投資是對自身能力的投資。

青少年財智哲學：說到資本家，貧窮者就聯想到那些剝削工人剩餘勞動價值的人，心中自然有種牴觸。實際上，只要你願意，你也可以當資本家，資本市場是向每一個人開放的，其中也有你的那一份天地。

E、教育是最大的投資。

學歷只是一般教育的證明，學校裡學到的只是一些綜合性的基礎知識，人一輩子都需要重新學習。在當今社會，要想過上稍稍像樣一點的生活，就必須有一定的學歷基礎。

青少年財智哲學：教育是最大的投資，對許多貧窮者來說，他們的命運是和受教育程度密切相關的。因為貧困不是一種罪過，但貧困中的人都不得不承受它的惡果。

F、勿以運氣為貧窮開脫。

關於資本的故事每個人都聽過不少。例如某個美國老太太，買了 100 股可口可樂股票，壓了幾十年，成了千萬富翁；某位中國老太太，捂了 10 年深發展原始股，也成了超級富婆。故事的主角都是老太太，笨頭笨腦，居然一彎腰就撿了一個金娃娃。

從理論上講，美國老太太和中國老太太的投資都是成功的，但對更多的人而言，卻很難有什麼推廣價值。兩個老太太憑什麼能夠堅持持股？不是理智的分析，也不是堅定的信心，而是什麼都不懂，要麼是壓在箱底忘在腦後了，要麼是運氣的因素。貧窮者把大部分的事情都歸於運氣。因為只有運氣是最好的藉口，可以為自己的貧窮開脫。「運氣不好」是所有失敗者的療傷良藥。

青少年財智哲學：在商品經濟時代，人人都會有運氣，不勞而獲不僅是可恥的，而且是不可能的。一個人之所以有權獲得收入，是因為他為社會生產出了產品，社會才給了他回報。

G、知本向資本靠攏。

有個故事說的是一位國王要感謝一名大臣，就讓他提一個條件。大臣說：「我的要求不高，只要在棋盤的第一個格子裡裝 1 粒米，第二個格子裡裝 2 粒，第三個格子裡裝 4 粒，第四個格子裡裝 8 粒，以此類推，直到把 64 個格子裝完。」國王一聽，暗暗發笑，要求太低了，照此辦理。不久，棋盤就裝不下了，改用麻袋，麻袋也不行了，改用小車，小車也不行了，糧倉很快告罄。數米的人累昏無數，那格子卻像個無底洞，怎麼也填不滿……國王終於發現，他上當了，因為他會變成沒有一粒米的窮者。一個東西哪怕基數很小，一旦以幾何級倍數增長，最後的結果也會很驚人的。

貧窮者的發展難，起步難，堅持更難。就那麼幾粒米，你自己都沒了胃口。可一件事情的成功，往往就在於最後一步。當基數累積到一定的時候，只需要跳一下格子，你就立地成佛了。這之前的一切都是鋪墊，沒有第一粒米，就沒有後面的小車大車，這個過程是漫長的，也是艱難的。世界上聰明的人很多，有知識的人遍地都是，但真正能發大財的卻很少，要把知識變為知本，只有和資本聯姻才行。

青少年財智哲學：富人靠資本生錢，貧窮者靠知本致富。以知本作為資本，赤手空拳打天下，可能是現代貧窮者們最後也是最輝煌的夢想。只不過，一個生活在底層的人，很難有俯瞰的眼光和軒昂的氣度，貧窮者內心最缺乏的其實是這種自信。

但是，青少年們絕對不需害怕缺乏自信，因為你已經開始理財了，所以你也已經在改變自己的命運了。

第九章　什麼決定孩子的命運

第十章
富豪們童年的那些事

幾天前，給 10 歲的小姪女買了幾本兒童圖書，她的回答讓在場的人都大吃一驚：「這些書我看完後，可以拿到學校的貿易節上去賣。」

原來，姪女所在的小學每年都會舉辦貿易節，學生們自由買賣閒置物品。不過，去年自己的圖書、玩具不怎麼受大家歡迎，今年，她準備重點推銷汽水以及小鴨子、小雞等寵物。去年，賣這些東西的小朋友都賺了很多錢。「如果我能把家裡的小冰箱背去賣冰棒就好了。」姪女說出她的小小計畫。

記得一位作家曾說過，父母把孩子放在各種場合，讓孩子自己摸索和人打交道的技巧，是奠定孩子們一生事業成功的基礎。美國孩子常常沒有上學就先學做生意，這並不是要他們賺錢，而是要讓孩子懂得做人的責任與技巧。

其實，許多世界知名的財富大王，也都是從青少年、甚至童年時，就開始商業實踐，有的小小年紀就已經嶄露了理財智慧和商業天賦。

鋼鐵大王：轉讓兔子的命名權養兔子。

鋼鐵大王安德魯・卡內基很小就表現出商業天賦。有一次，他養的母兔生了一窩小兔子，他沒有足夠的食物餵這些小兔子，又沒錢買。卡內基心生一計，他對鄰居小孩子們說，如果誰能弄來金花菜、車前草餵養他的小兔子，將來他就用誰的名字來稱呼這些小兔子作為報答。這一計策果然產生奇效，整個暑假，小朋友們都心甘情願地幫他採集金花菜和車前草。

卡內基早年曾做過一份負責遞送電報的工作，每天的薪資只有五角。那時他渴望自己能成為一位接線生，因此他晚上自學電報，每天早上提前跑到公司，找電話機練習。

一天早上，公司忽然收到了一份從費城發來的電報。電報異常緊急，但是當時接線生都還沒有上班，於是卡內基代為收了下來，並趕緊將其送到收報人的手中。之後，他就被提升為接線生，薪水也增加了一倍。

一個偶然的機會，讓卡內基走上了致富之路。有一次，他坐火車去某地的途中，一位發明家坐在他的身邊，拿出了自己發明的新臥車模型給他看。卡內基特有的機警和遠見，使他看到了這項發明的遠大前途。於是，他借錢購買了擁有那項發明的那個公司的股票。當卡內基 25 歲時，他每年從這筆投資中所拿到的分紅就達 5,000 美元。

維珍集團創始人：從 2 塊巧克力餅乾賺起。

英國維珍集團 —— 一個擁有 350 家分公司的商業帝國，涉及航空、電信、火車、信用卡等多個領域，其創始人及 CEO 理查・布蘭森（Richard Branson），全家都充滿冒險精神，特別是布蘭森的母親，常會故意製造挑戰給子女。

布蘭森的父母從小就很注重培養孩子們的獨立精神。布蘭森 4 歲時的一天，母親開車帶他回家，在離家幾公里遠的地方，突然停下車來，要求小布蘭森自己走路回家。面對一望無際的田野，小布蘭森迷路了。

而在某個復活節假期，他和朋友尼克用賣報紙的錢購買樹苗，種下了 400 棵聖誕樹，並盤算著如何用 5 英鎊的初始投資獲利 800 英鎊。可是在接下來的暑假，絕大部分樹苗都被野兔吃掉了。於是，他們氣急敗壞地獵殺野兔，以一先令一隻的價格賣出。

布蘭森從小就具有商業頭腦。一次，父母送給他一部玩具電動小火車，他自己動手改裝小火車，提高車速，並定下每人 2 塊巧克力餅乾作為門票價格，請小朋友觀看。結果，一連半個月，布蘭森都不愁沒有餅乾吃。

後來他又發現養鸚鵡是一個偉大的商業機會，沒想到，不堪忍受清洗鳥舍的媽媽，偷偷地將鸚鵡都放走了。

17 歲時，布蘭森離開學校，拿著老媽給的 4 英鎊贊助，在一個狹窄的地下室裡創建了《學生》雜誌。布蘭森負責雜誌的商業運作。當合作夥伴們還在熱衷於政治時，他已經在考慮如何充分利用《學生》這個品牌進行多種經營了。拉廣告時，他對可口可樂公司假稱百事可樂已經預定了雜誌的廣告版面；他在來訪的記者面前偽裝忙碌；他找來甲殼蟲樂隊的成員約翰．列儂等名人做專訪，還派出記者去世界各地的焦點地區採訪，自己出人和品牌，由別人出錢 —— 所有這一切，讓《學生》的發行量一度激增到了 20 萬份。

麥當勞創始人：賣檸檬水、賣唱片、賣紙杯。

麥當勞帝國建立者雷．克洛克 (Ray Kroc)，西元 1902 年出生在芝加哥西部近郊的橡樹園。他不愛讀書，喜歡長時間地思考，設想各種情況發生時自己應該如何處理。媽媽有時會問：「你在幹什麼呢？」他通常回答說：「沒幹什麼，就是在想事情而已。」

12 歲時克洛克就開始工作了，他的幻想或多或少地被付諸行動。如他想開一個賣檸檬水的小攤，沒過多久就真的開了。他還和兩個朋友一起開過一家很小的唱片行。他們每人投資 100 美元，租了一間月租 25 美元的小店賣唱片和稀有樂器，像是奧卡利那笛、口琴和烏克麗麗等，克洛克負責彈琴唱歌來吸引客人。這些店都獲得了意想不到的成功。

克洛克還推銷過很多東西，曾經供應紙杯給一個叫華爾格林的食品連鎖店。他們用小容量可折疊紙杯讓客人盛放醬料。那是在西元 1930 年，克洛克在中午時間觀察了他們的客流量，發現一個能大幅提升雙方營業額的黃金機會，那就是 —— 在生意非常繁忙、座位不夠時，用帶蓋的紙杯賣啤酒或飲料給那些找不到座位的客人打包帶走。

克洛克去拜訪了那裡的經理，並演示產品給他看。但經理搖頭擺手地說：「不是你瘋了，就是你把我當瘋子。客人在我的櫃檯前喝一杯啤酒付 15 分錢，用紙杯帶走也是付這麼多。我為什麼要多支出 1.5 美分而使成本提高呢？」克洛克說：「因為這樣一來能幫你提高營業額。你可以在櫃檯前單獨設一個地方來做外賣，用紙杯裝飲料，加上蓋子，把客人要的其他食品一起放在袋子裡讓他們拿走。最後，經理同意免費試用他提供的紙杯。結果，外賣非常成功，沒過多久他就成了華爾格林所用紙杯的供應商。

而建立麥當勞帝國，那是他在 52 歲以後的事情了。

丹尼爾・洛維格：借貸成富翁。

人們通常知道有位希臘船王 —— 歐納西斯 (Aristotle Onassis)，他有一支龐大的船隊，使他得以躋身於世界大富豪之列。想不到美國也有位船王，他的財富比起歐納西斯來，有過之而無不及。只是他的聲名遠不如歐納西斯那麼顯赫而已。他擁有世界上最大噸位的油輪 6 艘，他的船隊大小船隻加起來約有 500 萬噸位。除了航運業，他還經營旅館飯店業、房地產投資業以及自然資源開發業等等。他的名字叫丹尼爾・洛維格。

丹尼爾・洛維格，西元 1897 年盛夏生於美國密西根州的南海漫，那是一個很小的城鎮。洛維格的父親是個房地產生意的中間人。在洛維格 10 歲那年，父親和母親因為個性不合離婚了。這樣，洛維格跟隨父親離開家鄉，來到了德克薩斯州的小城 —— 亞瑟港，一個以航運業為主的城市。

童年的洛維格生性孤僻，不喜歡與別的孩子來往，他喜歡獨自到海邊碼頭上去玩。小洛維格最愛聽輪船嗚嗚的汽笛聲和啪噠啪噠的馬達聲。那時候，他總夢想著將來有一天能夠擁有一艘屬於自己的輪船，然後乘著它出海航行。

洛維格對船極度著迷，終於，高中沒念完就去碼頭工作了。開始他替一些船主做幫工，做些拆裝修理輪船引擎的工作。洛維格對這一行有出奇的靈氣，簡直稱得上無師自通。常常在別人休息的時候，性格內向的他獨自在那裡把一些舊的輪船發動機拆了又裝，裝了又拆，苦苦鑽研。不少年老的修理工見他這麼有靈氣，手腳又勤快，紛紛把自己獨到的手藝和技巧傳授給他。洛維格終於成了一名熟練的輪船引擎修理工，而且名氣越做越大。多少出了怪毛病的引擎，只要經他的手一撥弄，便又能完好如初。幾年以後，他不再滿足於東家做做、西家幹幹的狀況，在一家公司找到一份固定的工作，專門負責安裝去全國各港口船舶的各種引擎。

由於他不凡的手藝，承攬的工作越來越多，忙都忙不過來，於是乾脆辭去公司的工作，獨自開了一間修理行。

洛維格租下一家船廠的碼頭。專門從事安裝、修理各種輪船。生意剛開始很好，讓洛維格存了一些錢。可是這些靠手工活賺來的辛苦錢，一點也沒能讓他滿足。在西方世界經濟開始高度發展的那個年代，貧富的兩極分化格外明顯。許多發了財、擁有資產的人，坐著高級轎車、住著花園別墅，過著極度奢華的生活。而大多數人的生活卻越來越貧困潦倒。出身於中低收入家庭的洛維格，不甘心過平凡窮苦的生活。他要賺大錢，讓自己充分體會成功的感覺。

可是怎樣才能發財呢？洛維格在那時只有一點點微不足道的積蓄，不夠做生意的資本。年輕的洛維格在企業界裡磕來碰去，摸索賺錢的方法，可是總不得要領，甚至屢屢面臨破產的危機。不過幸運的是，就在洛維格行將進入而立之年的時候，靈感開始迸發了。童年的一個小小的賺錢經歷，出現在他的腦海裡。

那是在他 9 歲的時候，他偶然打聽到鄰居有艘柴油機帆船沉在水底，船主人不想要它了。洛維格向父親借了 50 美元，用其中一部分雇了人把船打撈上來，又用一部分從船主人手裡買下它，然後用剩下的錢雇了幾個幫手，花了整整 4 個月的時間，把那艘幾乎報廢的帆船修理好，然後轉手賣出去。這樣他從中賺了 50 美元。從這件事，他知道如果沒有父親的那 50 美元，他不可能做成這筆交易。對於一貧如洗的人，要想擁有資本就得借貸，用別人的錢開創自己的事業，為自己賺更多的錢，這就是洛維格的發現。

向銀行申請個人貸款，是洛維格能選擇的唯一辦法。在相當長的時間裡，紐約的不少銀行裡都能見到他忙碌的身影。他得說服銀行家們貸給他一筆款項，並且使他們相信他有償還貸款本金及利息的能力。可是他的請求一一遭到了拒絕。理由很簡單，他幾乎一無所有，貸款給他這樣的人風險很大。希望一個個地燃起，又一個個像肥皂泡那樣破滅。就在山窮水盡的時候，洛維格突然有了一個好主意。他有一條尚能航行的老油輪，他把它重新修理改裝，並精心「打扮」了一番，以低廉的價格包租給一家大石油公司。然後，他帶著租約去找紐約大通銀行的經理，說他有一艘被大石油公司包租的油輪，每月可收到固定的租金，如果銀行肯貸款給他，他可以讓石油公司把每月的租金直接轉給銀行，來分期抵付銀行貸款的本金和利息。

大通銀行的經理們斟酌了一番，答應了洛維格的要求。當時大多數銀行家都認為此舉簡直是發瘋，把款項貸給洛維格這樣一個兩手空空的人，似乎有點不可思議。但大通銀行的經理們自有他們的道理：儘管洛維格本身沒有資產信用，但是那家石油公司卻有足夠的信譽和良好的經濟效益；除非發生天災人禍等不可抗拒因素，否則只要那艘油輪還能行駛，只要那家石油公司不破產倒閉，這筆租金肯定會一分不差地入帳的。洛維格思維巧妙之處，在於他利用石油公司的信譽為自己的貸款提供了擔保。他計劃得很周到，與石油公司商定的包租金總數，剛好抵償他所貸款項每月的利息。

於是他終於拿到了大通銀行的貸款，便立即買下一艘貨輪，然後動手加以改裝，使之成為一艘裝載量較大的油輪。他採取同樣的方式，包租油輪給石油公司，獲取租金，然後又以包租金為抵押，重新向銀行貸款，然後又去買船，再去……如此一來，像滾雪球似的，一艘又一艘油輪被他買下，然後租出去。等到貸款一旦還清，整艘油輪就屬於他了。隨著一筆筆貸款逐漸還清，油輪的包租金不再用來抵付給銀行，而轉進了他的私人帳戶。

屬於洛維格的船隻越來越多，包租金也滾滾而來，洛維格不斷積聚著資本，生意越做越大。不僅是大通銀行，許多別的銀行也開始支持他，不斷地貸給他數目不小的款項。

不過，洛維格不是一個容易滿足的人，他總覺得自己的腳步邁得還不夠大，他有了一個新的設想：自己建造油輪出租。那麼錢不夠又怎麼辦？其實洛維格心裡早就有了答案。

股神巴菲特：5 歲開始做生意，11 歲開始炒股。

華倫．巴菲特，西元 1930 年出生在美國西部一個叫做奧馬哈的小城。他出生的時候，正是家裡最困難的幾年。父親霍華德．巴菲特（Howard Homan Buffett）投資股票血本無歸，家裡生活非常拮据，為了省下一點咖啡錢，母親甚至不去參加她教堂朋友的聚會。

巴菲特自小就覺得數字是非常有趣的東西，並顯示了超常的數位記憶能力。他能整個下午和朋友拉塞爾一起，記錄街道上來來往往的汽車牌照號碼。到了晚上，他們又開始重複自認為有趣的遊戲：拉塞爾在一本大書上讀出一大堆城市名稱，而巴菲特就迅速地逐個報出城市的人口數量。

巴菲特的一個朋友回憶說，5 歲時，巴菲特在家外面的通道上擺了個小攤，向過往的人兜售口香糖。後來，他改為在繁華市區賣檸檬汁。

9 歲的時候，巴菲特和拉塞爾在加油站的門口數著蘇打水機器裡出來的瓶蓋數，並將它們運走，儲存在家裡的地下室。這可不是 9 歲少年的無聊舉動，他們是在做市場調查。他們想知道，哪一種飲料的銷售量最大。

巴菲特從祖父的食品店買來蘇打水，在炎熱的夏季挨門挨戶地去叫賣。10 歲時，他每天早上發送 500 份報紙，一個月下來可以賺到 175 美元，他把賺到的錢都存了起來。

10 歲時，巴菲特就對炒股入了迷。像成年人一樣，他努力學習掌握股票跌漲規律。11 歲時他購買了 3 股城建公共設施證券，每股 38 美元。當證券升值到 40 美元時他就拋出去，扣掉手續費他賺了 5 美元。14 歲時，他用自己存下的 1,200 美元在內布拉斯加買了 40 英畝農田，然後轉手租給一個農田承包人。

他還到高爾夫球場上尋找用過的、但可以再用的高爾夫球，細心地把它們按照牌子和價格整理出來，再發給鄰居去賣，然後他從鄰居那裡提成。巴菲特還和一個朋友在公園裡建高爾夫球亭，生意興隆了一段時間。

到高年級的時候，巴菲特和善於機械修理的好朋友丹利，開始在理髮店裡設置彈珠機，他們和理髮店的老闆五五分成，生意非常好，市場不斷擴大。但是，巴菲特並沒有被利潤沖昏頭腦，他總是很冷靜地在較為偏僻的地方選址，以防地痞流氓控制他們的生意。

歐洲兄弟首富卡爾・阿爾布雷希特（Karl Albrecht）：發跡「窮人店」，微利零售創造巨大財富。

卡爾和西奧・阿爾布雷希特（Theo Albrecht）出生於礦工家庭，小時候從母親手裡接過小雜貨店。如今「奧樂齊」聞名全世界，可老闆尊姓大名卻很少有人知曉。近年來，在歐洲富豪排行榜上連中狀元的，一直是德國一對名叫卡爾・阿爾布雷希特和西奧・阿爾布雷希特兄弟。不僅如此，在過去短短 10 多年裡，兄弟倆在美國《富比士》富人榜上的排名急速躥升，他們在西元 2004 年的財富總計達 268 億美元，緊隨比爾蓋茲和華倫・巴菲特之後，連續 3 年在世界巨富排名中蟬聯第三。儘管名列歐洲首富，這對兄弟的知名度卻不高，即使在家鄉德國，大部分人也只知道大名鼎鼎的廉價連鎖超市「奧樂齊」（ALDI），卻不知道老闆姓甚名誰。出了德國，知道阿爾布雷希特兄弟的更是廖廖無幾。

「奧樂齊」的店名是德語阿爾布雷希特折扣店的簡稱，老闆阿爾布雷希特兄弟出生於埃森市的一個礦工家庭，二戰後從母親手中接過一家以賣乳酪為主的雜貨店，當年他們只是個「半大的孩子」，而在以後 50 多年的經營中，兄弟兩人一直堅持簡單、便宜的經營戰略，結果生意越做越大。當時，無論從面積還是商品種類上看，奧樂齊超市只能算是家小型超市。與其他商店相比，奧樂齊連鎖店最大的特色是便宜。該店常年銷售的幾種日常消費品價格（折成臺幣）如下：1 公斤麵粉 80 元，1 升盒裝純蘋果汁 155 元，1 公升盒裝牛奶 13 元。由於價格便宜，奧樂齊一開始就深受德國低收入家庭和外國留學生的歡迎，但也正因是以價格便宜出名，在很多人心中產生了便宜沒好貨的偏見。很長時間裡，德國人只要經濟條件尚可，都不屑進這家店購物，因為拎著奧樂齊的購物袋在大街上行走，是件讓人丟臉的事。

直到 90 年代，奧樂齊在保持廉價的前提下，不斷調整商品結構、等級，逐漸改變了在德國人心目中的形象。長期的低價和中檔的品質成了吸引主婦們來此購物的主要因素。如今，到奧樂齊購物已經不再是丟臉的事了，開著賓士、寶馬到奧樂齊購物的也大有人在。據統計，德國有 95%的工人、85%左右的職員和公務員定期去奧樂齊購物。在過去的一年中，由於經濟不景氣，不少公司的銷售和利潤紛紛縮水，奧樂齊的客戶卻增加了 20%，銷售額增加了 10%。

現在，奧樂齊已開到德國以外、包括美國在內的 12 個國家，共有 6,000 多家店，並以每週至少新開一家分店的速度在迅速膨脹。難怪《富比士》感嘆，如果阿氏兄弟不是均已年過 8 旬的話，說不定再過些年就會超過比爾蓋茲成為世界首富。

富翁保羅 · 艾倫 (Paul Gardner Allen)：一不小心賺了億萬身家。

「太空船一號」世人皆知，它的鼎力支持者卻默默無聞。他是比爾蓋茲的合作夥伴，也是「微軟」的創始人之一。人類歷史上首架私人太空船「太空船一號」奔向太空，正式為人類實現民間太空旅行寫下歷史性的一頁。不過這個耗資巨大的飛船計畫能夠成功，與一個人的鼎力支持是分不開的。這個人就是保羅 · 艾倫，世界首富比爾蓋茲的創業夥伴。他在西元 2004 年《富比士》榜上排名第五位，個人財富為 210 億美元。

對於創新、科技、太空領域的探索，艾倫並不是一位初來乍到者。他擁有或投資的企業遍及通訊、新媒體、生物技術和娛樂業，西雅圖的著名企業烏爾坎公司 (Vulcan) 同屬於他名下。身為美國最著名的 15 位慈善家之一，艾倫如此解釋自己為何要投資 2,000 萬美元鉅款贊助太空之旅：「『太空船一號』是人類實現太空之旅的明證，同時它也表明，私人也就是非政府機構，將在該領域的探索中發揮重大的作用。」艾倫對科技的投資不止限於「太空船一號」，他從小就喜愛科幻小說，在他資助的專案中，科技占了很大比重，他曾捐資建立西雅圖科幻博物館及名人堂，博物館裡收藏著各種科幻藝術作品，此外還捐資 1350 萬美元用於尋找外星生命的「搜尋地外文明計畫」。

然而能讓保羅．艾倫發揮巨大作用的金錢，卻完全來自他少年時的一時衝動：創建微軟。雖然他很早就離開了微軟，但目前為止，依靠他在微軟的創始人股票，保羅．艾倫從不需為錢發愁。正如一本他傳記裡的題目所說，他是「一不小心掙下億萬身家」的。

時間要回溯到西元 1968 年，那時 15 歲的圖書館管理員之子保羅．艾倫，在西雅圖湖濱中學認識了比他小兩歲的校友比爾蓋茲。一對同樣痴迷電腦的朋友，從此開始了創業之路。保羅．艾倫父親的工作為他提供了良好的讀書條件，他是華盛頓大學圖書館的助理管理員，因為這種得天獨厚的條件，艾倫讀過許多書，包括科幻和電腦知識，這也許是他成功的關鍵。由於這個共同愛好，艾倫與比他低兩個年級的蓋茲成了好朋友。他們經常一起研究、討論電腦，甚至比賽程式設計，蓋茲和艾倫這對志同道合的天才在一起的交流，使艾倫思維更敏捷，頭腦更靈活。這為艾倫後來的成功，發揮了舉足輕重的作用。

比爾蓋茲：童年也不修邊幅，注意他的手紋。

童年時期，即使成了大人 —— 這位世界首富比爾也不修邊幅。據說為了改此習慣，母親瑪麗為他制定了一週著裝計畫。週一上學他穿藍色裝，週二綠色，週三棕色，週四黑色，等等。週末用餐時間也布置得細緻入微。每件事都要井井有條。比爾蓋茲討厭浪費時間，無論是在工作中或閒暇時。

在比爾家中的餐桌上討論，總是既生動又富有教育意義。「那是個內容豐富的學習環境。」比爾回憶道。

比爾的同儕，即使是在那個年齡，也能看出他的與眾不同。每年，他和朋友們都要去夏令營。比爾特別喜愛游泳運動等。他的一位在夏令營的朋友回憶道：「他絕不會是個不足掛齒或無足輕重之人。我們都曉得比爾比我們聰穎。甚至在更早的時候，當他九、十歲時，言談就如同成人一般，他說的話有時會讓我們感到莫測高深。」

在數學和自然方面，比爾也比同班同學更勝一籌。他需要上一所對他而言充滿挑戰的學校。父母隨即決定送他去湖畔中學 —— 一所專門招收超常男生的學校。這是西雅圖一所限制最嚴的學校，它以嚴格的課程要求而著稱，是個「連啞童都聰明的」地方。

松下幸之助：經營之神從少年起步。

松下幸之助是舉世聞名的日本松下電器公司的創始人，是一位傳奇式的人物。他從一個 3 人的小作坊起步，經歷了半個世紀的奮鬥歷程，發展成為擁有 2.5 萬名員工的世界電器之王。在幾次大的經濟危機衝擊下，許多企業倒閉，而他卻穩穩地站住了腳跟。從他的一生可以看到日本現代工業發展的軌跡。

西元 1894 年，松下幸之助出生在和歌山縣海草郡和佐村，排行老八，是最小的一個。他上面有兩個哥哥和 5 個姊姊（其中兩個很小就夭折了）。松下家，在幸之助的祖父時期是很興旺的，是江戶時代的名門望族。他家院內有一棵 3 人才能合抱的 800 年古松，枝幹華美，那一帶的人都稱之為神木；後來因火災被燒掉了。

幸之助 4 歲時，松下家的沒落已成定局。他們不得不離開世代居住的土地，搬到和歌山市內，開始經營一家木屐店。但由於經營不當，不到兩年就關門了。後來，幸之助的父親政楠把僅有的一點錢拿出來，到米行市去經營，全家過著極不穩定的生活。在少年幸之助的記憶中，父親經常是垂頭喪氣的。

不料，厄運又接踵而至，幸之助的大哥、二哥和大姊都得了流行性感冒而相繼去世。當時日本由於生活貧困和衛生、醫療水準低下，平均壽命只有 40 歲左右。感冒這樣的小病也能奪去人的性命。老大那時已經在紡織公司工作，是全家生計的頂梁柱，他的死給這個家庭帶來沉重的打擊。幸之助的父母悲痛欲絕。

政楠為了養活一家人，去了大阪，在聾啞學校找到一份雜務工作，一家生活勉強可以維持。

幸之助讀到小學 4 年級時，有一天，父親從大阪來信，說那裡有一份小夥計的工作，叫他立刻去。母親說他還不到 10 歲，等小學畢業再去。可是，父親的決定是不能改變的。於是，小小年紀的幸之助便中斷了學業，遠離親人，到大阪一家做火盆買賣的店裡當學徒。

在火盆店裡只做了 3 個月，大概主人覺得他太小，做不了什麼事，便辭了他。後來他又被介紹到一家自行車店當夥計，一坐就是近 6 年。

那時的自行車算先進的代步工具，是高級商品，起先只有少數人擁有，不過大有迅速普及之勢。這是一個很有生氣的產業。幸之助所在的那家自行車店生意也很好，他做事踏實，頗得主人的歡心。主人五代夫婦對他也不錯。

那時正是日本電器事業迅速發展的階段，不僅有了電燈，街道上也開始跑電車了。電在城市生活中越來越顯得重要。漸漸地，幸之助感覺到一個電器的時代已經到來，他暗暗地下了決心：今後，要從事一份與電器有關的工作。

然而，主人夫婦對他那麼好，他實在無法開口對他們說自己想辭職。又做了一段時間，終於有一天，他的決心已經發展成為一股遏制不了的衝動，他連招呼也沒打，就離開了店鋪。到姊姊家他才寫了一封信給五代夫婦，表示深深的歉意。

不過，他並沒有立刻找到稱心的工作。在姊夫的幫助下，他先到水泥公司做了一段時間臨時搬運工。那是真正的力氣活，只有 15 歲的他，身體還很瘦弱，裝著水泥的手推車十分沉重，他強撐著做，累得小便帶血。不過，他還是堅持下來了。

西元 1910 年，17 歲的幸之助進了大阪電燈股份有限公司，當一名安裝室內電線的練習工。當時他還缺乏一般的電器知識，連最基本的操作都不會，可是他來到工作地，人們還是把他當電工看待，投之以尊敬的目光，他覺得很榮耀。用戶的信賴，促使他決心把自己的工作做好。沒有多久，他就掌握了熟練的電工技術，加上他誠實的品格和優秀的服務成績，很快就贏得了公司當局的信任。當時大阪電燈公司所承包的重要工程，幾乎沒有一項不讓他參加。

西元 1915 年春，他接受姊姊的勸告，與一位名叫井植梅野的小姐見面訂親。到夏末，他結了婚。成了家，讓松下幸之助有了一種責任感，比以前更加努力地工作。婚後不到兩年，他就被提升為檢查員，這是個為一般工程人員所羨慕的工作。

第一次世界大戰給日本經濟帶來了很大的轉機。歐洲成為戰場，物資奇缺，日本的產品就成了搶手貨，無論什麼都能賣得出去；而日本所需要的產品，卻無法從歐洲進口。這就大大地刺激了日本工業的迅速發展，國內工商企業像雨後春筍般地生長起來。幸之助便萌生了獨自創辦企業的念頭。正是有了這個念頭，才有後來松下幸之助的「經營之神」的美譽。

李嘉誠：辛酸的童年。

西元 1939 年 6 月，日本帝國主義的鐵蹄開始踐踏這片寧靜的土地。整日整夜，日本的飛機對潮州地區狂轟濫炸，寧和而美麗的潮州城成了一片廢墟。李氏一家冒著隨時可能被殺的危險，躲著不時而來的流彈，爬過一道道封鎖線，步行十幾天，一路餐風露宿，歷盡千辛萬苦，輾轉到香港。一家人寄居在舅父莊靜庵的家裡。禍不單行，這時候李嘉誠的父親李雲經因勞累過度不幸染上肺病。身為長子的李嘉誠一邊照顧父親，一邊拚命地溫習功課。他知道父親是累病的，因此，他希望透過自己的努力學習，以取得好成績，讓生病的父親能獲得一份精神上的慰藉。

為了替父親治病，李嘉誠一家的生活過得相當清貧。兩頓稀粥，再加上母親去集貿市場收集的菜葉便是一天的「美食」。全家唯一的希望都寄託在李嘉誠的父親身上，希望他能儘快把病養好，讓全家能度過這一難關。不過父親沒能熬過那年冬天，還是撒手歸西了。身為長子，李嘉誠從此不得不眼含熱淚，無奈地結束他的學業出來工作，以維持一家人的生活。父親死後，14 歲的李嘉誠被迫離開了心愛的學校，用他還很稚嫩的肩膀，毅然挑起贍養慈母、撫育弟妹的重擔。

李嘉誠先在舅父莊靜庵的中南鐘錶公司當泡茶掃地的小學徒。李嘉誠到這裡之後，學到的第一個功夫就是察言觀色，見機行事。他每天總是一個到達公司和最後一個離開公司。

辛苦而困難的 3 年過去了，當年那個 14 歲的少年已經長成精瘦但結實、英氣十足的年輕人了。17 歲的李嘉誠在一家五金製造廠以及塑膠袋製造公司當推銷員，開始了香港人稱之為「行街仔」的推銷生涯。

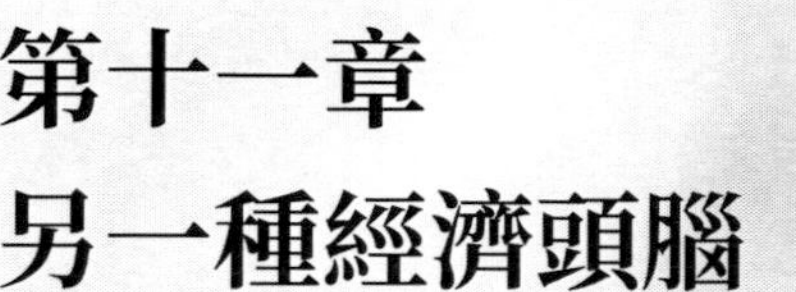

第十一章
另一種經濟頭腦

據報紙報導：在中小學校有這樣一群孩子，他們以支付利息的方式向同學籌募投資資金，還以15元的價格向同學出售市價10元的新鮮麵包……面對孩子們小小的經濟頭腦，家長們一方面為聰慧的孩子感到驕傲，另一方面卻擔心孩子的道德底線被金錢打破。

不僅家長們對此心存困惑，少年研究專家與經濟學家也持截然不同的觀點：少年研究專家認為此乃「對市場行為消化不良的結果」，而經濟學家則持認可的態度，他認為如下原則可取：大人能做到的，就要求孩子也做到；大人能盡量做的，就要求孩子也盡量做；大人肯定做不到的，就從不要求孩子去做。

可以這麼說，世上最複雜的行為，除了戰爭便是市場行為。在市場經濟下，一些人的商業「智慧」業已發揮到極致，設圈套、巧算計、心理戰等等，作為人類最複雜、最高級的勞動，孩子們稚嫩的頭腦和不完整的身心如何能「消化」得了？或者說，為什麼要讓小小的孩子們勉為其難去「消化」這樣的東西？

有很多人不贊成經濟學家主張的原則，因為它具有諸多方面的不客觀性和不合理性：大人能做的很多事情，孩子並不會做或根本不適合做，其中的自然原理和情理不言自明。而大人肯定做不到的，也未必不能要求孩子去做，例如，大人們的天真爛漫早已被世故沖刷得乾乾淨淨，而天真爛漫、充滿愛心、以美好看人世等等，卻是孩子的天性，大人已失去的美好東西卻不允許孩子們擁有，這合理嗎？更重要的在於：大人之所以為大人，孩子之所以為孩子，是因為大人已形成完整的人格、世界觀和價值體系，而孩子則處在人格發育、價值體系建立的過程之中。任何以市場為背景的逐利行為都包含著道德倫理，假如說孩子的「經濟頭腦」可被視為「聰明」，那麼此等聰明很可能缺乏起碼的道德倫理基礎。這種「聰明」越被鼓勵，越可能成為孩子們健康人格發育、正確價值體系建立的障礙。

由此聯想到經濟學家趙曉的代表作《有教堂的市場經濟與無教堂的市場經濟》:「市場經濟能叫人不偷懶，卻不能叫人不撒謊，也不能叫人不害人。市場的博弈可降低撒謊，法律的嚴懲有利於交易的規範，但如果都靠這些，市場經濟運行的成本將會很高，甚至高到難以運行的地步。凡是缺乏自我約束，完全靠外部高壓來運作的市場經濟，一定是最貴的市場經濟。而建立在基督教基礎上的西方市場倫理，恰恰是一種自發的道德約束，能夠降低市場經濟的運行成本。」

那麼，我們是否可以這樣理解：市場行為的核心是個人利益最大化，其基礎則是他人利益最小化，而市場倫理則引導人們更多為他人著想，只有在上述兩種力量的制衡之下，才能形成一個和諧的社會。

從某種意義上講，構建市場經濟的「教堂」需從孩子開始。孩子的心靈和人格就像一張白紙，首先畫上去的應該是利他、友善、關愛，而不是與市場行為有關的種種陰暗心理。眼下社會人文環境的汙染指數已經夠高，而構建孩子們心靈中的「教堂」所需要的，恰恰是一種相對潔淨的環境。而孩子們出租、販賣以及「理財」一類的實踐，以及家長和社會輿論的鼓勵，很可能恰恰在汙染這種寶貴的環境。

「我絕對不鼓勵孩子這樣做！同學之間應該講感情，怎麼可以這麼小就開始談錢呢？」說到自己5年級的兒子向同學支付利息籌錢投資的事，張先生有些哭笑不得，「我們夫妻都不是從事金融業的，也不懂得應該怎樣引導孩子。最保險的辦法就是不支持他，不提供幫助，讓他早點打消這種念頭。」

與張先生的手足無措相反，美國洛克斐勒財團的創始人洛克斐勒在童年時代，祖父每週給他 10 美分零用錢，到週末檢查是否增加，迫使小洛克斐勒到街頭賣報，最終養成勞動賺錢的觀念。

對於青少年經濟意識、金錢觀念的形成和引導，青少年研究專家、經濟學家、教育學家也有著截然不同的觀點和建議。

曾經，有一個 9 歲的兒子向媽媽要了 100 塊錢，因為他有兩架膠黏飛機用了鄰居孩子的噴漆。他媽媽把錢給兒子後，好奇地問：「一罐漆要多少錢？可以噴幾架玩具？」「一百左右，大約噴 20 幾架航空母艦或戰鬥機。」當天下午媽媽帶孩子買了白色和灰色兩罐漆，傍晚便看見鄰居孩子和兒子趴在地上，周圍歇滿雙方的軍事武器，等待舊貌換新顏。不用問，孩子的媽媽也知道，玩得正開心的兒子不會想到要收費。鄰居做生意，家教有方啊！

還有個孩子今年高三，兩頓正餐都在學校吃。他說同學中有領「月薪」和「週薪」的，而他比較合算，領的是「日薪」，因為他媽媽每天維持他的錢包。為了以防萬一，他的零用錢有充足的餘地，但他的錢包常常被同學掏空了回來。媽媽要是出差，忘了給他零用錢，他也能在同學那裡混個飯吃。有時媽媽會嘲笑兒子缺乏經濟頭腦，心裡其實滿欣賞兒子那一點點江湖氣。

雖然如此，當媽媽的不免要擔心孩子日後步入社會毫無防範能力，利益受損還在其次，心理挫折和失重給予的傷害更為深切。丈夫教兒子足球和哲學，媽媽和兒子討論散文和奶油雞丁，但是父母們不知道如何向兒子灌輸「金錢不是萬能，沒有錢卻是萬萬不能」這一社會現實。

身為一家之主，丈夫不清楚他自己和妻子的薪資數目。除了迷信一切廣告，網購各種磁療、電療、光療儀器和 DHA、褪黑素之外，他只花錢到小店理髮。頂多三個月一次，因為他的頭髮如今生長緩慢且日益稀少，一副很有學問的樣子。身為主婦，女人比丈夫會花錢，雖然不記得她剛買回來的瘦肉有多重，一斤多少錢，但她常常在名牌店的特賣區，被「跳樓價」澈底打暈。買的時候歡天喜地，回到家中一試，大多差強人意，然後就張羅著送人。總是塞給她那些要好的女同事或女鄰居，生怕她們不喜歡，還得做一個口乾舌燥「送瓜的老王」。

為光彩奪目的瓶子買極貴的香水，從來不記得用；為拗不過上門做直銷的大學生，心一軟，買下成堆的牙刷和絲襪，連保姆都嫌品質太差不肯將就；為換一個知名的德國廠牌冰箱，騰空正用著的日本廠牌舊冰箱，當場送給運貨工人扛走；第二天想到兒子在校租房需要一個小冰箱，只好又花錢去買二手貨，還是國產的。

這些都是小錢，花得再冤枉，不致傾家蕩產。大錢方面，他們不曾置屋，不願勞民傷財搞裝修，所以至今不必為買房子踏破鐵鞋。夜來失眠，盯著舊宅天花板那些抽象畫派的水漬胡思亂想，偶爾掉下一大塊灰泥，構圖立刻推陳出新。至於投資或高薪受聘，癩蛤蟆照例是要夢想的，可惜天鵝肉照例也是吃不到的。至於炒股，朋友好心代買了一些垃圾股，花多少錢，買多少股，完全不記得。有天朋友打電話報喜，說如今該股大漲，問他們可已拋出？樂極生悲的是，居然找不到股票。查尋許久，原來還寄存在朋友的辦公桌裡。十年間，既不知分紅派股，也不曾認證。幸虧朋友懂行幫忙操作，於是掛失三個月重新認證。眼看那股票輕飄飄上飆又沉甸甸下落，已近全軍覆沒，朋友問還賣不賣？當然當然，賣掉乾淨。總是還有錢拿，像從天上掉下來似的，立刻犒賞自己，買一雙皮爾卡登的靴子。

不善理財，並非不懂當今社會「一切向錢看」的厲害。華人一直接受「金錢萬惡」的傳統教育，錢是喜歡的，但只能羞答答藏在心裡，不可臭氣熏天掛在嘴上，而且要取之有道。從前笑話裡說汙吏受賄，以白綾纏手，至少他心裡是羞愧的；當代貪官收受的是存摺，免去心靈一層煉獄，闊步上臺作「反腐倡廉」長篇報告。對於蠅頭小利，文人一般都會昂首睥睨，從鼻孔嗤一聲：「安為五斗米折腰？」如果是五斗金子呢？那腰，怕有點岌岌可危吧？

曾今有位讀政治的大學生說過這麼一條顛撲不破的真理：「一切政治態度都取決於它的經濟基礎。」當時估計我們都太年輕，頭腦中都充滿理想主義色彩，崇尚「若為自由故，兩者皆可拋」的人生價值觀，不把這條標準放在心上。

生活不斷證明「經濟基礎」的決定性作用。老百姓說得挺形象：「財大氣粗嘛！」

如果一個孩子需要為幾十元速食權衡再三，那他就不可能胸無芥蒂與同學互通有無；如果一位丈夫不在大學任教，而在工地上與工人一起拉板車，那他每天晚上都會數口袋裡的錢，看能否維持到月底；如果妻子不是自己辛苦賺錢，那她在市場丟 100 塊錢就會懊惱好幾天，偷偷買一件稍貴的裙子，穿出來時要惴惴然看丈夫的臉色，其實女人的自信自尊，更需要經濟地位的獨立。

對金錢沒有太高的奢望，並且有一份乾淨穩定的收入，這使我和我的家人知足常樂。從這點說，我是不是算得上有點經濟頭腦呢？

所以這就很需要我們大人提供正確的世界觀、人生觀、價值觀和理財觀給青少年了。

教孩子學會理財的五大步驟。

現代父母愈來愈重視菁英教育，這也包括理財教育。目前國外對兒童的理財商數（MQ）愈來愈重視，目的就是希望自己的小孩能早一步形成理財觀念，打下財富基礎。不過，十三歲前是黃金教育時期，父母最好及早做好準備。

理財教育從五至十四歲起步。

根據學者研究，兒童接受各種能力的培養，都有一個關鍵期，以語言能力訓練為例，二至四歲堪稱為關鍵期。若是希望培養兒童數理能力，那麼四～六歲便是關鍵期。對於稍具難度的理財能力而言，培養的關鍵期為五至十四歲。

不過，很多國家對於下一代的理財能力培養早已逐漸提前。例如法國，早在兒童三～四歲時，家長們便展開家庭理財課程，教育基本的貨幣觀念。約莫十歲左右，法國家長就開始為小孩設立獨立的銀行帳戶，積極培養孩子理財觀。美國也是，對於兒童理財教育的要求，是三歲能辨認硬幣和紙幣，六歲具有「自己的錢」的意識，十三歲開始打工賺錢，學習如何運用基金與股票等投資工具理財。

我們的兒童理財教育起步與觀念啟蒙，相對落後很多，不少父母壓根沒想到訓練兒童 MQ（財商）這件事，只求小孩好好念書，寧願自己省吃儉用，當「孝子」、「孝女」，供小孩吃喝玩樂，嚴重忽視理財智商的培養。

不懂理財，財富再多也無用。

日前，便發生過這樣的事例：有位母親，一輩子省吃儉用留下上億元遺產，滿心希望提供兒子最好的物質生活。沒曾想她剛一過世，年近三十歲的兒子即大肆買房、買跑車、出國旅遊，恣意享受，結果不出三年，上億元的遺產揮霍一空。

英國也曾發生過類似情形。一對在金融界打拚多年的父母，去世後留給未滿二十歲的兒子幾十億英鎊的財產。結果，這個小孩太早擁有財富，又不懂理財，最後竟然吸毒橫死街頭。

由這些案例不難得知，不論古今中外皆然，若沒有儘早培養兒童的理財能力、理財智商，留給他們再多的財富，也難免會揮霍一空。

只是，更大的難題來了，許多父母自己都不懂該如何理財，更遑論教導兒童理財呢？其實，若能依照以下五大步驟，就算父母不會理財，一樣可以培養出高 MQ 的兒童和青少年：

一、定期發放零用錢，並嚴格執行約定時間到才給下一次的零用錢。一開始，父母可以「週」為發放零用錢的時間單位。等到孩子習慣後，時間慢慢拉長為「月」。這種方式除了可讓小孩學習在固定時間內分配金錢消費之外，也可訓練孩子的用錢能力。

二、培養記帳習慣。由於孩子年紀小，或不知如何記帳，剛開始時，父母可幫助孩子將未來一星期所需的花費記錄下來，然後逐日補上額外支出項目，慢慢養成小孩記帳的習慣。等到建立幾次紀錄後，慢慢放手讓孩子自己記帳。該步驟的好處是，父母們可藉此檢視孩子的消費傾向，若發現有偏差，可適時糾正。

三、培養儲蓄觀念。儲蓄是理財的基本，若兒童能建立良好的儲蓄習慣，意味著理財觀念已開始萌芽。父母們不妨從買給孩子存錢筒開始做起，鼓勵他們存錢。為增加存錢動能，父母可以設定存錢目標，當孩子達到目標時，給予額外獎勵。

四、開設銀行戶口。為建立孩子「自己的錢」的觀念，父母可以為孩子在銀行開立單獨帳戶。此外，當父母到銀行辦事時，不妨也把孩子一起帶去進行機會教育，讓孩子了解銀行作業流程、ATM 功能等等。若父母已開始利用此帳戶理財，則可用銀行對帳單、投資報表等，向小孩說明，讓他們親身感受「複利」的效果，激勵孩子多儲蓄。

五、建立理財目標。理財的最終目標無非是希望能理性消費，提高消費能力，因此父母可與小孩討論建立儲蓄目標，例如購買玩具、腳踏車、溜冰鞋等，然後協助孩子從每個月的零用錢當中，規劃出一個時間表，透過目標建立孩子的預算觀念。

嚴格說來，這五大步驟並無高深學問，亦不難達成，但是需要耐心與毅力去執行。美國首富洛克斐勒的子女理財教育，亦是從這五大步驟開始，尤其是定期發放零用錢、記帳、建立理財目標，更是他最重視的三大步驟。不過在此要提醒的是，訓練理財的內容必須依照孩子心智發展情形而定，切莫心急，以免損壞親子關係，也破壞孩子理財樂趣。

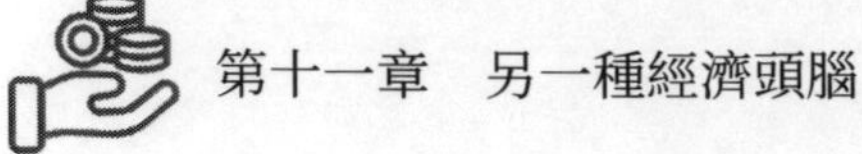

第十一章　另一種經濟頭腦

第十二章
青少年比成人更願意存錢

據有關調查顯示，計劃儲蓄的比率青少年占76%，成年人僅占64%。

當然也不可否認，有不少青少年存錢的目的並不是出於「理財」，或者出於今後想「投資而生出更多的錢」，絕大部分的終極目標，大概就是為了存錢以便購買自己「夢寐以求」的商品吧！這也不錯，因為存錢賺錢的目的難道就不是為了更好的消費，更好的實現自己的人生夢想嗎？但是不管存錢是為了什麼或出於什麼目的，至少存錢已經開啟了青少年理財意識的一扇大門。

有很多人，從小到老，他們不存錢，「我沒辦法存錢」，因為他們會有自己不存錢的種種「理由」。

幼年：「我現在沒辦法存錢，我還太小，不知道存錢是什麼，我才剛剛上幼兒園，我很忙，每天玩得累死了，而且我也沒有東西好存。總之，有一天我長大會開始存錢的。」

青少年：「我現在沒辦法存錢。我還年輕，還在上學，況且我的錢另有用途，我要買一些好玩有趣的東西。當哪天我學業完成，進入社會，工作之後，自然而然就會開始存錢。」

二十歲：「我現在沒辦法存錢。我好不容易自立，況且我想買輛車，需要分期付款。我還不對人生承諾，我還不想定下來。存錢這件事是需要好好規劃。」

三十歲：「我現在沒辦法存錢。一家子的開銷和責任都已讓我喘不過氣來了，每月房子貸款、生活費、小孩子奶粉錢……算了！等我加薪或過幾年手頭充裕再說吧！」

四十歲：「我現在沒辦法存錢。我家老么今年上大學，老大年底要結婚，哪來的錢存？等孩子一個個成家立業，看看能不能有些餘錢。」

五十歲：「我現在沒辦法存錢。一些事並不如我當初預期的一般，老么想出國念書，又是一大筆開銷，再看吧？」

六十歲：「我現在沒辦法存錢。一直想早點退休，不想工作了，但靠什麼吃呢？真希望當初身邊有一筆錢。」

七十歲：「我還是沒有存錢。生這病，錢一大筆地往外撒。苦了家人、小孩，要是我走了，恐怕也沒剩下半點錢給他們，真後悔我沒存錢。」

所以說存錢是很有必要和很有好處的事情，青少年可不能到你「七十歲」的時候說：「我還是沒有存錢……真後悔我沒存錢。」啊！

你的一生需要多少錢？

你是否思考過，你這一生到底需要多少錢，請想出一個具體數字。請注意，這個答案絕不是「越多越好」。因為錢的獲得，需要你用時間、精力、自由等寶貴的生命資源來換取。在估計這個數字時，你得把自己要付出的代價也考慮進去。

美國的經濟學家曾經做了這樣一個社會調查，幾乎所有人回答的數字，都遠遠大於他們現實裡累積的存款數額。若是人們真的要累積到自己估計的數字，大部分人起碼要工作到 200 歲 —— 很明顯，這是不可能的事。而且根據追蹤調查的結果來看，這些人實際一生所花費的錢，只占他們估計數字的十分之一，也就是說，一個認為自己需要五千萬過一生的人，只花了五百萬。

有些經濟學家對青年人提出這樣的建議：只要保有健康的消費習慣和良好的信用記錄，人們只需要在退休前的 10 年開始存錢，就足夠過一個幸福的晚年了。而人在 50 歲之前，更應該多存時間而不是金錢。當我們想明白自己一生需要多少錢時，才能切實地考慮花錢的問題。

每個人都必須工作以求生存，有許多人很幸運，能夠賺得比他們立即需要的還要多。他們應該如何處理這些額外的收入呢？儘管把錢全花在自己想買的東西上是很誘人的，但我認為最好至少把一部分的額外收入存起來，以備將來之需。

透過存錢，人們能獲得更多的安全感。未來是無法預測的，或許有一天我們會失業。碰到像這樣的情況，存款可以讓我們免去許多痛苦，幫助我們渡過難關。此外，存錢可以使人累積較多的錢，可以用於買更有價值的東西，比馬上把錢花掉所能買到的東西更有用。例如，我們可以用存款買房子。最後，存錢能幫助我們培養設定目標及為未來做計畫的習慣。如此一來，我們一定會過著更有意義並且更成功的生活。

大部分的人會想要馬上享用手邊的錢。沒有人想等到以後再買想要的東西。然而，倘若我們學會存錢，未來可以獲得更多的好處。我們將過著更有安全感而且更快樂的生活。我們也能購買真正想要但現在無法負擔的東西。

「花」還是「存」，這是一個問題。

假使你很年輕就開始存錢，那時候賺得不多，於是為了存錢，你可能在吃午餐時，只選最便宜的搭配；你可能會因此避免外出花費，而減少和朋友見面；可能在別人享受青春時，就過早地承擔生活的壓力。萬一你在花光所有錢之前就已經死了，那些剋扣和節省又是為了什麼？不過從另外一個角度看，如果你要操辦婚禮或者突然生病，你的帳戶上連 1,000 元也沒有，那時你會不會感到沮喪和絕望？

錢與我們的心理安全感密切相關，「花」還是「存」的問題，要看「你需要哪種方式來獲得安全感」。因為錢意味著擁有更豐富的資源，錢可以換來食物、衣服、交通工具和藝術品，可以滿足從生理到精神各個層面的需求。當我們的需求被充分滿足時，我們會感到安心，會覺得自己是主動的，可以對周遭的世界有所控制，控制感會帶給我們安全感。心理學家曾做過調查比較，從小經濟富足的孩子，安全感的確比窮困家庭的孩子要豐厚許多。因為他們從未失去過經濟基礎對他們的保障感。

由於安全感的作用，使人們對錢的態度分成了兩大類，一類要在「花」的過程中，體會獲取資源、享受快樂的安全感，這種情況多出現在童年家庭富裕的人身上。而另一類，是要在「存」的過程中，獲得防患於未然的安全感，童年家庭拮据，甚至餓過肚子的孩子，會比較常選擇這種方式。

花錢的心理盲點。

在花錢的問題上，心理健康的人往往比存在問題的人合理很多。也就是說，並不是經濟觀念決定了我們如何花錢，而是心理盲點導致我們「不會花錢」。

「月光族」是年輕人比較容易走入的「花錢盲點」。他們通常無法區分不必要的消費品和生活必需品，覺得買名牌衣服和像買米買油一樣都是該花的錢，所以「月光」是沒辦法的事。造成這種「無法區分」的心理盲點，首先是年齡與經驗的限制，其次就是在自我的形成上出了問題，他們需要更多彰顯個性的消費品，比如帶有特別功能的手機、另類服裝……來幫助自我在融入社會時不被埋沒。這樣的年輕人需要一些時間，才能覺察到自我的獨立是靠人格的穩定，而不是靠消費品。當他們覺察到這一點時，就會自然而然地告別「月光族」身分。

「購物狂」也是一種典型的由「心理盲點」造成的「花錢盲點」。比如人際交往、家庭關係出問題的女性，更容易成為「購物狂」，因為女性的情感需求很強烈，當她們不能更多的與他人建立有意義的情感交流時，空虛感和無意義感就會襲來，若是再缺少其他的愛好，就只能與物質來交流。其實，她們需要的是情感的關懷，而不是物質。

「守財奴」是多發在男性身上的一種「盲點」。「存錢」對他們意義重大，他們要為明天、為隱患存錢。因為未知的不可控性，讓他們有強烈的不安，這些都需要用「錢的累積」來逐漸平復。這是由心理上「過度的責任感」造成的，一些男性，尤其是童年就承擔了眾多家庭責任的男性，會存在這樣的心理問題，他們過早的就意識到要「承擔好責任」就要用「經濟累積」，也只有自己能「累積」時，才會被他人需要。所以他們往往剋扣自己享受快樂的權利，來滿足「責任」的要求。其實適度的累積，已經可以完成好責任了。如果可以讓「守財奴」們感到周圍的人在乎他，是出於愛而不是他的責任，這種「守財」的狀態就會好很多。

心理學家們還發現，往往突發的變故帶給人們的心理創傷，會極大的影響一個人的消費健康。比如有些女性在親人逝去後，就變成了「購物狂」。也就是說，不健康的消費行為背後，一定存在著一些心理盲點，找到它，就可以拯救你的金錢。

花錢到底在買什麼？

想要避開「花錢的盲點」，我們除了要了解自己的心理問題，還需要進一步了解自己花錢的意圖。當你買了一部手機，表面上似乎是擁有一個高級的科技產品。但實際上，你購買的是更暢通的人際連繫；當你買了一所房子，表面上是擁有一處固定資產，但實際上，你買的是一個「溫暖的家」。也就是說，我們花錢買一個產品，並不是為了獲取這個物品，而是為了獲得它帶來的心理滿足。

心理學對購物的解釋是：購買是對愛的渴求。小孩子買玩具獲得夥伴，年輕人買 3C 產品獲得個性，女性買衣服獲得優越感，男性買股票獲得成就感，中年人買全家的需求，老年人買身體健康……我們都是為了獲得一個替代愛的心理必需品，而掏出自己口袋裡的錢。這種需求正是我們花錢想要買來的那部分價值。無論是理性消費還是感性消費，你花錢買的都是你的心理需求。可見，想更多地了解自我，那就看看你都買了些什麼吧！

健康的用錢之道。

首先，要面對自己的心理問題，若是無法解決它們，我們就往往用錢來彌補，所以「健康用錢」最好的前提是，保持心理健康。

其次，你需要根據自己的心理需求，找出一個用錢的方向，比如：你需要一個幸福的家庭，你就要把錢花在家人和居住環境上；你需要一個成功的事業，你就要把錢花在能力提高和事業投資上。有一位老人，花光了除購買生活必需品以外的積蓄，買了一堆花種子，當它們綻放為一片花海時，在與自然的交融中，她感受到幸福。還有人，為了辦一家私人圖書館，花掉大筆的錢來購買圖書，雖然錢沒了，可是他實現了夢想。能評估錢有沒有花對方向的，只有你自己，也只有你知道哪種「用錢之道」最適合你。

然後，當你找出了自己「用錢方向」，你就可以明確地區分出，哪些東西是你的生活必需品，哪些是不必要的奢侈品。把大部分的錢只花在必需品上，這樣花錢會更合理，也會存得很輕鬆。

所以，同樣我們反過來說，儘早培養孩子的儲蓄意識，有助於孩子從小學習合理的消費意識。教出富小孩：用存錢筒建立儲蓄的好習慣，養成為自己的夢想做儲蓄。建議家長們使用存錢筒 —— 小小禮物可以帶給孩子大大的驚喜，簡單的三部曲讓孩子從存錢筒開始了解理財：

第一步，和孩子一起挑存錢筒。爸爸媽媽可以在孩子的重要日子中，一起去挑選他們喜歡的存錢筒，當作禮物送給他們，讓孩子更重視自己選擇的禮物。

第二步，和孩子一起存錢。與孩子一起收集家中的硬幣放進存錢筒，教育孩子把零用錢、壓歲錢存起來；家長也可以和孩子玩硬幣換成紙幣的遊戲，讓孩子知道每個硬幣都很重要；還可以準備一些硬幣給孩子，讓孩子體會收集的快樂。

第三步，讓孩子見識儲蓄的神奇力量，養成儲蓄的好習慣。家長可以透過定期和孩子一起清點存錢筒，讓孩子見證自己儲蓄的結果。家長可以借用儲蓄的道理來教育孩子，節約平時點滴零用錢，堅持儲蓄的好習慣，及早為未來做準備，將來就有可能實現更大的夢想。

對於幼兒園的小朋友來說，給他們開立銀行帳戶是完全沒有意義的事情，因為他們連 A、B、C 都還不認識。不過，3 歲開始，家長應該幫兒童樹立經濟意識，因為這時他們已經萌發了花錢的念頭。父母可以針對孩子的好奇心，從生活點滴上培養孩子對錢的了解。在孩子了解數位、開始數數的時候，講一些花錢的常識給孩子聽，並結合數字的概念，與孩子玩購物遊戲。例如讓孩子找到指定的價格標籤，尋找等值的商品等，這樣可以培養孩子的邏輯思維能力。

另外 3 ～ 5 歲孩子應該知道：

1. 硬幣可以用來換取他們想要的一些東西。
2. 電視上的玩具買回家後，並不會像電視上那樣漂亮，而且也並非那樣好玩。
3. 用玩具來存錢會很好玩。並不是你想要的每一樣東西都能得到，即使這個東西近在咫尺。

對於這個階段的父母來說，存錢筒是最合適的禮物，具體的存錢過程，會令子女開始有儲蓄的概念。

而對於稍大一些的少年兒童來說，家長們可以送孩子的儲蓄禮物是金融卡。

利息是孩子們最早能夠接觸到的「收益」概念，教育學者認為，當孩子長到 6 歲以後，開啟他們的理財觀念培養是正當其時的。因為 6 ～ 12 歲是他們人格發育的重要階段，這個時期，孩子的價值觀正逐漸形成，家長要嚴格地要求孩子，並細心地引導，體驗式的教育讓孩子印象更深刻。

怎樣進行體驗式的教育呢？不妨考慮金融卡這樣的禮物，讓孩子定期存錢，告訴他們利息的概念，並領他們到銀行，將銀行儲蓄的方法、種類、利率等知識逐漸教授給孩子。還可以讓他們算算利息，使孩子意識到定期存錢就能增加財富，創造一種成就感。心理學家調查過 3 ～ 8 歲的兒童，詢問他們的錢是從哪裡來的？得到的答案是「從爸爸口袋裡掏出來的」、「銀行拿的」、「售貨員給的」，只有 20%的孩子說，錢是工作賺來的。專家表示，從 6 歲開始，家長就應當開始培養孩子的勞動意識。一些家庭透過勞動獎勵零用錢，透過讓孩子做家事賺取零用錢，體會勞動的艱辛，體會爸爸媽媽賺錢的不易。

那麼，6 ～ 12 歲的孩子應該知道：

1. 可以有零用錢，但不可要求預支。
2. 用自己的錢買電影票、零食或遊戲點數。
3. 去超市帶上購物清單，挑幾樣便宜商品。
4. 存在銀行的錢，銀行不會總為你留著，而會將它放貸出去或進行投資。

青少年期的孩子對消費的了解更加明朗，對金錢的需求也開始增多。不過，家長們不需要介意孩子花錢，因為正確的消費是學習理財的重要內容之一。這個時候，家長們就可以送孩子記帳軟體作為禮物了。

這個年紀的孩子，應當學會貨比三家，精打細算。比如同樣是吃麥當勞，若是使用優惠券，一個漢堡加一杯可樂就會省下十幾塊錢。購買文具時可以多看幾家商店，誰的便宜買誰的；也可以讓孩子聯合同學砍價或「團購」，這樣可以節省不少錢。孩子身上一般要帶一些零用錢，家長可以實行「承包制」，每週固定給他一定的金額，結餘歸己，超支不補，然後從一週逐漸擴大到一個月，漸漸使孩子養成計劃消費的良好習慣。

同樣，這個年紀的孩子應該更進一步樹立起打工賺錢的意識。給了他們固定的金錢，家長們需要進一步觀察他們消費和節省的執行情況。送給孩子一個專門用來記帳的筆記本或者理財軟體，是個很時尚的節日禮物。

12 ～ 18 歲的孩子應該知道：

1. 即使減少衣著方面的開支，也能穿出自己的風格。
2. 請留心家庭的財務開支，包括你上大學的費用。
3. 準備一個帳本，學會定期整理，做到收支平衡。
4. 將平時打工賺的錢省下一半，來充抵學業開銷及今後上大學的費用。

總之，我們要和錢保持的關係，應該是主動支配，自由選擇。也要教會我們的青少年，用錢之道並非是節制花錢，而是將你的身心從物質的原始累積中解放出來，真正去購買愛與快樂，而不是被動的發洩。因為錢只有在支撐人「活得更好一些」這個願望時，才具有價值。離開了人的願望，錢就會變得跟廢紙一樣，毫無意義。而每個人的用錢之道都是獨有的，存錢之道也是可以自由發揮的，那麼，祝你早日找到適合自己的存錢、花錢以及理財的好方法。

第十二章　青少年比成人更願意存錢

第十三章
「錢生錢」儲蓄自己的大未來

少年兒童理財是寶藏。

據悉，香港的東亞銀行有一款兒童理財跳棋，格式與傳統的跳棋相似，但決定跳棋進退的依據卻是理財行為。每個玩家的遊戲初始財富為500元，跳棋如果正好走到每週記帳、做家事、購買寶貝保障險、購買寶貝禮儀存單、拿到壓歲錢、開設網銀、參加寶貝理財等格子，都能增加50～200元的財富；而走到購物、遺失零用錢、買玩具等格子，或是要減少分數，或是直接倒扣50～100元。倘若玩家財富數為負則自動出局。東亞銀行希望這款理財跳棋，能夠成為兒童理財的啟蒙教育手段之一。

據了解，像東亞銀行這樣關注兒童理財的銀行並不多，儘管我們孩子的零用錢數量不斷增多，但兒童理財卻面臨「家長不熱衷、銀行不起勁」的遭遇。

兒童理財成了「選修課」。

對於孩子而言，錢多不是好事。如果不好好打理，會引發各種「成長的煩惱」。但縱觀各家銀行，面對成人的理財產品和理財服務不斷創新，可針對兒童的理財服務卻似「被遺忘的角落」，表現為：

帳戶不普遍。目前開設兒童帳戶的銀行只有寥寥數家，一些銀行對於未成年人開戶還有種種限制。

功能太單一。目前銀行開設的兒童帳戶功能大多只有儲蓄，而香港部分兒童帳戶的功能，已經與成人帳戶分別不大。最典型的是恒生「智多Kid」帳戶，除了儲蓄帳戶，還有理財帳戶，可以享受多元化的投資、存款，甚至保險服務。其中投資服務與其他理財帳戶一樣，包括基金、證券、股票掛鉤投資、存款證、股票每月投資計畫和基金每月投資計畫。

兒童理財業務之所以步履蹣跚，緣於三大原因。首先是家長的觀念。

大多數家長怕孩子過早參與理財，一是影響學習，二是會變得唯利是圖。因此，大多數家長對兒童理財並不贊成，能夠刻意地對孩子進行理財教育，並讓孩子進行理財實踐的家長並不多。

其次是中小學沒有理財教育方面的課程，學生無從接受系統而正規的理財知識，理財知識十分薄弱。理財專家認為，5 ～ 7 歲的兒童要懂得錢的不同來源；7 ～ 11 歲的兒童要學習管理自己的錢，了解到儲蓄對於滿足未來需求的作用；11 ～ 14 歲的學生要懂得人們的花費和儲蓄受哪些因素影響，懂得如何提高個人理財能力；14 ～ 16 歲的學生要學習使用一些金融工具和服務，包括如何進行預算和儲蓄。但我們的孩子絕大多數無法達到上述水準。

第三是銀行認為未成年人不具備完全行為能力，沒有固定的收入來源，同時缺乏專業的理財知識，而且兒童帳戶的額度不大，卻需要一批專業的人員來管理。算完經濟帳後，銀行覺得沒有太大收益，因此也不積極開展兒童帳戶。

兒童理財在國外卻是「必修課」。

在美國、英國、日本和巴西等一些國家，越來越多的學校制定了理財教育計畫，把理財教育列入了中小學的必修課。

英國 —— 在英國，兒童儲蓄帳戶很流行，有 1/3 的兒童將他們的零用錢和打工收入存入銀行和儲蓄借貸金融機構。大多數英國銀行都為 7 ～ 16 歲的孩子開設特別帳戶，只要 1 英鎊就可以開設，孩子們可以為自己的帳戶取一個他們喜歡的名字，比如「莎拉的帳戶」或「我的第一輛自行車帳戶」等等。這種帳戶的利息高達 4%。還有一種帳戶是針對 11 ～ 15 歲孩子的，叫做「快款」，這一帳號有電腦聯網，戶主有一個 ATM（自動取款）卡和一個密碼，可以在英國的幾乎任何 ATM 機上取款。

美國 —— 美國兒童理財教育一是低齡化，美國丹佛專門為青少年開設了一家銀行，已經吸收儲戶 1.7 萬個，客戶年齡平均才 9 歲，最大的不超過 22 歲。為了讓孩子儘早學會理財，由美國教育部資助，全國 34 個州的 3,000 所中小學生家長參加了一項龐大的儲蓄計畫 —— 「為美國而儲蓄」計畫。該計畫創始人強調：「我們的目標是創造新一代的儲戶。」二是理財教育途徑多。美國青少年理財教育主要透過三個途徑：學校教育、家庭教育和社會教育。講授理財之道給孩子，已經成為美國中小學教育及家庭教育的熱門話題。從孩子踏進幼兒園起，孩子們就會接受有關「錢」的概念。他們會知道錢是什麼，如何處理好錢在生活中是何等重要。到孩子 11 歲時，他們基本上完成了經濟上的「需求與供給」課程。中學時，他們就能對各種財務運用有深入的了解並有一些社會實踐。

美國每年大約有 300 萬中小學生在外打工，他們有一句口頭禪：「要花錢，打工去！」平均每個美國孩子每週透過家事勞動可以從父母那裡拿到 5 ～ 20 美元，孩子們不僅習慣而且經常彼此互相炫耀「薪資」的多少。這樣能使孩子了解到：即使出生在富有的家庭裡，也應該有工作的願望和責任感。

日本 —— 談錢不恥。日本傳統觀念曾經認為，學校傳授金錢知識是不道德的。但如今越來越多的人認為，應該讓孩子們從兒童時期開始，就在實踐中掌握金錢知識。日本大阪府一所中學採用多種方式，針對不同年級的學生，分別以「儲蓄與消費」、「不法經營」和「用卡知識」為主題進行授課。例如，一年級學生買花種進行培育，並在當地的節日慶典上出售。二年級學生則請來生活中心的顧問，講授不法經營的手法，以及凍結期制度（在分期付款銷售中，顧客可在一定期間取消合約的一種制度）的有關知識等。學生接受這種教育之前和一年之後所做的調查表明，能說明信用卡功能的學生明顯增多。

新加坡 —— 儲蓄迷增多。教育部、郵政儲蓄和銀行每年都開展全國性的校際儲蓄運動。1990 年代初，新加坡全國中小學生參加儲蓄的百分比就超過 53%，平均每名學生大約有 1,144 新元存款。新加坡的學生如此會存錢，在於社會與家庭、學校的合力引導。在「節儉和儲蓄是美德」的理念宣導下，許多孩子都成了儲蓄迷，他們為了防止自己花錢不知節制，連提款卡也不申請。

兒童理財：不是雞肋是寶藏。

兒童教育專家提出：孩子越早接觸錢，學會了理財，長大後也就越會賺錢，可以說，在如今的社會，理財能力也是一種生存能力，金錢觀念和理財能力，將成為 21 世紀孩子們必備的基本素養之一。

「理財教育」從娃娃做起，不是把孩子培養成一個金錢至上的拜金主義者，而是讓孩子在接受理財教育的過程中，正確對待金錢、運用金錢，學會價值判斷和提高道德尺度，樹立自尊、自立和責任感，促進其個性能力的良好發展，從而為其長大後獨立理財和開拓一番事業，打下較好的基礎。專家認為，銀行開設兒童理財業務，既有社會效益又有經濟效益，一方面可以培養孩子正確的金錢觀，讓孩子養成節儉和儲蓄的習慣。另一方面也可以吸收一定的存款，培養潛在的、有忠誠度的優質客戶。心理學顯示，大多數人都是「做熟不做生」，當這些孩子長大成人後，對於自己從小就存錢的銀行，感情總要深厚一些，無論是儲蓄、辦卡、購買理財產品等，都會第一時間考慮這家銀行。

教孩子開設兒童帳戶，將餘錢存起來，是讓他們了解理財的第一步。

專家認為，要吸引孩子開戶，可以借鏡境外一些銀行的做法，比如設定較高的利率。香港永亨銀行的「MyKid（我的孩子）」儲蓄有一個類似零存整付的計畫，每月供款，有不同的存款期供選擇，利率也不同，存 12 月、18 月及 24 個月，均有 3%的年息，36 月及 48 月則可享受更高的年息 3.25%。這種存款計畫可以鼓勵孩子將存款期延長。

生動有趣的金融卡也是吸引兒童開戶的因素之一。不少銀行會以設計特別的存摺簿作為招徠手段。如香港大新銀行過去以卡通「芝麻街」為主題，設立兒童帳戶，現在則以深受孩子歡迎的卡通「Thomas（火車）」作招牌。開立「Thomas & Friends（湯瑪斯的朋友）」兒童儲蓄帳戶的孩子，可以擁有一本 Thomas & Friends 的存摺簿，內頁是不同的 Thomas & Friends 圖畫，每年生日的月分還會收到 Thomas & Friends 生日卡，喜愛 Thomas & Friends 的小朋友自然不願錯過機會。恒生銀行「智多 Kid」儲蓄帳戶有特別設計的存摺簿及簿套，色彩繽紛，每年生日還會送上「智多 Kid」週年收藏卡。有的銀行的存款卡上，還可以印上孩子自己的照片，自然也會提高孩子的儲蓄興趣。

發放精美的禮品也是一招。如香港大新銀行對上年已開立該行兒童儲蓄帳戶的儲戶，今年將寄儲蓄目標金額，孩子只需將錢存入「芝麻街」兒童儲蓄帳戶，並達到指定儲蓄目標，就可獲得精美禮品及「芝麻街」獎狀。

專家認為，兒童理財教育應該生動有趣。香港部分銀行為兒童帳戶設立了網站，讓孩子學會網路理財，兒童網路銀行還有理財小遊戲。比如大新銀行設有網路理財服務，可以查詢帳戶結餘及最新交易記錄，還設有網路心意卡、記事曆、計算器、互動網路遊戲等，幫助建立基本的理財概念。東亞銀行的理財小博士也提供網路理財服務，方便家長及孩子一起查閱帳戶最新結餘狀況及交易紀錄。恒生銀行的「智多 Kid Fun Net」則提供新資訊，還有小豬計算器和零用錢記事簿等。

除了網路推廣，許多銀行還會舉辦一系列活動。如花旗銀行透過漫畫人物 Agent Penny，向 10 ～ 12 歲的小學生講解儲蓄及理財的正確概念及重要性，讓孩子可以透過趣味的方法學習理財。該計畫除了發送漫畫書，還有話劇巡迴演出。大新銀行的「Thomas & Friends」兒童儲蓄帳戶會定期舉辦 Thomas & Friends 聚會，讓孩子與父母一起參與多元化的親子活動。

巧用儲蓄「錢生錢」，青少年儲蓄自己的大未來。

日常生活中，每個人、每個家庭都有些暫時不用的資金，當然這也包括青少年的零用錢，一般情況下，我們習慣的方式是存在銀行。可是儲蓄理財也有門道，假使能利用現有的儲蓄產品精巧搭配，就可以獲取更高的收益，同時又確保資金的流動性。

我們先來看看銀行現有的儲蓄理財產品。銀行的儲蓄產品是根據資金的收益性和流動性來進行劃分的。收益高（也即利率高）的品項，其流動性相對差些，收益低（也即利率低）的品項，其流動性也就強些。具體說來，有以下品項：

1. 活期儲蓄：適合生活待用款和暫時不用資金的儲存。
2. 定期儲蓄：適合較長期不用款項的儲存。定期儲蓄根據存取的方式不同，又分為整存整取、零存整取、整存零取、存本取息、通知存款、教育儲蓄。您可以根據資金的特徵和理財目的選擇，也就是進行收益性和流動性的組合。

這幾種方式又各有哪些區別呢？

1. 整存整取、零存整取、整存零取、存本取息，這四種方式適合期限較長、比較穩定的資金的儲蓄，在儲存的時間上有所區別。目前的定期儲蓄理財中，又以整存整取的方式較為普遍。

2. 個人通知存款，它適合短期暫時不用的資金，時間要求較短，不適合進行其他定期儲蓄的資金。它可獲取比活期儲蓄更高的收益，又比其他定期儲蓄方式具有更高的資金流動性。
3. 教育儲蓄，它是父母為子女接受非義務教育，有計劃地按月固定存入的一定款項，開戶時約定存期，到期日可獲得預定金額的定期存款。對於計劃子女未來成長的您，是一個不錯的選擇。

怎樣才能透過儲蓄，更加有效地增加自己的收益呢？青少年儲蓄理財有以下理財良方可循：

1. 目標儲蓄法。如果想購買一件高級商品或計劃做某項大事，應根據家庭經濟收入的實際情況，建立切實可行的儲蓄指標，並制定存錢措施。
2. 計畫儲蓄法。每個月獲得零用錢後，可以留出當月必需的生活費用和開支，將餘下的錢按用途區分，選擇適當的儲蓄品項存入銀行，這樣可減少許多隨意性的支出。
3. 節約儲蓄法。注意節約，減少不必要的開支，杜絕隨意消費和有害消費，用節約下來的錢儲蓄。
4. 增收儲蓄法。在日常學習和生活中，如遇上零用錢增加、獲獎、稿酬、親友饋贈和其他臨時性收入時，可權當沒有這些收入，將這些增收的錢及時存進銀行。
5. 折舊儲存法。為了家裡自行車、電腦等耐用消費品的更新汰換，可為這些物品存一筆折舊費。在銀行設立一個子帳戶，當自己需添置價值較高的耐用品時，可以根據物品的大致使用年限，將費用平攤到每個月。這樣，當這些物品需要更換時，帳戶內的折舊基金便能派上用場。

6. 緩買儲蓄法。若是你準備添置一件高價的消費品或其他珍貴物品時，由於其並非迫切需要或實用價值不高，可緩一兩年再買，先將這筆錢暫時存入銀行。待消費高峰期過後，此類商品價格必然會回落，那時就可以買到便宜貨。
7. 降檔儲蓄法。在準備購進一件貴重物品時，可以購買等級稍低一些的商品，把省下來的錢存入銀行。
8. 滾動儲存法。每月將積餘的錢存入一張 1 年期整存整取定期儲蓄，存入的數額可根據自己的經濟收入而定，存滿 1 年為一個週期。1 年後第一張存單到期，可取出儲蓄本息，湊個整數，進行下一輪的週期儲蓄。如此循環往復，手頭始終是 12 張存單，每月都可有一定數額的資金收益，儲蓄數額滾動增加，自己的積蓄也隨之豐裕了。滾動儲蓄可選擇 1 年期的，也可選擇 3 年期或 5 年期的定期儲蓄。這種儲蓄方法較為靈活，每月儲蓄金額可視家庭經濟收入而定，無需固定。一旦急需錢用，只要支取到期或近期所存的儲蓄就可以了，能減少利息的損失。
9. 四分儲存法。又叫「金字塔」法，如果你很幸運前幾年存到了 10 萬元，可以分別存成 4 張定期存單，存單的金額呈金字塔狀，以適應急需時不同的數額。可以將 10 萬元分別存成 10,000 元、20,000 元、30,000 元、40,000 元 4 張 1 年期定期存單。這樣可以在急需用錢時，根據實際需用金額領取相應額度的存單，可避免需取小數額卻不得不動用大存單的弊端，以減少不必要的利息損失。

10. 階梯儲存法。假如你持有 3 萬元，可分別用 1 萬元開設 1 ～ 3 年期的定期儲蓄存單各 1 份。1 年後，你可用到期的 1 萬元再開設 1 張 3 年期的存單，以此類推，3 年後你持有的存單則全部為 3 年期的，只是到期的年限不同，依次相差 1 年。這種儲蓄方式可使年度儲蓄到期額保持等量平衡，既能應對儲蓄利率的調整，又可獲取 3 年期存款的較高利息。這是一種中長期投資，適宜於一般家庭為子女累積教育基金與婚嫁資金等。
11. 雙倍儲蓄法。鼓勵孩子更積極地儲蓄，養成積蓄的好習慣。有許多父母使用雙倍儲蓄法獎勵孩子的儲蓄行為。即當孩子每儲蓄 1 元時，父母也會同樣幫孩子存入 1 元，這樣孩子可以得到雙倍的金錢。父母也可以事先約定一些條件。例如，孩子要是在某一時間內花掉儲蓄的話，父母便會把自己的部分取回。這種方法既可以增添孩子儲蓄的動力，又可延長孩子儲蓄的時間。父母還可以根據家庭實際情況變通。如：存夠 1,000 元將獎勵孩子一個他想要的禮物；存夠 1,000 元將獎勵他 10%，等等。

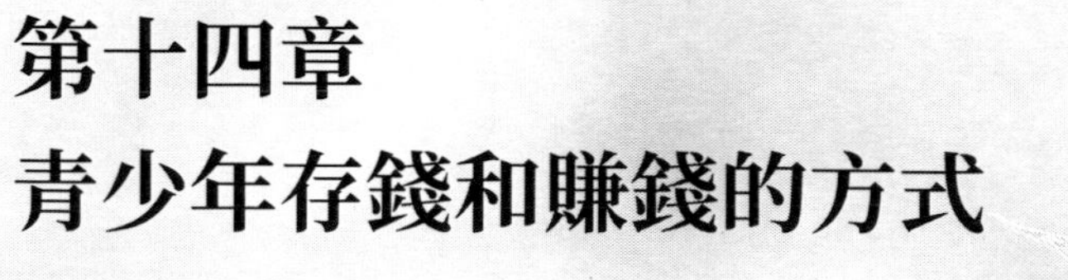

第十四章
青少年存錢和賺錢的方式

一旦你開始對投資感興趣，整天夢想著自己所能夠賺的錢時，你會突然意識到：你需要有錢才能投資不是嗎？

以下是你能夠獲得錢的兩個主要方式：賺錢、存錢。

以下是一些能夠幫助你同時達到以上目的的概念：

賺錢：

絕大多數青少年獲得錢的共同方式，就是來自家庭的補助。並不是每一位青少年都能夠從家裡獲得補助，當然，你的父母的理念或他們的財務狀況，可能意味著你只能獲得極少的補助甚至沒有。各式各樣的調查顯示，青少年平均獲得補助的金額為每星期 20 美元到 50 美元。倘若你所獲得的補助比這個標準低很多，可以透過與父母談判，要求提高補助標準。

以下是一些可以得到錢的方式：

- **從你的家庭**：你的父母可能會因為你在學校裡獲得好成績、或你閱讀了一定數量的書、或你為家裡做了各種家事而給你錢。如果你在家也為哥哥、姊姊做同樣的家務雜事的話，可能也會收到他們給的錢。

  給孩子一個勞動職位，了解金錢與勞動的關係，讓孩子可以透過勞動獲取報酬。。

- **銷售物品**：若是你的儲物櫃或地下室塞滿了不再需要或不再喜歡的物品，就可以考慮出售它們（這可能包括玩具、遊戲程式、漫畫書和衣物，但是不要丟掉你有很強依賴性的物品）。你可以在你的鄰居周圍開展庭院銷售，也可以用較少的費用或價格來銷售其他人的閒置物品。另外一個選擇就是上網銷售和拍賣。

- **一份工作**：這可能是最為明顯可以賺錢的方式了，青少年可在課餘打工或在暑假期間做全職工作。

- **適當的經營嘗試**：讓孩子真刀真槍地學習經營。如果條件允許，父母可以幫孩子創設體驗的機會，讓孩子真正地去學習賺錢。例如，鼓勵孩子拿出一部分的壓歲錢來投資購買股票或者基金，讓孩子真正感受經濟風雲。也可以和孩子一起去批發某種物品出售，使孩子在經營中學習賺錢的技能，並配有健康的理財心理。

適合青少年的工作：

無論是否相信，你可以找到或創造出不少適合青少年的工作。除了去麥當勞打工或做外送員等工作之外，還有很多的選擇。

以下眾多的意見可能有一些會吸引你：

寵物保姆。當你的某個鄰居要外出長期度假的時候，他也許會有寵物需要照顧。同時，當人們在某段時間內需要長時間連續加班時，如果你在這段時間帶著他的寵物外出散步並照顧牠，鄰居會付費給你的。

為你的父母工作。倘若自己的媽媽或爸爸擁有一家公司，他們可能會需要你的幫助。若他們是一般公司員工，他們可能也會為你在那裡找到一份臨時工作。（同時你也可以在你父母的朋友處尋求幫助。）

家教。不少青少年都可以很容易找到一份每小時 200 ～ 500 元的家教工作。假使你在某一門功課上有很高水準，你能夠從幫助其他同學更深入地學習該門課程方面賺到更多的錢。

救生員。如果你擁有此方面所需要的必要技能，可以考慮這份工作。

野營。你也可以在暑期的野營活動中尋找到一份工作，幫助照料小孩、平整和看護營地、準備食物或其他的日常事務。

符合你興趣的工作。如果你喜歡戶外活動，可以找尋相關的打工機會。如果你喜歡電影或娛樂，可以在電影院或娛樂活動中心尋找工作。

割草、犁地、園林整理。這些都是非常類似的工作。一旦你的客戶知道你非常擅長此類工作的話，他們可能會在其他的季節利用你的服務進行此類工作。

百貨公司。此類工作最大的好處是，你可以經常享受到員工才有的購物折扣，以及你從銷售額中所抽取的佣金。

創建網站。若是你對於利用電腦創建網站有足夠的了解，你可以賺到更多的錢。很多小型的公司和組織為了擁有一個自己的網站，會支付設計者數萬甚至更高的報酬。你可以在初期收取較少的費用，一旦你做出了成績，就可以逐步提高收費標準。同時一些小型公司還會請你幫助維護和更新他們的網站，這樣就為你帶來了持久穩定的收入來源。

成為藝術創作者。倘若你對於藝術品或手工藝品非常感興趣，你可以動手製作一些珠寶裝飾品或其他類型的專案，然後再把它們銷售出去。比如在 eBay，在那裡你可以及時獲得大量的客戶。有些畫家或攝影師也透過線上的方式來銷售自己的作品，但這比較難做到。

照顧老年人。並不是僅僅在療養院或養老院才能找到照護老年人的工作，你也可以在你的鄰居那裡找到同樣的工作。許多老年人能夠活動的範圍非常有限，他們可能需要你的服務來購買一些日常用品、外出辦事或做一些家庭的臨時家務，這可以為你帶來一定的收入。

成為電腦指導師。許多人都購買了個人電腦，同時個人電腦也為他們帶來了不少使用上的麻煩。即使你只有中等的電腦操作和維護水準，你也可以作為電腦諮詢顧問提供服務。你可以幫助他們組裝電腦、解決日常使用問題、解答疑問、教授程式編寫等等。

高爾夫球童。當高爾夫球童不但可以幫助你對此項體育運動有更深入的了解，同時也為你提供了一個接觸那些商界成功人士並了解、學習他們成功經驗的機會。他們也可能會為你帶來其他工作有價值的資訊和機會。

利用你的技能。考慮一下你在哪個方面非常擅長，可以教授其他的兒童或成年人，你可以教授鋼琴課程、馬術課程或外語課程。如果你會演奏一些樂器，可以在一些晚會和 Party 中表演，如果你擅長撰寫文章，可以投稿給雜誌或報紙。

志願者。要是以上的選擇都失敗了或不適合你，或者你在進行第一次選擇時，可以考慮志願者。找出一個你希望了解和學習的領域或公司，在為之做志願者的時候，會為你帶來寶貴的實習經驗。若是你希望成為一位醫生，可以考慮在醫院或療養院擔任志願者。

一旦你賺到了一定的錢，就要把它們存起來！

你可以存下多少錢？你是否能把所有的錢都存起來呢？不一定。最佳的方式是培養良好的儲蓄習慣，能夠在日常花費之外，把存錢作為生活中的一部分。

以下是一些你可以存錢的方式：

在開支之前先存錢。

無論是從工作、補貼還是從其他方面獲得了收入，一旦你的手中有了一些錢，在計畫開支之前，要立即把一定比例的錢存入銀行。這種方式的好處是，存了錢之後，就可以不用再控制消費，能夠自由支配剩餘的錢。

與父母談判取得鼓勵措施。

這種方式可能並不一定適合你，不過值得你去嘗試。為了鼓勵和促使自己養成良好的儲蓄習慣，可以與父母協商，根據所儲蓄金額的多少給予相應的補貼，像是，每當你存 250 元，他們就為你存入同樣的 250 元。

考慮購買的「機會成本」。

機會成本是一個經濟學專業術語，但是它可以應用於我們生活中的很多方面。機會成本指的是，你為了得到物品 B 而放棄選擇物品 A 的成本。考慮一下你可以花 2,000 元買一張演唱會門票，也可以把它用於投資，若是你投資了 10 年，而你的每年投資回報率為 11%的話，你最初的 2,000 元就變成了 5,700 元了。所以你的決定可能會變成以下的思考：「我是現在購買一張入場券呢，還是在 10 年後擁有 5,700 元呢？」如果你考慮現在以 4,000 元的價格購買一雙鞋子的話，它是否會值得等到在 20 年後獲得 32,560 元呢？

青少年自己對儲蓄的觀點：

以下是一些青少年以及剛剛跨出青少年年齡的人，關於如何成功養成儲蓄習慣的建議。

・18 歲，如果可能的話，不要為錢擔憂。

・16 歲，以前每當我有錢的時候就控制不住自己，從來不會從商店裡空著手出來。我非常高興自己已經有了改變，不會再像從前一樣，我曾經鍛鍊自己在口袋裡放 50 元，整天在商店裡挑選物品而不購買任何物品。現在當我再進入商店時，已經沒有禁不住購物的欲望了，我從中受益匪淺。

・19 歲，當你購物時，要堅持只使用紙鈔，而留下硬幣。比如，你要購買一個 35 元的麵包，你就付給他 100 元的紙鈔，找回 65 元的硬幣後，把硬幣放入錢包或口袋，將硬幣分開放置，只花其餘的紙鈔，回家後把硬幣放入存錢筒中，這樣你就可以總能存下一定的零用錢。

- 16 歲，我已經在銀行裡有了一個帳戶，會將把多餘的錢存進去，一旦手中有了多餘的錢，我就會及時存起來。保持一定的存錢習慣是非常重要的，只要我有錢，就一定會把一部分分離出去。
- 14 歲，我把錢存入銀行而不是放入錢包，因此我的錢總是不在身邊，這樣就控制了我花錢的欲望。
- 18 歲，只有當這件物品對你非常必要的時候再去花錢，將錢設置得非常難以取得，比如存一個較長期限的定存或放入金融市場帳戶。拿到錢的困難避免了想花錢的渴望，同時要嚴格遵守自己所設定的規則，按比例花錢和存錢。
- 17 歲，平時只攜帶很少的現金，如果你的身邊沒有錢就很難去消費了。冰淇淋雖然很好吃，不過口袋裡的錢不夠，所以你就無法吃到它了。日常生活中此類的小事情能發揮很好的作用。我喜歡看到自己銀行帳戶中的數字在不斷增加。
- 14 歲，當想要支出一筆較大的費用時，無論如何要再等待至少一個星期之後，這將會幫助你確認是否是真正地需要它，同時也許隨著時間的推移，商品的價格會有一定的下滑。
- 15 歲，從小的數目開始儲蓄，我最初的時候每天存入大約 10 ～ 20 元，因此到月底的時候，我就有了 300 ～ 600 元。

現在我們一起來看看英文名師徐薇青少年時代的故事：借用貧窮的正面力量。希望對你能有所感悟和幫助。

在臺灣，「徐薇」就等於是英文補教的代名詞，生動活潑的教學吸引不少學生上門求教，也為她帶來豐厚的收入。但已經住得起帝寶的她，卻奉行儉樸保守的風格。靠著專心工作賺錢、儲蓄跟房產，做簡單快樂的有錢人。

徐薇說：「我看過補教界很多名師從雲端跌到谷底，賺的錢一夕成空。」所以她永遠都在為最壞的情況做打算，也不敢冒太大的風險。人的金錢觀極容易受到上一代影響，徐薇也是。她說：「要不是因為貧窮，讓我有努力工作賺錢的動機，也就沒有今天的我。」

徐薇父親存錢無方，假日市場擺攤助家計。

徐薇並非出身清寒，但是上一代不善理財，卻讓青少年期的徐薇飽受貧窮之苦。徐薇的父親是貿易自營商，由於做生意難免有起有落，因此徐家的經濟狀況並不穩定。但是父親的用錢方式，則是讓徐家經濟狀況持續惡化的主因。

「我父親很愛孩子，他有 10 元，就會把 10 元都花在孩子身上。」徐薇記得，小時候住的老公寓當年只要 40 萬元，可是他父親卻捨得在暑假帶著 3 個孩子出國旅遊，一口氣花掉 10 萬元，目的只是希望藉此培養孩子的外語能力和國際觀。由於家裡沒有存款，只要父親的生意需要資金周轉，母親就必須四處起會幫父親籌錢，甚至以會養會。

徐薇高一那年，父親居然還用分期付款在內湖買下一間總價 198 萬元的公寓，讓徐家的經濟更為吃緊，徐薇常見母親向親友借錢來支付房貸。

徐薇的母親平時在菜市場擺臨時攤位賣東西，徐薇也常利用假日到市場幫忙叫賣。「菜市場最容易看盡人情冷暖，媽媽不光擺攤要躲員警，收攤後還要應付上門討債的親友。」徐薇說。

當徐薇考上臺大外文系後，同學中有超過半數的人，畢業後都打算出國留學或是繼續深造。不過徐薇打從進臺大的第一天起，就拋棄了留學夢，並且開始尋找課餘的工作機會，一心想幫家裡還清債務。

大學二年級時，徐薇到補習班教課，從 1 小時鐘點費只有 300 元的菜鳥老師做起，由於教學方式生動，受到學生歡迎，大四時一個月就可以賺進 8、9 萬元，幾乎等於當時 4 個大學新鮮人的薪水。

不過補習班賺來的錢，徐薇幾乎全數都交給媽媽，讓媽媽繳交會錢，而她只留下自己需要的基本生活費，並且想盡辦法省吃儉用，盡量存錢。「我父親賺 10 元花 10 元的方式，讓我警惕。」因此存錢的觀念在徐薇心裡根深蒂固。畢業後，她一個月可以賺到 10 ～ 20 萬元。「我規定自己賺 10 元，至少要存下 7 元。」徐薇說。

賺錢還債是徐薇努力工作的最大動力。徐薇大學畢業後第三年，靠著補習班的收入，存到了生平第一個 150 萬元，她將這筆錢其中的 138 萬元，拿去繳清內湖老家的房貸餘額，也終於實現了替父母清償所有債務的心願。

卸下幫家裡還債的重擔後，徐薇才開始為自己儲蓄，她的方式只有兩種，存錢和存房子。

童年陰影仍在，不欠債買房子用現金。

「我買過股票、基金幾乎都沒有賺到錢，唯一讓我覺得最安心、不會虧錢的理財工具就是房子。」徐薇說。戶頭裡一存到足夠的現金，徐薇便會拿去買房子，目前名下至少有 6 間房子，分別位在臺北、桃園、苗栗以及北京。

徐薇買房子有 3 個原則，第 1 個原則就是不負債。「我只買自己負擔得起的東西，買房子也是如此，全額用現金付款，絕不貸款。」徐薇說，小時候看爸媽被討債，對於借錢有很大的陰影，因此她要求自己買任何東西都要量入為出，絕不負債。

近年來吹起豪宅風，不少房屋仲介向她銷售上億元豪宅，雖然可以貸款分期支付，但是徐薇想到房貸壓力，便興趣盡失。

其次是，徐薇買屋都是以自用為出發，會考慮居住的便利性。剛結婚時，徐薇買的第一間房子是在新店郊區，但是她的工作地點在臺北車站附近，因此補習班營運上軌道後，徐薇存到第二間房子的錢，便選擇在臺北市中正區購屋，以便於工作。

由於徐薇買房子不是以投資賺取增值價差為目的，因此她買屋的第 3 原則就是，「只買不賣，耐心地等待長期增值」。其中最典型的例子就是徐薇在西元 1998 年，嘗試到中國大陸拓展英語教學市場時，由於經常往返，住不慣飯店的她，便在北京市中心購屋。

儘管徐薇這幾年又將事業重心放在臺灣，北京的房子多數時候是閒置的。不過奧運熱潮帶動北京房市熱絡，不少人開出 2 倍以上的價格希望她割愛，徐薇仍不為所動。「因為我打算今年八月，帶全家人到北京看奧運，就可以住在自己的房子裡，也不用擔心訂不到飯店。」徐薇開心地說。

「我姊姊平均每 2 ～ 3 年就會買一間房子，她買房子的方式，既保守又有點瘋狂。」徐薇的弟弟，同時也是 NEWS98 廣播節目主持人龐德說，西元 2006 年他在桃園市區買了一間房子，邀請徐薇去參觀，沒想到她當場買下同社區一戶，要和弟弟當鄰居。徐薇的弟弟說：「我姊姊買房子，只會評估自己是否有足夠的現金，只要她覺得價格合理，便二話不說直接下訂。」

很少買名牌，衣物多購自路邊攤。

不過，徐薇對於買其他東西，尤其是消費用品卻不這麼「阿莎力」，龐德透露，徐薇經常在螢光幕上曝光，卻很少買名牌，衣服都是在五分埔、路邊攤買的，也從不買珠寶首飾。

「貧窮並不可恥，而是要去借用貧窮所帶來的正面力量，努力賺錢。」徐薇說。現在的徐薇身價保守估計至少上億元，早就不用為錢工作，但她還是努力在教學講臺上發光，就是希望能夠激勵更多像她一樣的年輕人，要自食其力，不要向貧窮低頭。

第十四章　青少年存錢和賺錢的方式

第十五章
一邊玩一邊賺錢

如何把旅遊變成投資賺錢？

旅遊總是要花錢的，很多人想省旅費，只能想到住便宜民宿、吃泡麵，如果你的觀念還沒改變，那麼不單失去旅遊的價值，更忽略賺錢的可能性。

說起最會邊玩邊賺錢的人，那便是投資高手吉姆．羅傑斯（Jim Rogers）了，他曾被《時代》雜誌譽為「金融界的印第安納．瓊斯」（電影《印第安那．瓊斯》又譯《法櫃奇兵》），他會去世界各地，每次他的演講都會吸引不少投資人到場聆聽。

羅傑斯本人也很具傳奇色彩，若是對他有興趣的人，可以買他的書來看。他是 5 歲起在棒球場撿空瓶賺錢，靠獎學金念完耶魯大學的高材生。西元 1968 年，他帶著全部家當，總共 600 美元闖進華爾街，之後他與股票投資者索羅斯（George Soros）共同創設聞名全球的量子基金，羅傑斯在投資領域大有斬獲，10 年中投資報酬率竟逾 4,000%，西元 1980 年時就以「可以退休好幾輩子的錢」自華爾街退休，當時他不過 37 歲！

如今羅傑斯已 80 歲，他曾兩度環遊世界，第一次自己騎摩托車跑了 10 萬公里，第二次和未婚妻以 3 年時間完成 245,000 公里的「長征」，到過 116 個國家，足夠列入金氏世界紀錄的最長汽車之旅。他一路上吃喝玩樂，跟商家、政府官員、黑道大哥聊天，也買股票、換匯，他自己都說：「我雖然在旅行，但是看到機會，仍然會忍不住想要投資。」

身為投資專家，羅傑斯每到一地，就對當地貨幣支付狀況特別關注，他總是會比較官價與黑市的匯率差別，若官價與黑市價差不大，顯示當地民眾對本國貨幣深具信心；反之，該國的金融體系就可能即將碰上大危機，這就是他的觀察。

他還有許多旅遊的知識與經驗，例如在土耳其，羅傑斯要修理車子，當地的賓士汽車組裝廠拍胸脯保證，該地生產的品質與德國廠不分軒輊，讓他驚覺土耳其的發展實力，後來土耳其也成為新鑽十一國的明日之星。

令我們所有人印象最深刻的是：在非洲，羅傑斯曾經一個人把波札那股市所有的股票全部買光。當時他發現波札那股市只有 7 個營業員，整個股市居然只有 7 檔股票，股價很低，而且全部發放現金股息，可是波札那城裡到處是高級轎車，貨幣可以自由兌換。羅傑斯當場決定買下全部股票，並告訴他的經紀人，以後上市的每一檔股票，都要幫他買下來。西元 2002 年波札那被美國《商業週刊》評為 10 年來成長最快的股市，羅傑斯抱股抱了 13 年後，全部出手，大獲全勝。

羅傑斯在美國股市的名氣不遜於索羅斯、巴菲特及彼得・林區（Peter Lynch）這三位投資家。羅傑斯在哥倫比亞大學演說「投資學」時，巴菲特甚至在臺下聆聽，可以說他是邊玩邊賺錢的典型代表。

看看在我們周遭的朋友中，會發現很多人也領會到邊玩邊賺錢的樂趣，投資手法雖然遠不及羅傑斯，但是足以成為一般人學習的對象。有一位朋友在當導遊，去法國的時候，就會帶 LV 的皮包回來賣，價格是臺灣的七五～八折（依匯率有所不同），每次都能小賺一點；去泰國，就帶空姐最愛的曼谷包回來賣，現在有人託她買高級的訂製皮件，更是讓她的外快直線上升。

還有一次看到電視裡明星郭世倫、寶媽上節目，發現他們兩個真會賺錢！他們去日本玩，大量買進流行的服飾、帽子、配件、球鞋，然後在網路上賣出，雖然我笑他們撈過界，什麼錢都要賺，可是也不得不佩服他們能夠邊玩邊賺錢的理念。

隨著社會經濟的發展以及人們生活觀念的改變，旅遊活動日漸普及。如何結合青少年旅遊特點，創造各種條件，將青少年旅遊打造成一種理想的「寓教於樂」的休閒和學習方式，大力培育青少年旅遊市場，是社會各界應共同關注的一個重要課題。

那麼，我們先看一下青少年旅遊市場的相關情況。

旅遊市場是由眾多單獨旅遊者個體組成的，而個體之所以產生旅遊活動成為旅遊者，是由旅遊動力決定的。旅遊動力包括內動力（旅遊動機）、外動力（旅遊資源的吸引力）和中間條件（收入、閒暇時間和交通條件）三個方面。而青少年旅遊市場的形成，有賴於以下幾方面的條件：

1. 旅遊動機強烈而複雜。

旅遊動機是直接推動一個人旅遊活動的內部動因或動力。青少年旅遊動機主要有：(1) 放鬆身心的動機。青少年學生課業繁重，學習壓力大，面對繁重的學習壓力，幾乎所有學生都有外出旅遊、尋求樂趣、放鬆身心的願望。調查資料顯示，16 ～ 26 歲年齡層的青少年，有 35.16%的旅遊目的在於尋求樂趣。 (2) 增長見識的動機。現在的青少年對知識的渴求，早已突破了單純課本的知識界限，而樂於向社會和生活學習。據一份調查資料顯示：16 ～ 26 歲年齡層的青少年旅遊目的，46.29%在於增長見識。(3) 運動的動機。青少年生性活潑好動，而平日裡忙於學業，缺乏運動鍛鍊的機會，因此，許多青少年有利用旅遊機會進行登山、滑雪等運動健身的動機。 (4) 交際的動機。現在的人孩子生得少，在少子化的情況下，青少年平日裡社會交往較少，因此，許多青少年有透過旅遊活動與同年齡的人交流思想、溝通感情、加深了解、建立友誼的願望。

2. 旅遊資源豐富多彩。

臺灣有山有水，豐富的旅遊資源為滿足青少年多種旅遊需求、開展多種旅遊活動，提供了得天獨厚的條件，是培育開發青少年旅遊市場的物質基礎。

3. 閒暇和經濟條件允許。

要把旅遊動機變成旅遊行為，這當然需要閒暇時間和經濟基礎作保障。大、中、小學都有較長的假期，寒暑假加起來大約有三個月的時間。因此，青少年有充裕的閒暇時間能進行旅遊活動。

雖然大多數青少年還只是純粹的消費者，經濟來源主要來自父母，但由於家長對子女成長教育的重視，以及家庭收入的提高，一般家庭都能滿足孩子正常旅遊消費的需求。據一份資料表明，一個普通家庭中有60%的消費開支用在孩子身上。另外，許多家長也願意在節假日帶孩子出去旅遊，或將旅遊作為子女取得某項成績的獎勵。因此，青少年旅遊有一定的經濟保障。

青少年旅遊的特點。

身為特殊的旅遊集體，青少年旅遊具有不同於其他旅遊市場的旅遊特點：

1. 旅遊功能的教育性。

青少年旅遊除了具有旅遊普遍意義上的放鬆身心、增長見識等功能外，還具有突出的教育功能。青少年旅遊是課堂教育的延伸和補充，具有開拓眼界、增長知識、在實踐中驗證課本知識、激發學習興趣的學習功能。

2. 旅遊時間的集中性。

青少年旅遊者一般利用比較集中的節假日等閒暇時間出遊，具有明顯的集中性。一項對遊客旅遊時間安排的調查統計分析顯示：有近65%的旅遊者將旅遊安排在「寒暑假」和「節假日」，只有9.3%的人把旅遊安排在「週末」。有組織的冬、夏令營活動和以專業學習為主要目的的修學旅遊，一般選擇在時間較長的寒暑假。

3. 旅遊主體的地域性。

青少年旅遊主體以大中城市青少年為主，具有明顯的地域性。據一項調查資料顯示，城鎮青少年外出旅遊的比重占整個青少年旅遊市場的85%以上，這與城鎮青少年的消費觀念、經濟實力、消費環境和消費水準是相適應的。而大多數偏鄉的孩子，因為收入低而不具備旅遊消費的經濟條件，即使經濟條件允許，由於旅遊觀念落後，許多家長也不願意在旅遊上多投資。

4. 出遊方式的團體性。

目前，青少年旅遊的主要形式，一是學校以班級為單位的參觀、露營、集訓等旅遊活動；二是旅行社或旅行社與教育機構聯合舉辦的夏令營等活動，出遊方式多是團體旅遊。出於安全性考慮，青少年尤其是年齡偏低的中小學生，單獨或小團體旅遊一般不會得到學校和家長的允許。

5. 旅遊市場的拉動性。

一方面，由於青少年有互相比較的心理，當聽到其他朋友出遊回來的炫耀後，也會產生強烈的外出旅遊願望，從而帶動同儕的旅遊；另一方面，出於安全的考慮和達到教育目的，學校舉辦的集體出遊往往有教師團伴隨。青少年單獨出遊時，家長則緊緊跟隨，一個孩子出遊可帶動兩個家長甚至更多的家庭成員參與旅遊，形成所謂「一拖二」甚至「一拖四」模式。因此，在一定程度上，青少年是旅遊的動力源，對旅遊市場具有很強的拉動作用。第三個方面，青少年旅遊的現狀隨著人們生活水準的提高，和對青少年身心發展的重視，青少年旅遊人數迅速增長，使青少年旅遊呈現蓬勃發展之勢。

所以，針對青少年旅遊特點和需求動機，眾多相關機構都設計開發具有特色的旅遊產品和旅遊線路，透過多方合作、有效組織、健全政策支援體系等途徑，日益壯大青少年這一特殊的旅遊市場，在促進旅遊業快速發展、提高經濟效益的同時，也會日益顯現出促進青少年身心發展的良好社會效益。

與此同時，青少年朋友也可以借旅遊風潮的契機，自己動腦筋來實現「一邊玩一邊賺錢」的絕妙構想。雖然我們不可能像一代投資大師那樣「一邊旅遊一邊投資賺錢」，不過，我們也完全可以利用自身才智資源，以及「化腐朽為神奇」的招數來賺錢。

比如，有一位青少年是個繪畫愛好者，一次跟隨家人去旅遊時，也帶去了作畫工具，在優美的風景下，他有感而發，一連畫了很多副漂亮的大作。本想畫幾幅當作回家後的裝飾品，但是旅遊回來後，隔壁鄰居看到了畫很喜歡，並且願意花錢買下來。這讓這位青少年朋友非常高興，表示今後還要多去旅遊和創作。如此一來，既使他獲得了一定的收入，還增加了對於繪畫的興趣，真是一舉兩得啊！

另外，有一位青少年朋友在暑假期間跟爸爸媽媽去海島玩，特別喜歡那裡的貝殼，於是撿拾了不少貝殼。回到家後一次看電視，發現人家製作的貝殼工藝品十分精美，居然還能賣錢。受此啟發的他，馬上整理和製作自己的那些好看的貝殼，不久就真的做出來了，然後他又將自己製作的貝殼工藝品拍下照片，上傳到一個跳蚤市場網站上。過了幾天居然有人留言說：「我覺得你的貝殼很漂亮，請問你要賣多少呢？」之後，有了第一個顧客，就有了第二個……

無獨有偶，有一個聰明有心的小朋友，發現旅遊地有許多顏色圖案好看的鵝卵石，於是就撿了很多漂亮小巧的石頭，裝在玻璃瓶裡推銷給前來旅遊的遊客們。後來回來了，就將剩餘的鵝卵石裝在不用的透明玻璃瓶子裡，很受他的同學們歡迎，為他贏得了不少零用錢。

除了貝殼和鵝卵石，還聽說過有人去旅遊覺得有意思就撿了不少樹根回家，後來據說自己動手製作成了盆景根雕，也獲得不少的經濟回報。也不僅僅是非得要去旅遊，青少年在參加活動、在遊戲玩鬧時，也是可以一邊玩一邊賺錢的。

總之，人們賺錢的路有很多條，若是能一邊玩一邊賺錢，我想大部分人都會選擇去做的，不是嗎？只要青少年朋友能夠動腦筋，勇於創新，不要認為這些是不值得去做的事，那麼，我們就可以做到一邊玩一邊賺錢了。

第十六章
花零用錢來「養錢」

會花錢就等於賺錢。乍一聽，總覺得有悖於傳統的常理。在傳統觀念裡，能賺會花總是和吃喝玩樂連繫在一起。所以有不少人在賺了一些錢之後，總喜歡深藏不露。更有甚者，終其一生花費甚少，身後卻留下鉅款一筆，讓人大吃一驚。

會花錢，就是會投入，只有懂得如何投入，才能得到很好的產出。

常聽朋友們在一擲千金揮霍後，仍然豪氣萬丈地說：「這點錢算什麼，只要我花得開心就行。」至於說完此話後心裡是否酸溜溜的，也只有當事人自己知道了。花得開心不等於花得多，花得多也不等於花得開心。

會花錢就等於賺錢，看來還是有前提的，不是花 100 元，換來了 100 元的貨這樣簡單，而是花了 100 元，得到了 120 元，甚至更高價值的商品，這才是真正意義上的賺。會花錢就等於賺錢的前提，是花費之前多思量，憑一時衝動或心血來潮花錢，其結果常常是換來了一時的快感或滿足，並沒有得到更多的事後利益。

當然，這種經大腦思考過後的決定，可不是婆婆媽媽討價還價或優柔寡斷地無從選擇，而是在消費之前，先將自己定位成一個合格的市場調查員。這麼說吧！ Marketing Research（行銷研究）很深奧，但是貨比三家的概念就應用於此，如此簡單明瞭。

會花錢等於賺錢的最高境界，應該是在和朋友們一起分享那份物超所值帶來的喜悅時。社會發展至今，周圍的人似乎都是高智商，口袋裡的錢很容易被別人賺去，好像是好久以前的事情。

現在最流行這種最會花錢的人，即使手裡沒有屬於自己的錢，也一樣能賺大錢。就像運用風險投資基金的人。畢竟這個社會還沒有到人人都懂得如何花錢的地步，所以社會需要這些理財顧問。而花著別人的錢，傳的薪資卻不菲的他們，為投資人所產生的潛在效益更是驚人，這就是因為他們懂得如何花別人的錢，同時也能為自己和他人帶來更多的價值利益。

花錢是一門學問，有的人花了 1 元卻賺了 100 元，有的人花掉 100 元卻一文不賺，更有甚者，全部賠光亦有之。曾在一本時尚類雜誌上看過一篇記者對某知名演員的採訪。文中提到了她的消費觀，她說她和她的好友江某、徐某是三種消費觀不同的人，如果有 100 元，她會花 50 元，江某會花 100 元，而徐某則只花 30 元。看完後不禁一笑：原來自己也是她們中的一個啊！而現在花多少已不是關鍵，新觀念就是花了 100 元後又能賺多少呢？

你會花錢嗎？

據悉，在國高校園裡，沒有送過禮的同學很少。男生多採取請客吃飯，而女生則以送小飾品、小工藝品、小玩具為主。每個學生一年的「人情消費」至少幾百元，有的甚至要花上千元。一位國二女同學說，自從上了國中後，「人情消費」比從前多多了。好朋友過生日，不送禮物會被同學瞧不起，還容易「傷感情」。一位高中生說，他們班上同學送禮物，關係好的送貴重一點的，關係一般送差一點的。有同學經常為了買禮物發愁，既要買得有新意，又要讓對方喜歡，時間長了心裡覺得挺累的，但也沒辦法，「禮尚往來」嘛！

有關部門對部分國高中生消費狀況的調查表明，排在前三位的分別是：食品、服裝、學生用品。名牌對孩子們的影響極深，有 75.8%的孩子表示，他們買東西主要看是不是名牌，此外，有 33%的孩子認為價格高昂就是好東西，就是名牌。孩子們的購買欲望有 30%來源於廣告宣傳的誘惑；更多的是來源於商品的外表；還有 24.3%的孩子是出於比較心態。此外，當前國高中生理財能力普遍低下，近 70%的國高中生買東西不會「貨比三家」，還有 80%的國高中生買東西沒有目的性和計畫性。還有八成國高中生對家中收支情況「一問三不知」。

「我覺得理財跟我比較遙遠，平時買東西都是父母做主。」高二學生小周說，自己平時很少獨立花錢，也完全沒有金錢概念。學生小孫雖說每月有一千元的零用錢，但也總是「月光族」。

其實，管理和指導使用壓歲錢和零用錢，是培養孩子理財的好方法。家長如果怕孩子亂花錢，就不許孩子摸錢，孩子要什麼東西由家長買回來，孩子就不會有金錢概念，這是因噎廢食的教子模式。家長要是隨孩子的意願給錢，孩子拿到錢後便會亂買東西，或大手筆地請客，一點也不知道要節約。

教孩子學會理財，不單可使孩子養成正確的勞動觀以及計劃花錢的好習慣，也為他們成年後的理財能力打好基礎。每一位孩子成年後都是物質創造者和消費者，對創造、購買行為的理性了解、價值觀、態度和情感，都源自從童年至成年這段漫長的學習過程。

不同年齡層的理財計畫：

孩子太喜歡錢，就會鑽在錢眼裡，被人稱為「守財奴」；太不把錢當一回事，長大就會成為「敗家子」。所以，如何讓孩子從小就養成正確的理財觀念，學會用錢的同時又不被金錢所束縛，對家長來說是一門教育孩子的學問；對孩子來說，這是理財的啟蒙教育。因為國情的不同，我們的孩子對「錢」的觀念和美國有很大的不同，比如：我們的孩子在四五歲時就能做到美國孩子 11 歲的事 —— 發現廣告中的事實，並準確無誤地告訴家長「去買」；而美國孩子在 12 歲、13 歲學會的東西 —— 熟悉銀行的業務以及金融投資等技能，我們的孩子要到20歲左右才開始去學習。所以在如此的大環境下，培養孩子的理財觀念還得按照國情一步一步來。

七歲培訓計畫：定期儲蓄。每年的壓歲錢、零用錢等全部加起來是一筆不小的財富，家長除了幫孩子用這些錢規劃投資商品外，也應該告訴他們這些錢該如何儲蓄或花費。

特別提醒：要從小告訴孩子 —— 有出才有進，不要讓孩子一味存錢，也不要讓孩子一味花錢。

十歲培訓計畫：記帳。剛開始時，父母可以幫助孩子在領到零用錢時，就先把未來一個週期所需要的花費記錄下來，額外的支出也要隨後一一記錄，養成孩子記帳的習慣。幾個月後，家長可依這份資金流量表，看看孩子的消費傾向，了解他對金錢的價值與感受，萬一發現偏差，也可以適時糾正。

特別提醒：記帳可以幫助孩子培養良好的理財意識和習慣，也容易讓他們理解花錢容易賺錢難的道理。

十二歲培訓計畫：自己存錢買。在不同階段，孩子總有不同的消費需求，如小時候買玩具；小學時買遊戲機；國高中時買手機；大學時買筆電等。這就需要家長幫助孩子從小建立理財目標及投資觀念，讓孩子用自己存下來的零用錢來買自己想要的東西。

特別提醒：讓孩子懂得儲蓄的好處。

十八歲培訓計畫：學會賺錢。孩子讀大學了，這時候一個理財概念就凸顯出來：自己賺錢和要錢。比如，朋友的孩子在家長的幫助下，連繫到一個賣魷魚乾的生意，上家發出的價格是每包200元，下家接貨的價格是230元，孩子打了幾個電話就賺了1,000元。雖然是一件小事，但在孩子心目中就有這樣一種理財意識：任何一種貨品都存在差價，有差價就有錢可賺。

我的零用錢，我作主！

錢是大事。孩子們或許會在大人們的談話中，了解到金錢的得來不易和正確使用錢的困難，不過他們並不在意 —— 或者說他們沒有迫切的要求。

許多商人已經盯準了「賺孩子們的錢」。如今孩子們的消費傾向，極大地影響甚至決定著家庭的消費傾向。然而那些活在蜜罐裡的下一代，他們對於手裡的錢，想好了自己該如何做了嗎？

美國 Charles Schwab 基金會發起了一份叫做「錢是大事」的針對青少年的調查，結果顯示：22%的人不知道貸款在償還本金之外還要償付利息；33%的人認為政府提供的養老金能夠完全支持退休生活。

這份調查如果放在我們的孩子身上，結果不會好上多少。青少年對理財知識的欠缺和對未來的過於自信，將可能把我們的社會帶入一個可怕的困境。

青少年的理財知識多寡，牽連著兩代人 —— 它不僅僅關係著下一代人的生活，還關係著家庭財富的傳承。錢未必會在兩代人之間畫出鴻溝，卻肯定能讓兩代人的生活感受到它的威力。

在大多數傳統的家庭上，財富的傳承總是遵循著這樣的軌跡：一代創業，二代守成，三代敗光。富不過三代，這是俗語裡的「富人的詛咒」。這一切，都隱藏了這樣一個事實：我們對下一代人的理財教育的缺失。

所以，我們的青少年不缺錢，但是缺乏駕馭能力，是時候該給青少年補理財課了。

怎樣讓孩子學會花錢，是世界上任何一個家庭都會遇到的問題。學習如何花錢，對於一個人的健康成長，形成正確的道德和勞動觀念有何意義？我們應該讓孩子從小學習理財嗎？

青少年理財是讓孩子有條理地處理零用錢，而不是見錢眼開。

一直以來，我們的家長堅持讓孩子遠離金錢，這大概是源於孔子的一句老話——「君子喻於義，小人喻於利」，然而這一觀點難以適應快速發展的時代潮流。隨著全球經濟一體化的到來，新的時代需要新型的人才。高素養、高品格的人才不僅僅要掌握基礎科學知識、自然科學知識，還必須掌握具有時代特徵的財商專業知識，而這種知識的培養要從孩子做起。

現在之所以得到眾多家長的支持，是因為理財教育，培養孩子對錢的了解並不是唯一目的，重要的是滲透三方面的重要內容，樹立青少年的誠信意識，培養青少年的節儉品格，督促青少年保留孝敬的優良傳統。

著名教育家說過：「千教萬教教人求真，千學萬學學做真人。」只有誠信做人，誠信地對待工作、家人和社會大眾，才有可能建立和完善職業道德、家庭美德和社會公德。同樣，致富的根本是節儉，富人的智慧也是節儉。檢查一下家中的物品，會發現許多一時衝動而買下的不需要的東西。二八定律是經常發生的現象，比如常穿的衣服只占所有衣服的20%，無用的衣服占了絕大部分的空間。所以無論是成年人還是孩子，一定不要受廣告的誘惑而打亂儲蓄和收支計畫，當想買一件東西時，一定要記得區分那是你「想要」的還是你「需要」的，這非常重要。我們教孩子理財，是要讓孩子有條理地處理零用錢，而不是見錢眼開。

誠信是為人處事之道，創業立業之本，也是投資理財之本。銀行的貸記卡之所以稱為「信用卡」，也可見最大程度的誠實將是我們一輩子的財富。也許按照我們的傳統，孩子太小，不應該跟他談這麼市儈的東西，可是我們每一個人都生活在社會中，這是一個需要合作的團體，所以，你必須向孩子談錢，必須教他們如何花錢，教他們如何賺錢，這是所有父母不可推卸的責任。

若是能教會孩子負責任地儲蓄、消費和投資，孩子將增加生活的能力。

中小學開設的理財課，並不是普通地教孩子了解錢、知道如何花錢等等那麼簡單，它真是一門學問，只是用一種更易於被孩子接受的、深入淺出的方式，解釋一些日常的經濟學概念，讓孩子早點接觸這些概念，對他們的健康成長是有好處的。

培養青少年的「財商」，是一種了解和駕馭金錢的能力。財商培養以形成健康、積極的財富觀念為宗旨，提高財富使用者自我約束、自我管理的能力，延遲他們的消費欲望而獲得更大的滿足。

在美國、英國、日本等國，越來越多的學校制定了財商教育計畫，並列入學校的必修課中。這種教育讓孩子從小懂得想要什麼和需要什麼的區別；懂得勞動與金錢的關係；懂得理性消費與儲蓄。這些目前在我們中小學校和家庭教育中還是空白。

花錢是融入社會的方式之一，沒有足夠的消費行為就不能很好地了解社會；不知道金錢的可貴，就不會設想如何去賺錢，如何去為社會創造財富。身為家長，告訴你的孩子，不要每次都把零用錢花光，要將其中10%儲蓄起來，這不是小題大做，這是在培養理財習慣。

要是你能教會孩子，而你身為青少年一代，能夠負責任地儲蓄、消費和投資，那麼，你就是為他們、青少年們為自己的未來鋪平了成功的道路。

所以，青少年朋友們一定要學會花零用錢來「養錢」的能力。

第十六章　花零用錢來「養錢」

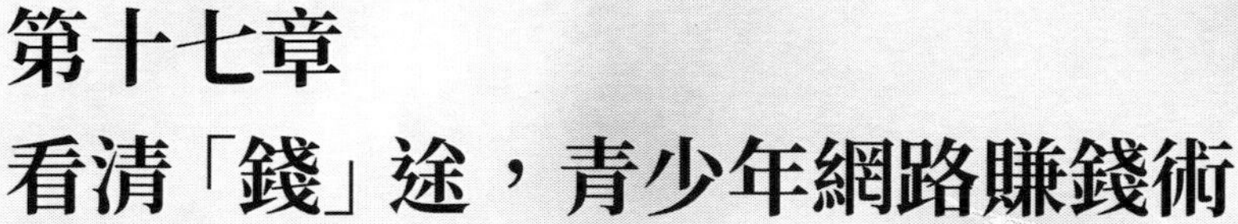

第十七章
看清「錢」途，青少年網路賺錢術

現在的人找工作不容易，因此留給青少年賺零用錢，用於娛樂、購物等消費的機會也越來越少。這也是為什麼越來越多的青少年開始到網路上尋找機會的原因。

怎麼透過網路來賺錢？

1. 什麼是網路賺錢？

網路賺錢其實是個很大的範疇，從電子商務、網路廣告、點擊賺錢、郵件賺錢等；可以說，凡是利用網路賺錢的行為、專案都可以算在其中。

網路賺錢，其實就是網路廣告時代產生的一種廣告行為，簡單的說，廣告商要推廣他們的網站，或者推銷他們的產品和服務時，由於他自身的推廣力有限，因此需要付錢請人來看廣告，幫他們推廣。而我們每個網友都可以看他的廣告，幫助他推廣，從而獲取他的廣告報酬。這就是網路賺錢。

2. 網路上賺的錢是哪來的？

隨著網路規模的迅速發展，網路已經成為和電視、報紙一樣重要的媒體，人們的日常生活越來越離不開網路。一直在想盡辦法進行市場宣傳的商家們，自然不會忽視網路這樣重要的媒體，網路上的廣告自然就出現了。

不過網路和電視、報紙畢竟有很大的差別：一個收視率高的電視節目中插播的廣告，看的人數自然就多，但是放在一個日訪問量極高的網頁上的廣告，卻很少有人去點擊。怎樣才能有效提高商家的網頁點擊率，是網路廣告商面臨的新問題。於是他們就想出了付費的方法：花錢請人們去瀏覽他們的網頁。

從根本上講，這和電視、報紙的做法是一樣的：為什麼電視臺花大錢拍的電視劇卻讓人們便宜收看，報社出的厚厚的報紙才賣 10 元？還不是為了吸引人們去看電視中、報紙上的廣告？等於是商家花錢讓電視臺去拍了電視劇、讓報社採寫了新聞，來作為對人們收看他們的廣告、了解他們產品的補償。

相比較起來，網路廣告對人們的補償更直接、更實惠一些：你來看廣告、我付你錢。

3. 網路賺錢的發展歷程。

網路賺錢最早出現在美國。西元 1997 年 6 月，美國出現了世界上第一家「免費賺錢」公司，申請者將該公司的廣告放入個人網頁，等著瀏覽者點擊該公司的廣告，就可以得到一定數量的美元，它屬於點擊類賺錢的方式。當年 11 月，提供點擊類賺錢服務的廣告代理商便出現了。

西元 1998 年 8 月，出現了提供另一種賺錢類型的公司，即介紹會員入會賺錢的公司。只要你加入成為其會員，即可馬上得到幾美元；介紹朋友加入，又可賺到幾美元。

西元 1999 年 7 月，出現了播放廣告賺錢的公司，上網的同時運行廣告商提供的軟體，每小時即可賺 0.4 ～ 1 美元。同年 8 月，提供收發電子郵件賺錢的公司出現。

此後，網路賺錢一發不可收拾，種類層出不窮，如申請免費主頁、發送免費賀卡、將公司主頁設為起始頁、將有關公司創建的搜索框放入你的主頁搜索、填寫調查表、向公司推薦好的網站……這一切都可以賺錢。目前，在美國「花錢買顧客」已經成為很平常的事情。

隨著網路的發展，國外的網賺方式也傳到我們這裡，發展得如火如荼，其前景絕對是樂觀的。透過網路，我們不但可以方便地傳遞資訊，而且可以得到我們想要的任何東西。因此，網路賺錢不僅僅限於今天這種局面，而且還會不斷增加新的內容。

在網路上有很多賺錢的方式，甚至比在速食店或超市找到一份兼職更容易。為什麼？因為網路在過去幾年，一直呈現幾何數膨脹發展，這無疑也帶來了許多機會。回到主題，這裡有一些最常見的網路賺錢熱門途徑，可以供青少年選擇。

Youtuber —— 成為 Youtuber，每隔一段時間就添加點喜歡的新內容。它可以是任何你喜歡的主題，如體育、音樂、金錢等，把流量轉換成鈔票。當然，這可能需要一些時間才能看到實際的收入。

付費點擊 —— 可以從每次廣告點擊中獲得一定比例的佣金。支付比例是比較低的，此外這還取決於你的網站訪問量高低。

網站一般透過三種方式來賺錢：一、廣告，當你的網站在一個產業裡面很有名氣或者流量很高的時候，就會有贊助商和廣告商來找你。二、流量收費，和各大門戶網站搜尋引擎建立網站聯盟，透過流量點擊來獲得盈利，具體就是由你的網站投入他們的一些廣告圖片等，透過用戶點擊，由聯盟網站付費。三、透過自身網站的產品吸引商家來購買或者合作，這個一般是企業網站的主要盈利方式。

其他還有一些收費會員、收費郵箱、收費下載等等。比如透過下載鈴聲、歌曲、電影什麼的，或者做一個 B2B 的交易平臺收取仲介費用，這個需要網站有一定的可信度。

搜索類網站主要是靠推廣服務來賺取費用，百度有競價排名推廣，GOOGLE 也是一樣的，其他一些入口網站也都有推廣服務，比如什麼雅虎競價，TOM 固定排名之類！都是賺錢的方式！

網路代理 —— 在網路上幫助推銷別人的產品，以獲得一定比例的銷售佣金。網路產品代理產業擁有良好的發展趨勢，已成為一個傳統而又嶄新的創業領域。

網路寫手 —— 現在網路上流行的網路寫手是什麼呢？

隨著網路的發展，社會也發生了很大的變化，一些新職業也如雨後春筍般冒了出來，比如網路寫手就是其中經常引起人們關注的職業。

顧名思義，網路寫手就是指在網路上替人寫作，並賺取一定報酬的人。他們的主要工作任務就是按照網站或者是個人的要求進行創作，像是寫網路小說、網路笑話和短信等等內容，如果他們寫得很好，那就可以和網站簽約，成為簽約作家。若是你喜歡寫作，不妨去文學網站上註冊，那樣喜歡寫作的你，既可以練筆又會有收入。

網路開店 —— 到臉書或是蝦皮之類的平臺上賣東西，有很多人都用此道賺錢。

1. 選擇適合網路開店銷售的商品。

要在網路上開店，首先就要有適合透過網路銷售的商品，並非所有適合網路上銷售的商品，都適合個人開店銷售。

一般來說，在網路上銷售，最好是找平常不容易買到的東西，如特別的工藝品、限量版的寶貝、名牌服裝、電子產品等。這樣，愛好者就會來光顧，如果買賣順利，那生意就能夠細水長流。

目前適宜在網路上開店銷售的商品，主要包括首飾、3C 產品、電腦硬體設備、手機及配件、保健品、成人用品、服飾、化妝品、工藝品、體育與旅遊用品等等。所以，網路開店要放棄一些不適合個人線上銷售的商品，同時網路開店也要注意遵守法律法規。產品要豐富一些，在掌握新、精、平的原則上，盡量多放點貨上去，因為每個來瀏覽的客人，都希望自己所逛的店鋪琳瑯滿目，產品豐富。

2. 網路商店的開辦。

可以選擇免費的電子商務平臺，也可以製作完全個性化的網路商店，實際就是建設自己的新網站，通常包括幾個方面：功能變數名稱註冊、空間租用、網頁設計、程式開發等。

3. 網路商店的推廣。

網路商店開通之後，產品也上了，特色也有了，但還是沒有成交，怎麼辦？這時候你要主動出擊，進行推廣宣傳。畢竟酒香也怕巷子深，沒有推廣宣傳，只會守株待兔怎麼行？網站推廣的方法就比較多了，像是：簽名欄連結、友情連結、廣告發布、論壇帖子、文章推廣、口碑行銷等等。

網路接案 —— 網路接案的自由工作者，透過參與智力勞動獲得收入，把智慧、知識轉換成實際價值。在一些相關網站上，個人和企業只需要發布任務、公布報酬，自由工作者就會透過競標來爭取接下任務。這些任務小到為人取名，大到產品設計應有盡有。報酬也根據難度不同，價格從幾千到上萬都有。

網站編輯 —— 網路編輯是技術與人文之間的橋梁。他們不僅是技術平臺的運用者、操作者，也是資訊的人文價值開發者。從這個意義上講，網路編輯不但是新媒體時代的「把關人」，更是一位思想者，這就對網路編輯的素養與綜合能力提出了更高的要求。

首先，網路編輯需要具備完善的知識與技能。具體來講，網路編輯需要具備以下幾方面基本知識與技能：新聞傳播學、電腦及網路技術基礎、文字表達能力及網路編輯所負責領域的相關學科基礎知識，如財經頻道編輯需要懂財經，房屋頻道編輯至少要懂得房地產領域的基本概念，而負責時尚頻道的編輯則要對時尚保持較高的敏感性與覺察力。

其次，網路編輯還應具備一定的市場意識。網站如同傳統媒體一樣，儘管是以內容為生，可離開相關客戶的支援，網站還是無法生存。網站的客戶既包括廣告主等商業類客戶，也包括一般網民。所以，網路編輯在製作內容時，要顧及到網路媒體自身、受眾、廣告商三方面的利益。另外，網路編輯若是具有一定的廣告意識，就能在製作內容時，注重內容獨特的形式或獨特的解讀方式，也會顧及到網站整體風格的統一，這對於網站而言是非常重要的。

再次，網路編輯應充分了解國家相關政策和法規。網路媒體是媒體的一種形式，像傳統媒體一樣，需要在意識形態、輿論導向方面有尺度；網路媒體也是一種內容產業，所以編輯對於內容產業的一些相關法律也是要遵守的，如智慧財產權、版權方面的法規等；此外，在一些敏感問題方面也需要謹慎，諸如對大眾隱私權的保護、對國家安全法及國家機密保護法的遵守等，都是不能忽視的。

最後，網路編輯應當是多媒體人才、全媒體人才。網路是一個多媒體體系，網路上的內容有文字、圖片、聲音、圖像、Flash……多媒體內容需要用多種媒體的編輯能力進行操作，因此，網路編輯應具備報紙媒體需要的文字編輯能力，廣播、電視媒體要求的影片、音訊編輯能力，以及網路這個媒體本身所需要的一些能力。由此看來，「全」而「專」，對於網路編輯這個職業而言，是十分必要的。

網路調查 —— 我最後推薦這個，因為它是最簡單的方式。你可以透過回答問題得到報酬。這些都是青少年可以做的網路賺錢方式。但你可以看到，網路調查顯然是贏家，也適合於青少年朋友作為網路兼職賺錢的方式。

其實，要是沒有屬於自己的網站，想在網路上賺錢也不是困難的事情。不需要為網站設計，學習 HTML（英文：Hyper Text Markup Language，簡稱為 HTML，是為「網頁創建和其他可在網頁瀏覽器中看到的資訊」設計的一種標記語言。）語言而擔心，也不用花錢購買網站，也不用在維護網站上花費時間，沒有網站同樣可以從現在開始在家賺錢。

有許多可以在家做的工作。有一些工作甚至不需要任何經驗。只要你擁有一臺可以連接網路的電腦，就可以馬上開始賺錢。

網路上存在大量的工作機會，如：資料處理、電子郵件處理、影片處理、電子郵件閱讀，或填寫網路調查等等，這裡只是舉出幾個例子。申請這些工作機會不需要你花費一分錢。

你可以在任何時間做這些工作。工作時間安排完全是自由的。沒有朝九晚五的辛苦，你可以在舒適的家裡做你想做的事情。令人高興的是，許多工作只需要短短幾十分鐘或幾個小時。

若是在校學生，也可以利用網路商機賺些零用錢。家庭主婦，年長者都可以在網路上賺些錢貼補家用，沒有自己的網站同樣可以在網路上做到這些。

其他辦法還有很多，但有些是不合法的或者不長久的，有些方法令人生厭，比如弄個什麼美女圖庫，然後在上面放廣告，這樣不好，建議不要相信類似的、可以輕鬆賺錢的把戲。任何賺錢方法都不會太輕鬆，不過，這都需要你自己的努力！

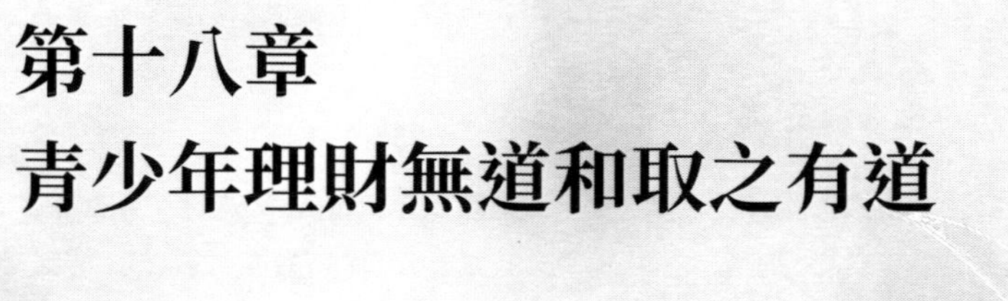

第十八章
青少年理財無道和取之有道

我們不妨將青少年分為「時尚型」、「好孩子」、「休閒型」和「窮孩子」四大類，並根據每個類型的特點量化消費能力，其中「窮孩子」與「時尚型」青少年的消費能力相差180億元。

「時尚型」青少年品牌意識強、注重外表形象，率先接受新潮科技，信賴國外品牌；「休閒型」青少年零用錢的用途多是音樂消費，他們比多數人更多地閱讀和上網；「好孩子」普遍不追求名牌，認為速食是不健康的食品；「窮孩子」喜愛名牌產品，但認為價格昂貴。

根據相關機構的調查顯示，「窮孩子」們將44%的零用錢用來買零食，由此創造的市場價值每年約為50億元，而「時尚型」青少年和「好孩子」熱衷於購書，每年在書籍上的花費約為60億元。「休閒型」青少年在餐館的用餐消費約為17億元，用在音樂上的花費約為15億元。

一份雜誌公布的調查發現，二千多名受訪的中小學生，都將零用錢花在不同的吃喝玩樂及潮流新品上，其中有4成半的青少年會因消費問題而與家人衝突，當中超過7成是因為用錢太多；還有4成人認為自己在學校讀書是消費者，有權隨意選擇「學」或者「不學」；更有小部分人會透過賭博、借錢及違法行為以獲取金錢。

這項調查提醒社會，目前青少年的消費意識幼稚、偏頗，不僅不知勤儉美德為何物，不大懂得適度控制消費欲，甚至有可能誤入歧途。因此如何培養青少年正確的消費觀念，值得學校和家長重視。

以青少年為銷售對象的商品琳瑯滿目，廣告五花八門。在豐富物質刺激引誘下，青少年容易失去自控力，形成一種過分追求物質消費的觀念。不僅國高中生不節制消費，連大學生也不懂理財「刷爆卡」、「嚴重透支」被追債的事件，也時有所聞。要是不改變這種狀況，會影響我們下一代的健康成長。

缺乏正確的消費觀念，問題出在青少年身上，但根源卻存在社會以至家庭之中。青少年本來就是受教育的對象，社會不應該責怪他們，而應該更多地思考，到底是什麼因素誤導青少年，從學校教育和家庭影響著手，培養他們健康的消費觀念。

青少年容易接受新事物，大多富於幻想，喜歡獵奇。為了在消費流行中獨占鰲頭，他們往往是某些時髦產品的首批購買者。在市場經濟的大背景下，流行時尚是商品所擁有的突出內涵。在這樣的經濟氛圍中，青少年也更關注商品這樣一種潛在的概念，跟隨時尚，表現與眾不同。

隨著資訊技術的發展，當今世界數以十億計的青少年，正在透過各種高度發達的電子媒體來了解生活，所以，上網娛樂和音樂消費在零用錢的支出中所占比例相對較高，事實上，這種消費行為本身就是一種時尚。

有一位大學教授曾無意中說起：「兒子班上的同學，有人穿全球只發行 50 雙的限量版球鞋，我兒子穿著七八百元的鞋子卻從來不抱怨。」言語之中似充滿內疚。孩子這種巨額花費當然與家長的「支持」密不可分，但更應引起關注的是，孩子們為什麼要騎四千多塊錢的自行車，穿八千多塊錢的運動鞋。而在上述調查中，我們發現這種傾向，並不只在富裕階層的青少年中出現，可見在青少年消費行為和消費觀念中，對名牌消費的認同是一種頗具代表性的表現。

根據一份調查顯示，13.8%的青少年認為名牌是身分的象徵。有專家指出，對符號象徵價值的消費，正在成為青少年的主要消費選擇，品牌已成為當代青少年自我表達與認同的一種方式，他們一方面需要借助品牌消費，來表現與自己所認同的某個社會層或小團體的相同、一致和統一；另一方面透過更高的物質享受獲得尊重或羨慕，以顯示自己與他人的差異。

當前，家庭富裕程度的提高和家長普遍的「補償」心理，使青少年在家庭中具有很高的消費地位。特別是在孩子生得少的家庭中，孩子是家庭的中心，家長不在乎為子女在經濟上的付出。這種物質上的過分滿足與縱容，使孩子養成了不考慮價格、想買就買的習慣。

倘若你看到十幾歲的孩子在你面前大聊股票和基金，你是否會感到驚訝？你是否會覺得，現在的孩子對於錢的觀念，其成熟度是否已經超過了我們的想像？

隨著經濟的發展，孩子們手頭上的錢越來越多，錢的來源也越來越多，不少家庭比較富裕的孩子，在過年的短短幾天內就可以成為「萬元戶」。可是這些孩子對社會和經濟還沒有形成具體概念，對於錢，他們能用正確的態度來對待嗎？「理財」對於大人來說也還是個新名詞，是否應該讓孩子接受呢？

「理財」是一種生活能力。

「兒童理財」之所以會讓家長猶豫，是因為財富對尚在成長中的孩子來說是一把雙刃劍，對金錢完全沒有概念，可能導致孩子的不理性消費；而對金錢過於投入，又可能使孩子迷失。金融學院的教授表示，曾調查過 14 歲左右的青少年財商（FQ），結果表明，家庭環境對於孩子的財商有很大的影響，不少孩子的理財觀念不是來自正規的、系統的教育，而是潛移默化的影響，和家長的價值觀念、文化素養、社會背景有很大的關係。

教授認為，理財能力是一種基本的生存能力，金錢是人生必須面對的一個工具。今天的孩子們需要的理財教育是，正確的金錢和財富觀念，科學的理財方法，以及透過理財教育培養起來的愛心和責任感。告訴孩子，金錢不是天上掉下來的，是透過父母的辛勤勞動得來的；金錢可以帶來一定的物質滿足，但金錢不代表一切，幸福、成就、愛、友誼、快樂，並不是金錢可以買到的；學會選擇、也學會放棄，從而讓孩子成為金錢和財富的主人。

正如一位姓林的家長，送才一年級的孩子上理財課程時所說：「其實我們對於小孩子的理財觀念要求並不高，就是不要亂花錢，對自己手頭的錢有個數，怎麼用有一個計畫，不要有多少就用多少。如果能知道把剩下的錢存起來就更好了。」

如何管理孩子的零用錢，做到青少年理財的「取之有道」？

現在的孩子一般都生得少，長輩視如珍寶，對孩子有求必應，給孩子的零用錢也非常大方；只要開始上小學，就多多少少有些零用錢。零用錢的來源可能是父母平日給予，也可能是親戚平日的贈送，或者是過年時的壓歲錢。

在零用錢的支出上，女孩多用於打扮、追星，而男孩則用來購買遊戲點數。在這樣環境長大的孩子，支配金錢往往比較隨意，踏入社會後雖然開始體會到賺錢不易，但長久累積下來的習慣卻很難根除，將非常不利於孩子在社會上的生存和發展。因此，「如何管理孩子的零用錢」已經成了家庭的頭疼事，家長和學校急需正確指導和適當監督，孩子該怎麼使用零用錢。

一、家長應該給孩子零用錢。

從零用錢的角度來說，我們主張給孩子零用錢，有零用錢不是件壞事，在現代社會中，孩子遲早要了解到「沒有錢是萬萬不能的」。我認為如果孩子有這方面的需求，並親自向父母提出，還是要予以滿足；若是孩子自己沒有要求，則沒必要考慮。

首先，這是對孩子的尊重和信任。其次，孩子合理的需求得到了滿足，會使她的心理更健康地發展，並增進母女感情。再次，自由消費能使孩子得到更多鍛鍊的機會，要是孩子能正確消費的話，益處是非常多的。

不過很多家長擔心，孩子會將錢花在不合適甚至不正當的用途上。為什麼怕孩子亂花錢呢？只要權利和責任對等，加以引導，還是可以解決亂買東西的問題的。想想我們大人，有沒有亂花錢，買了不需要的東西回家過呢？孩子透過對零用錢的支配，會學會如何有效、優化地使用他所擁有的資源的。關鍵是我們大人要給他們機會，正確引導和監督孩子使用零用錢。

二、培養孩子的「財商」。

《富爸爸，窮爸爸》曾宣稱：「金錢是一種思想；智商、情商、財商，一個都不能少。」正因為財富是一種習慣，是一種思維方式，所以培養財商要趁早，了解和駕馭金錢的能力必須從小做起。

麥可·舒馬克（Michael Schumacher）平均年收入 8,000 萬美元，是體育界最為富有的運動員之一。但是在給兩個孩子的零用錢上，卻顯得十分吝嗇，每週只有 2 歐元（約 2.64 美元）。「他們得意識到這不是白來的，得意識到其中的價值。」

而石油大王洛克斐勒曾和兒子簽過一份關於其零用錢的管理細則，他約定每週給兒子 1 美元 50 美分的零用錢，每週末核對帳目。如果當週財政紀錄讓父親滿意，下週的零用錢就上調 10 美分（但最高不超過每週 2 美元）。若是財政紀錄不合理，下週的零用錢就下調 10 美分，以此來督促兒子將錢花在合適的地方，並保留清楚的紀錄。此外，他們還約定，至少

20%的零用錢將作為儲蓄，而另外至少 20%的零用錢將用於公益事業，以此從小教育孩子理財並回報社會。對於孩子需要購買零用錢使用範圍以外的商品時，必須徵得父母和家庭教師的同意。而後將給予孩子足夠的資金，不過找回的錢和收據，必須在商品購買的當天晚上交給資金的給予方。對於兒子存進銀行帳戶的零用錢，其超過 20%的部分，父親將在其帳戶上補加同等數額的存款，以鼓勵孩子存錢理財。

現在也有不少家庭就採取這種管理模式，家長和孩子簽訂學習管理協議書，雙方明確各自的責任和義務。詳細制定每月基礎零用錢、零用錢申請管理、零用錢帳目管理、零用錢定時發放、增加零用錢的方法等內容。用協議來教育管理孩子，這是一種進步的做法，明確了雙方的義務和責任，對家長和孩子都是更好地約束。

其實，「財商」和「情商」、「智商」一樣，也是孩子重要的生存發展技能，早點教育孩子形成良好的消費及理財習慣，將使其終生受益。父母可以在孩子到學齡階段時，和其簽訂一個簡單的君子協定，就零用錢的使用達成協議，從小培養孩子的「財商」。當然，對錢的來源，除了父母定期給外，也可以透過勞動獲得。

三、樹立孩子正確的理財觀念。

觀念及行為的建立往往從小扎根，父母對孩子健康消費意識的引導，可能會影響他的一生。要讓孩子擁有正確投資理財觀，除了長輩的言教之外，身教更重要。要是孩子的零用錢常常透支，父母一定要以共同討論的方式，和孩了研究有沒有更好的用錢方法，以幫助孩了樹立規劃金錢的觀念；如果父母在家裡常以投資理財為聊天話題，孩子在耳濡目染下也會對投資理財產生興趣與基本了解。父母一定要把握適合的時機進行教育，等到子女開始工作後就能比較好的規劃收支並付諸行動。

美國的勞瑞·麥奇（Lori Mackey）曾是位髮型師，她依靠個人奮鬥擁有了自己的小型商業版圖。她說：「有時候，教育孩子會讓父母學到一些東西。」因為缺乏相關書籍和教育產品，麥奇自創了一套教孩子管錢的方法。她有 3 個小型存錢筒，分別寫上「給予」、「投資」和「儲蓄」，她的第 4 個存錢筒則是個大型存錢筒，叫「媽媽存錢筒」。她讓孩子在 3 個小錢罐中分別放上 10%的零用錢，再把零用錢的 70%放在媽媽存錢筒以便使用。

在朋友們的鼓勵下，麥奇把她的教育方法介紹給他人，她所發明的這種 4 個存錢筒的教育方式，以及她為此而寫的一本供 3 ～ 10 歲孩子讀的書——《媽媽的錢和 3 個小存錢筒》，使她贏得了一項媒體的家庭教育獎。麥奇說：「透過投資和儲蓄，存錢筒教我們如何管理自己的錢；透過給予，培養我們的善心；花費 70%的收入，使孩子學會消費不要超過收入。」在教育孩子的過程中，麥奇的丈夫也改變了自己的消費方式，雖然他們都是高收入者，很容易存錢買下自己想要的東西，可是他們的消費目標不一致，也很少捐錢給慈善機構。當看到 9 歲的兒子戴文（Devin）把他 10%的零用錢捐給「許一個心願」基金、11 歲的女兒波里安娜（Briana）捐錢給本地動物收容所時，麥奇的丈夫也改變了花錢的方式。

麥奇深有感觸地說：「無論你在學校裡得了多少個 A，如果不懂得如何管理自己的經濟，你的生活最終會陷入困境。倘若孩子掌握了正確的花錢方式，他們就可按照自己希望的方式生活，可選擇自己喜歡的工作，根據愛好來生活，因為錢不會成為他們做出選擇的壓力。要是他們遵照這些原則，他們的生活就是在創造財富。」

目前，要是孩子還在讀小學低年級，尚未有定期領零用錢的意識，當然，這只是遲早的事。你應該買個小豬存錢筒給孩子，孩子一定會很喜歡的。同時，口頭約定，根據學校和家裡的表現，每次獎勵十元。現在，要是孩子的存錢筒裡已有幾百元或者更多，孩子是不是經常拿出來數一數，問夠買這個嗎？夠買那個嗎？去超市購物的時候，家長也要帶著孩子，讓孩子結帳，培養孩子的金錢意識和數學能力。每看到一樣喜歡的東西，盡可以去「貨比三家」，分析同樣包裝、不同價格選哪個等等，漸漸地將性價比的概念灌輸給孩子。

現在，只是培養金錢意識的初級階段，以後，等孩子稍大一些，也可以效仿一些好的做法，比如與孩子簽定協議，把零用錢和學習、做家事連繫起來，之後就可以開始逐步灌輸正確又合理的理財知識給他。

第十八章　青少年理財無道和取之有道

第十九章
青少年理財有道

青少年更要學會理財有道。

「月光族」這個問題困擾著大多數的年輕人，所以個人理財也成了時下大家所追求的，但是大家每天都在說理財、道理，卻沒幾個人會真正理好財。

怎樣進行個人理財？

到底什麼是個人理財呢？個人理財就是透過對財務資源的適當管理，來實現個人生活目標的一個過程，是一個為實現整體理財目標設計的、統一的互相協調的計畫。這個計畫非常長，有三個核心意思：第一、財務資源，要清楚自己的財務資源有哪些；第二、生活目標，要對自己的生活目標有清楚的了解；第三、要有一系列統一協調的計畫，要保證所有的計畫不會衝突，協調起來都能夠實現。

一般來說，個人理財的核心內容包括：保險計畫、投資計畫、教育計畫、所得稅計畫、退休計畫、房產計畫。用現金流的管理，將所有的計畫綜合在一起，協調所有的計畫，並讓所有的計畫都能夠滿足你的現金流，這就是個人理財的核心內容。

那麼個人理財應該怎麼做呢？

主要分為五大步：第一、制定理財目標。對此應有很多方面的考慮，首先這個理財目標要量化，比如說要買一間房子，這是不是一個理財目標？這不是。要買一間價值多少錢的房子，要三年以後買房子，還是明年就要買房子，這才是一個理財目標，就是說要量化，要有一個時間的概念。同時，你還可以想像一下，住在這間房子裡會是什麼樣的狀況，這樣有助於實現你的理想目標。真正的理財目標是一個量化、有期限的目標。

第二、回顧自己的資產狀況。什麼叫回顧資產狀況？就是看一看你到底有多少財可以理。一個是你過去有多少資產，再一個你未來會有多少收入，這都屬於有多少財可理的範疇。看一下你的資產是不是符合自身的需求，你的資產負債是不是合理，是不是還可以利用一些財務槓桿，讓自己的財務結構更加合理，這都是回顧資產狀況。

第三、了解自己的風險偏好。有人說自己是一個很保守的人，有人說自己是一個非常積極的人，你如何才能正確評價自己的風險偏好呢？有三個方法，首先要考慮你的個人情況，有沒有成家？有沒有需供養的人口？支出占收入的多少？若是你有一個孩子，你的投資行為還是非常積極、非常高風險的話，只能說明你沒有清楚地了解，因為要負擔的家庭責任已經不一樣了。其次，考慮投資的趨向。例如說你在股票方面非常在行，你在投資方面是非常積極的人等等。最後，還要考慮個人性格的取向。不同性格的人在面對一些事情的時候，會做出截然不同的選擇，性格也決定了人們在理財過程中會有哪些行為。

第四、進行合理的資產分配。這個資產分配是戰略性的，是在非常理性的狀態下做出的資產分配，不能今天突然聽朋友說有一支股票非常好，就把所有的資產都放在股票上。應該先很好地分配資產，比如說從戰略的角度講，只拿30%的資產投資股票，不管別人怎麼說，就固定在30%，20%的資產放在銀行裡，這就是一種戰略性的資產分配。

第五、進行投資績效的管理，根據市場的變化做調整，合理安排口袋裡的錢。

目前，怎麼進行投資理財？怎麼很好地安排手裡的錢，讓生活理財和投資理財實現雙贏？已經成了多數人關注的問題。只要大家肯花心思去理財，相信財務狀況就會有一個很好的改變。

心動了吧？那就馬上行動吧！在此之前，建議大家先看幾本理財書，充充電，看什麼樣的理財方式才最適合自己！

有人認為，在如今快速發展的社會裡，理財能力作為現代人必須具備的基本素養，直接關係到一個人在社會中的生存和發展。理財教育對青少年來說，不應該是一個空白，從中小學階段開始的理財教育更是不能缺失。

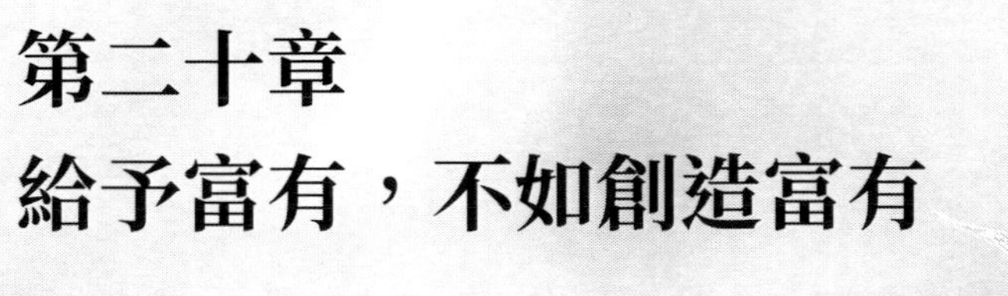

第二十章
給予富有，不如創造富有

幫助兒童學會正確地理財，是樹立正確金錢觀的一個有效途徑，也是現代父母、家長必須盡的一項職責。下面將現階段美國、英國、德國及日本等發達國家，他們對兒童理財教育的推行現況，做一簡單的分析、介紹，供家長們參考及仿效，以便為孩子們打造良好的理財能力基礎。

美國家庭、社會對兒童的理財問題非常關注。他們為讓兒童明白儲蓄和理財的重要性，美國銀行業協會自西元 1997 年 4 月 24 日起推出「全國兒童儲蓄日」活動，每年到了這一天，許多銀行員工自主性地專程到各地小學開展各種活動。如講解樹立理財觀念，如何使用零用錢等。同時為了鼓勵兒童儲蓄。有不少銀行免費為兒童開立帳戶，而且不設定最低存款限額，和小朋友共同分享儲蓄的好處。

在這種外界環境的影響下，許多孩子都成了理財「高手」，在伊利諾州馬契斯尼小學五年級的學生帕維亞，他靠著為父母做家事，每個月可以賺進將近三十美元的零用錢，他把所賺到的錢全部儲蓄起來，希望未來長大可以用來支付就讀大學時的學費。像他這樣知道如何儲蓄，也喜歡自己賺零用錢來支付學費的小學生，在美國當地比比皆是。

英國在兒童理財教導中，與美國最大的不同點是能給兒童實踐的機會，目前英國將近三之二的兒童要靠做家事來賺取零用錢，以幫助兒童理解金錢的意義，同時還能從實踐上升到理論。

給兒童理論上的指導。

他們針對不同年齡層的兒童，制訂不同的理財學習目標及要求，還編定理財教育課程，讓兒童懂得理財的重要性。例如：5 ～ 7 歲的兒童就要懂得金錢獲得的方式、方法，懂得金錢的多種用途；而對 7 ～ 11 歲的兒童，則明確要學會如何管理自己的零用錢，並明白儲蓄可以滿足未來的願望及需求；針對 11 ～ 14 歲的兒童，則要他們了解儲蓄及花費會受哪些因素的影響，懂得如何提高自己的理財能力；而 14 ～ 16 歲的青少年，則要學會使用一些理財工具，其中包括如何制訂預算和儲蓄。根據英國哈利法克斯銀行調查，有將近百分之六十的英國兒童會將零用錢存起來，約有四分之一的兒童每週存錢超過五英鎊，不少兒童的存款金額，比一年內所花掉的零用錢還要多。

在德國，多數的家長認為，給兒童零用錢是必要的，可以讓孩子在使用零用錢的過程中學會交易的基本知識，也會逐步明白如何把錢花在刀口上，當用則用，不當用則省，日後孩子也將變得更有主見，進而學會制訂如何運用零用錢的計畫。據德國青少年研究中心針對兒童零用錢的調查顯示，在德國有近百分之七十一的兒童會從父母長輩那裡得到零用錢，而這些兒童中的百分之七十九會將零用錢省下來，平均每名兒童每年的儲蓄金額，約為七百五十歐元，這都要歸功於家長對孩子進行理財指導。

日本武士道的精神在兒童零用錢的教育上也顯露無疑，他們堅持兒童須自力更生，不能隨便向人借錢的理念，以便讓每個孩子學會如何才能賺錢、如何聰明地花錢。日本家庭也非常重視兒童的理財教育，許多日本學生在課餘時間都要在校外打工賺錢。此外家長還會每個月給孩子一定額度的零用錢，並教導他們如何節省使用及儲蓄壓歲錢；當孩子漸漸長大時，還要求孩子準備一本記帳簿，一一記錄每個月零用錢的使用狀況，從小養成學會記帳及控管收支平衡等重要概念。

以上介紹了多國對兒童培育正確理財觀念、方式、方法。「他山之石，可以攻玉」。為了使我們的兒童樹立正確的金錢觀、學會理財的方法、養成良好的理財習慣，避免未來陷入貧窮困境的生活之中，在此提供十大理財技巧，供家長和青少年朋友們參考：

一、只要小孩學會數數時，就向孩子介紹金錢的概念。

二、利用上街購物的時間，教導孩子如何當個消費高手（聰明地花錢）。

三、盡可能幫助孩子理解什麼是需要？想要？它們之間的差異，有助於孩子日後自訂花錢計畫。

四、為孩子開立儲蓄帳戶，讓他們培養定期儲蓄的習慣。當孩子想要提領自己戶頭裡的金錢時，不要斷然拒絕，否則孩子會放棄儲蓄的習慣。

五、隨著孩子年紀增長，要多與孩子溝通金錢的價值所在。比如：如何倍增儲蓄裡的錢。

六、向孩子說明儲蓄利息的收入。若是孩子將錢儲蓄在撲滿裡，做家長的別忘了也要給利息喔！

七、允許孩子可以自行決定如何花錢，但記得在每次花完錢後，與孩子進行討論得失。

八、隨時教導孩子別輕信電視、網路或報章媒體所刊登的商品廣告。

九、幫孩子準備一本記帳簿，鼓勵孩子養成記帳的習慣。

十、讓孩子明白付不出卡費時，必需支付高利息的風險。

青少年應該要從小向「錢」看：先了解金錢，再學會賺錢和投資。

在孩子眼中，錢肯定是個神奇的東西。

讓身為年輕媽媽的張晴沒有料到的是，在一次坐「搖搖車」的遊戲中，1 歲半的女兒靈靈竟然了解到錢的作用。當她把二十元硬幣投到「搖搖車」的投幣孔裡時，「搖搖車」馬上動了起來，靈靈非常驚訝。從此，靈靈看到硬幣就想搶過來，不給就哇哇大哭。而她搶硬幣的目的也非常簡單，就是去坐「搖搖車」。

張晴有點不知所措，是告訴孩子錢是個又髒又危險的東西？還是透過某種方式，讓孩子了解到錢的魅力？思量之後，張晴選擇了後者。關於錢的教育竟然要從1歲半的孩子做起，不能不讓許多父母感到驚訝。

讓孩子了解金錢。

理財的第一步是了解金錢本身。其實，孩子每天都看著父母用金錢消費，如支付各種費用和購物等，這也幫助了他們逐漸建立對金錢的觀念。但我們的親子理財教育一向簡單，因此在教孩子如何賺錢的問題上，也少見有比較成功的經驗。

「怎麼賺錢呢？幼兒園時期就教他賺錢顯然早了點，然而等到進了小學，學業負擔加重，每週能有一天讓他輕輕鬆鬆地玩就不錯了，實在想不出還有教他賺錢的好方式。」父母們通常這樣抱怨。

的確，我們相對封閉保守的教育體制，使得父母少有對子女進行理財教育的機會和時間，然而越是這樣，孩子的理財教育就越顯得迫切而且必需。入學前，孩子們過的是衣來伸手、飯來張口的日子，而入學以後，又以每天向父母討要零用錢為收入來源，如此持續下去，孩子很難培養獨立生活的能力，而等到他大學畢業後終於拿到自己的第一筆收入，他也很難有恰當理智的分配，容易在未來理財生活中陷入財務窘境。

那麼，怎樣從小培養孩子的賺錢技能呢？有幾種方式可供參考：

其一，透過做家事來獲得報酬，是父母教育子女的傳統方式。

摩根財團的創始人老摩根，當年靠賣雞蛋和開雜貨店起家，發財後對子女要求嚴格，規定孩子每月的零用錢都必須透過做家事來獲得，於是幾個孩子都搶著做家事。最小的湯瑪斯老搶不到家事做，每天連買零食的錢都沒有，非常節省。老摩根知道後對湯瑪斯說：「你用不著在用錢方面節省，而應該想著怎麼才能多做事多賺錢。」這句話提醒了湯瑪斯，於是，他想了很多能做事的點子，零用錢漸漸多了起來。他最後明白了，理財中賺比省更重要。

然而有些理財學者並不十分提倡透過做家事來獲得零用錢的方式，他們認為父母應該讓孩子知道，他享受這個家庭帶給他的種種幸福，就要承擔對這個家庭的責任和義務，而家事就是他必須要承擔的義務之一。當然，家長可以透過教育孩子，多做一份家事來取得一份應得的報酬。

其二，教會孩子管理一本帳的習慣，這比你當下所擁有金錢總額更為重要！

《富比士》西元2008年全球第二富豪墨西哥電信大亨卡洛斯．史林（Carlos Slim）家族，財富達600多億美元，他從小就懂得管理自己的「一本帳」。從小父親就給史林四兄弟一人一本帳簿，要求他們記錄每筆開銷，每週檢查，並跟孩子們分析每筆款項的支出和用意。這讓史林從小就對「一本帳」有了基礎概念。

小兒子派崔克回憶道，10歲那年，墨西哥經濟大蕭條，他跟兄弟們每晚都坐在客廳，史林則拿出一張紙，一邊寫著某家墨西哥保險公司被便宜賣出，價格低於美國保險公司；另外一邊，則寫著同樣是生產糖果和雪茄，為什麼歐洲產品比墨西哥產品值錢？

史林家族家訓教導孩子，必須從小了解價值與價格、資產與負債，未來才能創造更多財富，至今，史林的辦公室仍留有當年的帳本。

同樣，石油大亨洛克斐勒家族也有著「一本帳」的傳統，從小，父親就要求小洛克斐勒將他每一筆打工賺來的零用錢記錄下來，月底結算。洛克斐勒上班後，買了一本紅色小冊子，在上面詳細記下自己每一筆收入和開支，這本帳簿被安放在保險箱中，成為他最珍視之物。

洛克斐勒的孫子大衛．洛克斐勒是美國傑出的銀行家，他提到七歲那年，父親把他叫到房間說：「我打算每週給你三角的零用錢，不過我有一個小小要求，請你準備一個本子，在上面記下每筆錢的用途。」

每週六早餐後，孩子們拿著自己的小帳本，走進父親的辦公室，核對帳目和發放下週零用錢，如同當年老洛克斐勒對待子女一樣，凡是帳目清楚，開支正確或有節餘者，零用錢下次遞增五分；反之，則遞減五分。

其三，在生活中教會孩子主動發現一些「商機」，也顯得尤其重要。

例如，張偉是一家公司的主管，年輕時候曾經赴海外留學，國外從小就開始培養子女賺錢的能力，給他留下了深刻的印象。在對女兒的教育中，他也刻意地進行「財商」教育。「我覺得女兒學校裡有一次舉辦的二手書交易市場就很不錯。」在二手書交易市場上，孩子們把自己已讀過的書籍帶到學校，幾個人開設一個小型的書攤，孩子們自己定價、互相砍價，一天下來，女兒賣書賺了兩百多元，同時，她也買到了不少其他小朋友的舊書。

在美國，家長們會用許多方式來鼓勵孩子的賺錢行為。當然，這種鼓勵不是讓孩子盡情消費他們賺到的金錢，而是透過一些方式把金錢累積下來，最好能藉機教會他儲蓄或者穩健投資等一些最基本的理財技巧。畢竟，能把自己賺的錢累積下來，還能感受到金錢在儲蓄帳戶裡成長，這對每一個孩子來說，都是一種神奇的體會。

「我兒子 16 歲時，找到了一份在當地電影院賣爆米花和糖果的工作。我和妻子答應，他在電影院打工每賺 1 美元，我們也拿出 1 美元來，存入他個人帳戶。西元1999年，兒子從大學機械工程系畢業時，我們在他的帳戶裡存入了最後一筆錢。7年來，我和我的妻子用這種方式向兒子投資了10,682美元，現在他的帳戶裡共有14,684美元，對於一個22歲的年輕人來說，已相當不錯了。」美國猶他州的邁克爾・艾耶斯介紹他的經驗說。

用零用錢巧練孩子財商。

理財專家指出，零用錢不是權利或者工錢，而是教導孩子如何管理金錢的重要工具。那麼，父母該怎樣利用這個重要工具，對子女進行理財教育呢？有以下幾種方法可以借鏡：

第一，當好孩子的金錢導師，教導孩子如何分配零用錢。

例如，你可以準備三個小盒子，上面分別貼上孩子的名字，並指明三個盒子的用途：嘟嘟的儲蓄、嘟嘟可以花的錢、嘟嘟的公益捐款。你和孩子一起算錢，並決定每個盒子裡要放多少錢，孩子的財務價值觀就反映在了這種分配過程上。當然，最簡單的辦法就是各1/3。

需要提醒的是，這種分配規則適用於孩子所收到的所有的錢，不只是你給的零用錢，還有長輩給的紅包或是其他意外之財，為此，家庭成員必須一致行動。

例如，陳欣最近碰到一個棘手的問題。他已經開始每週給六歲的女兒嘟嘟零用錢，結果女兒在拿到錢之後的第一個問題是：「爸爸，這筆錢我愛怎麼用就怎麼用嗎？」

陳欣面臨三種回答：A、當然，寶貝，這是妳的錢；B、不行，在妳用錢之前，需要徵得我和妳媽媽的同意;C、寶貝，我希望妳能用這筆錢，學習怎樣消費和儲蓄。

答案當然是C。要是父母自己堅定這個觀念，並透過各種方式將「零用錢是管理金錢的工具」這一觀念反覆傳達給孩子，孩子也會在未來的零用錢處理上，學到很多技能。關鍵是堅持，別怕麻煩，一而再、再而三地傳遞這個觀念，這對於5～8歲，不諳世事的小朋友來說尤為重要。

第二，金額逐漸增加，以適應孩子管理金錢技能的增加；若他總是預支，則可以考慮減少。

那麼，應該給孩子多少零用錢呢？

零用錢一開始要少，隨著子女管理零用錢能力的不斷提升，再增加金額。假使他總是要預支下個星期的零用錢，可能要考慮減少他的零用錢，從幫助他管理較小數額的錢開始。

當然，盲目減少孩子零用錢的數額也不值得提倡。由於惟恐孩子養成亂花錢的習慣，有些父母會減少零用錢來控制孩子的消費，事實上這樣並不可取，因為突然間減少收入，會使得他們對物質的欲望更加強烈，從而力圖透過其他途徑來取得零用錢，以滿足自己的購物需求。於是，索要甚至投機取得零用錢的狀況，都有可能會發生。一味地以增加零用錢來獎勵孩子，或者減少零用錢來施以懲罰，都不是教育孩子的最佳方法。更重要的，父母應該透過日常生活中的一切細節，來引導孩子進行合理儲蓄和合理消費。

練就未來的「投資人」。

賺錢和投資，是兩個不同的概念。

賺錢的目的是讓孩子意識到，收入是與自己的勞動息息相關的；而投資則不同，投資的本質是錢生錢，要讓孩子懂得，巧妙運用投資工具，可以實現資產的增值。

例如，千萬別認為讓孩子學投資是件不可能的事！現在有許多人提倡為孩子開戶投資基金，甚至是購買股票，稱之為育兒基金，然而卻忽略了讓孩子參與。「孩子能懂什麼呢？」有些父母這樣認為。如此一來，資金是累積了，孩子卻很可能成為一個只知道享受的「消費者」，卻無法升級成一個可以讓資產增值的「投資者」，倘若一個孩子從小就知道一些簡單的投資知識，相信等他有屬於自己的資產時，他會更知道如何讓手裡的錢生出錢來。

猶太人理財教育冠蓋全球，對小孩的理財教育也有獨特的方法，他們會按民族慣例送股票給剛滿週歲的小孩，尤其是北美的猶太人。這種耳濡目染的投資概念最終會影響孩子，並讓他們對投資產生興趣。

當然，引導孩子熟悉複雜的投資工具，並最終學會操作這些工具是非常複雜的事情。家長可以透過和孩子玩一些「大富翁」的遊戲，從而幫助孩子建立起對投資的初始印象，然後介紹簡單的投資知識給孩子。譬如將股票比做一件商品，先教會他們價格漲跌的概念。帶著他們到離家最近的證券交易所，教會他們看大螢幕上紅紅綠綠的意義，然後再挑一支耳熟能詳的股票，並試著操作一下，告訴他買入價格是多少，賣出價格是多少，如何操作就會有盈利，什麼情況下則會虧損等。

關於基金，家長更是可以直接帶著他們在電腦前查看基金的淨值，告訴他們買入時候基金的淨值是多少，如今是多少，並簡單地告訴他們，淨值漲跌對自己的財富會有什麼影響。

例如，在了解投資的表象意義之後，家長的另外一個重要責任，就是告訴孩子哪些因素會對價格的波動形成影響。要做到這一點，切忌透過公式或者教學的方式來說教，一個可行的建議是，把投資與現實生活密切結合起來。可以選擇一些孩子們知曉的公司股票，比如家裡電視、冰箱的出產公司，這些品牌都出現在孩子身邊，他們並不陌生，進而可以陪孩子一起注意所投資公司的相關資訊，讓他們知道，哪些資訊會促使其股票價格上漲或下跌，以及對所投資的錢會有何影響等，在潛移默化中，孩子自然就學會簡易的股票投資原則。

而鼓勵孩子用自己賺來的錢買一檔股票，更是一種很好的財商教育模式。美國奧勒岡州的派翠克．朗就嘗試了這種教育方式，而且取得了意想不到的效果。「我的大兒子里安要求在 12 歲生日時，得到一臺割草機作為生日禮物，我妻子聽從了他的意見。到那年夏末，他已靠替人割草賺了 400 美元。我建議他用這些錢做點投資，於是他決定購買 Nike 公司的股票，並因此對股市產生了興趣，開始閱讀報紙的財經版內容。很幸運，他購買 Nike 股票的時機把握得不錯，賺了些錢。」

當然，賺錢不在多少，甚至也不在乎虧損，因為虧損是教會孩子市場法則的必要管道，關鍵在於，孩子透過操作用自己的錢購買的股票，澈底領會了投資的意義和技巧，這比讓他上幾節關於投資的理論課都來得更重要。

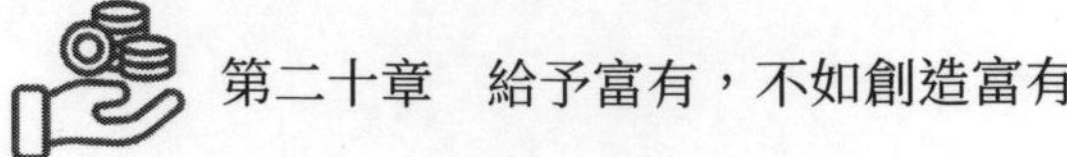

第二十一章
尋找適合自己的賺錢方法

青少年應當遠離銅臭，還是早學理財？

第十一章曾提過，有孩子以支付利息的方式，向同學籌募投資資金，以 15 元的價格向同學出售市價 10 元的新鮮麵包……現在青少年們的生活環境十分複雜，在缺少理財教育的情況下，孩子們在電視上看到或者在生活中見到一些經濟現象，就有可能會進行機械地模仿，這是對市場行為消化不良的結果。

我們認為應該客觀、平靜、理智地看待這種現象：畢竟他們是孩子，對社會不是很了解，對市場行為消化不良是正常的。他們很直接地認為為別人服務可以收費，出現偏差是可以理解的。另外一方面，我們要給予孩子更多的關注。告訴他們為身邊的人服務不應該收費，因為市場行為不是在任何情況下都會發生，比如幫忙洗碗應不應該收費。這種情況不一定會影響學習，但是會影響他的同伴關係。

家庭跟孩子接觸的最多，所以擔負的責任更大些。我們應該提倡互助和助人為樂的品格。具體應該讓孩子體會一下，他自己就會慢慢理解很多東西。另外，家長要注意自己的言傳身教，避免對對孩子的全面發展產生負面影響。

然而，不少資深的理財專家，跟我們一般家長有著截然相反的看法。他們會說：「教育是為孩子將來適應社會，並給他（她）自己帶來最大福利做準備的。」這個有錯嗎？當然是很正確的。

大人常常一廂情願地要求孩子和其他同伴分享他最喜歡的玩具，這有點不切實際。大人經常把自己最喜歡的東西跟別人分享嗎？好像不是。那為什麼要求孩子做大人不經常做的事情？等他長大後，又需要重新適應真實的社會。我們最好是把這個社會的真實情況告訴他，演示給他看，讓他知道和別人分享——適當地分享——能讓自己更快樂。

至於涉及到金錢的問題，也是這樣。集資投資、轉賣食品，它們本身都是中性的行為，而且是將來孩子們到社會上一定會從事的行為。為什麼不好好利用這個機會，讓孩子們演習真正的生活呢？投資一定賺嗎？怎樣安排學習與研究投資的時間？麵包能這樣出售嗎？麵包的價值是多少？而萬一吃壞了肚子，損失和責任誰能擔當得起？是不是得挑選別的物品來練習比較好？想賺錢是對的，大人就都是這麼想的！問題是，怎樣才能把真正賺錢的竅門告訴青少年們，哪些事情能做，哪些事情不能做。

當今社會是一個複雜的世界，人們的生存狀態正在考驗著人們，在這個提倡「綜合競爭力」的時代，要是能教會孩子負責任地儲蓄、消費和投資，那無疑就是在幫孩子們增加將來生活生存的能力。而幫助和提高青少年的理財意識，是他們未來美好人生的一個開始，尋找適合青少年自己的賺錢方法，則是他們未來生存下去的保證。

希望青少年們都能夠尋找到適合自己的賺錢方法，在正確的人生觀、價值觀和金錢觀的指引之下，鋪平屬於青少年一代自己的未來成功之路。

賺錢第一定律：你要當羊，還是當狼？

永遠是10%的人賺錢，90%的人賠錢，這是市場的鐵律，不論是股市還是開公司、辦企業，都不會改變。如果人人都賺錢，那麼誰賠錢，錢從何處來？天下人不可能都是富人，也不可能都是窮人！但富人永遠是少數，窮人永遠是多數！這是上帝定的，誰也沒辦法。不過賺錢總是有辦法，就是你去做10%的人，不要去做大多數人。想當少數富人，你需要換思想，轉變觀念，擁有富人的思維，就是和大多數人不一樣的思維。

有人說得好：「換個方向，你就是第一。」因為大多數人都是一個方向，千軍萬馬都一樣的思維，一樣的行為，是群盲，就像羊群一樣。你要當羊，還是當狼？

數英雄，論成敗，天下財富在誰手？10%的人擁有90%的財富，90%的人擁有10%的財富。你要想富，就得研究富的辦法，研究富翁的思想和行為，像富人那樣做，立下雄心壯志，做出不凡的業績，很快地你就是富翁！

「富人思來年，窮人思眼前」，這是賺錢第一定律！

賺錢第二定律：金錢遍地都是，賺錢很容易！

問蒼茫大地，誰主財富？為什麼他能賺錢，你不能賺錢？追根求源，想賺錢——首先你要對錢有興趣，對錢有一個正確的了解，不然錢不會找你。錢不是罪惡，她是價值的化身，是業績的體現，是智慧的回報。

物以類聚，錢以人分。你必須對錢有濃厚的興趣，感覺賺錢很有意思、很好玩，你喜歡錢，錢才能喜歡你。這絕不是拜金主義，而是金錢運行的內在規律，不信你看那些富翁都喜歡錢，都能把錢玩得非常了得，看看比爾蓋茲，看看華倫．巴菲特，看看喬治．索羅斯。

金錢遍地都是，賺錢很容易。你必須確立這樣的觀念。若是你覺得賺錢很難，那麼賺錢就真的很難。那些大富翁沒有一個認為錢難賺的，反倒認為花錢太難。你要牢記，賺錢真的很容易，隨便動動腦筋就能賺錢。這可不是教你吹牛，這是賺大錢，當富翁的思想基礎，你不得不信！

正確認識錢，樹立正確的金錢觀念，這是賺錢的第二定律！

賺錢第三定律：最簡單的方法最賺錢！

天下賺錢方法千千萬，但最簡單的方法最賺錢。雖說條條大路通羅馬，不過萬法歸一，簡單的才是最好的。複雜的方法只能賺小錢，簡單的方法才能賺大錢，而且方法越簡單越賺大錢。比如，比爾蓋茲只做軟體，就做到了世界首富；華倫．巴菲特專做股票，很快就做到了億萬富翁；喬治．索羅斯一心搞對沖基金，結果做到金融大鱷；英國女作家羅琳，專寫哈利波特，竟然寫成了億萬富婆。

具體講，每個產業都有賺大錢的方法：在商品零售業，沃爾瑪始終堅持「天天平價」的理念，想方設法靠最低價取勝，結果做成了世界最大；在股市，華倫．巴菲特一直堅持「如果一檔股票我不想持有 10 年，那我根本就不碰它一下」的原則炒股；在日本戰敗後，美國品質大師戴明博士應邀到日本替松下、索尼、本田等許多家企業講課，他只講了最簡單的方法——「每天進步 1%」，結果日本這些企業家真照著做了，並取得了神效，可以說日本戰後經濟的崛起，有戴明博士的功勞。你說說他們的方法簡單不簡單呢？

簡單的方法賺大錢，複雜的方法賺小錢，這是賺錢的第三定律。

賺錢第四定律：賺大錢一定要有目標！

年年歲歲花相似，賺錢方法各不同。可是有一點是相同的，就是你要賺錢一定要有目標。成功的道路是由目標鋪成的。沒有目標的人是在為有目標的人完成目標的。有大目標的人賺大錢，有小日標的人賺小錢，沒有目標的人永遠為衣食發愁。你是哪類人？

沒有目標，欲說還休，欲說還休，卻道賺錢真憂愁！要賺錢，你必須有賺錢的野心。野心是什麼？野心就是目標，就是理想，就是夢想，就是企圖，就是行動的動力！試看天下財富英雄，都是野心家，比如洛克斐勒、比爾蓋茲、孫正義等等。沒有財富野心，就沒有財富。

有野心不是壞事，有野心才有動力、有辦法、有行動。賺錢的野心要越大越好，這不是教你做壞事，做壞事的野心要越小越好。從現在開始，你要立即「做夢」，當一個「野心家」，設定賺錢的大目標：終生目標，10年目標，5年目標，3年目標，以及年度目標。然後制定具體計畫，開始果敢的行動。

萬事開頭難，有目標就不難，創富是從制定目標開始的。天下沒有不賺錢的產業，沒有不賺錢的方法，只有不賺錢的人。

「人窮燒香，志短算命。」要賺錢，你一定要有目標，一定要有野心，這是賺錢的第四定律。

賺錢第五定律：一定要用腦子賺錢！

天下熙熙皆為名來，天下攘攘皆為利往。在財富時代，你一定要用腦子賺錢。你見過誰用四肢賺大錢的？一些運動員賺錢不菲，但籃球飛人麥可．喬丹說：「我不是用四肢打球，而是用腦子打球。」用四肢不用腦子只能是別人的工具，是別人大腦的奴隸，是賺不了大錢的！

用四肢只能賺小錢，用腦子才能賺大錢。人的想像力太偉大了，就像愛因斯坦說過的：「想像力比知識更重要。」美國奇異公司前執行長傑克．威爾許（Jack Welch）說過：「有想法就是英雄。」人類如果沒有想像力，就如同猿猴和黑猩猩。

賺錢始於想法，富翁的錢都是「想」出來的！

想當初，比爾蓋茲怎麼就會做軟體，怎麼就會搞視窗，因為他想到了，正如他自己說的「我眼光好」。亞洲首富孫正義在美國讀書時沒錢就發明翻譯機，一下賣了一百萬美元，後來創立軟銀集團，他的頭腦和眼光也了不得。好孩子集團老闆宋鄭還是靠賣發明專利起家的，第一項發明賣了十幾萬，第二項發明別人出價三十幾萬要買，但他不賣，自己投入生產，結果成了世界童車大王。

現在有的人確實靠嘴巴賺了錢，不過他說話之前必須先想好要說什麼。也有些人企圖靠耳朵賺錢，自己不動腦，到處打聽消息，特別在股市裡，今天聽個內幕消息就買，明天聽個小道消息就賣，跟風頭，隨大流，最後被套賠錢，現在大多數股民都這樣，不知道自己的腦子是幹什麼的！

世界上所有富翁都是最會用腦子賺錢的，你就是把他變成窮光蛋，他很快又是富翁，因為他會用腦。洛克斐勒曾放言說：「如果把我所有財產都搶走，並將我扔到沙漠上，只要有一支駝隊經過，我很快就會富起來。」

你要賺錢你就想吧！想好了就行動，保證有好收成。莎士比亞在《哈姆雷特》（*Hamlet*）中講過：「你就是把我關在胡桃盒子裡，我也是無限想像空間的君主。」展開你想像的翅膀吧！賺錢的第五定律是，你一定要用腦子賺錢！

賺錢第六定律：要賺大錢，一定要勇於行動！

天下財富遍地流，看你敢求不敢求。金錢多麼誘人，但要賺大錢一定要勇於行動！世界上沒有免費的午餐，也沒有天上掉下來的餡餅。不行動你不可能賺錢，不敢行動你賺不了大錢。敢想還要敢做，不敢冒險只能小打小鬧，賺個小錢。

我行我富！試看天下財富英雄都是有膽有識有行動力的，想當年比爾蓋茲放棄哈佛大學學業，白手起家創辦微軟，是何等的膽識和行動力。美國最年輕的億萬富翁麥可．戴爾（Michael Dell），在大學讀書時就組裝電腦販賣，感到不過癮便開設電腦公司，是何等令人欽佩。甲骨文公司老闆艾利森（Larry Ellison）不僅放棄哈佛學業，賺取 260 億美金，還回哈佛演講，鼓動學生退學，被員警拖下講臺（當然這裡我們不是在鼓吹「退學」，除非你上大學了並且有了一個絕妙的「想法」除外）。你敢富嗎？絕大多數人不敢！其實大多數人都沒想富，別說敢富。現在人們談論財富越來越多，不過許多人說得多，做得少。要知道：「說是做的僕人，做是說的主人。」我們許多經濟學家談財富頭頭是道，但他們誰富了？不少股市專家評起股來誇誇其談，但他們誰炒股賺大錢了？若是他們能賺大錢，就不會跑去當專家了！

德國行動主義哲學家費希特說過：「行動，行動，這是我們最終目的。」要想富，快行動，不要怕，先邁出一小步，然後再邁出一大步。記住：「利潤和風險是成正比的。」

賺錢第七定律：想賺大錢一定要學習賺錢！

天下聰明人很多，為什麼絕大多數聰明人卻都不富有？在財智時代，要賺大錢一定要學習賺錢！你學過賺錢嗎？絕大多數人沒有，所以絕大多數人還不會賺錢。我們在小學沒學過賺錢，在國高中學沒學過賺錢，在大學還是沒學過賺錢，就連金融、財經系的大學生也學不到真正賺錢的知識，看來我們的教育確實有了大問題！

聰明的窮人們，我們的智商很高，但我們的財商太低了，我們「窮」得太可憐了！不過高爾基說過：「自學是沒有圍牆的大學。」我們還是可以自學賺錢知識的。

人非生而知之，誰天生就會賺錢？財商和智商不同，智商有天生的成分，而財商 100%需要後天學習提高。孫正義、李嘉誠等所有大富翁，都不是一生下來就會賺錢，但他們都有兩個共同特點：一是有強烈的賺錢企圖心，二是有很強的學習力，正是由於他們善於學習賺錢，所以他們超越常人，登上財富巔峰。

聰明不等於智慧，聰明賺不到錢，智慧能賺大錢。真正白手起家的富豪，學歷不一定高，可是一定很有智慧，他們是最善於學習賺錢的一族，他們都有學習賺錢的不凡歷程，他們透過學習摸到了賺錢的規律，掌握了賺錢門道，執掌了賺錢的牛耳，成為財富英雄！

英雄起於草莽，英雄不問出處。真正的賺錢者，都是閱讀者。你想當富翁嗎？你想跨入財富英雄行列嗎？那你就趕快學習賺錢：讀賺錢書報、聽賺錢講座、向財富菁英學習、向身邊高人請教等等。比如，炒股你要學習巴菲特，尤其學他簡單的投資理念。創業你要學習孫正義，他在兩年之內讀了 4,000 本書。（當然我們還不知道他是怎麼讀的？）還有李嘉誠，他為了創業專門到別的公司工作偷藝。向成功者學，像成功者那樣做，增長你的智慧，提高你的財商，總結賺錢的祕笈，很快你就會富有。

賺錢的第八定律：賺大錢一定要選擇！

風水輪流轉，今天到你家。如今金錢遍地都是，賺錢方法多如牛毛，不過要賺大錢一定要選擇。選擇就是命運，選擇就是財富。不選擇你就會迷失，財富就會與你擦肩而過。你是命運的主宰，你是財富的上帝。多年前，美國一個 17 歲少年，一頭亂髮，一身髒衣，戴著一付高度近視眼鏡，但他竟選擇了編寫軟體，創辦軟體公司，正是由於這一選擇，才有今天的微軟和今天的世界首富比爾蓋茲！

亞洲首富孫正義 19 歲開始創業，一年之內制定了 40 個創業計畫，但是他只選擇其中一個最好的計畫——創立「軟銀集團」，由此登上了財富的天梯！

在市場多樣化加速、越來越細分的時代，只有選擇才能成功。沃爾瑪只選擇做商品零售，可口可樂只賣飲料，肯德基、麥當勞只賣漢堡，日本的松下、索尼、三洋只做電器。選擇的目的就是專一和專注。青少年需要合理的理財，合理的理財需要適合自己的方式，倘若你要理財，你想「賺錢」，那麼請記住，千萬別花心，千萬不要沒有耐心，精心選擇適合自己的理財好方式，去愛「她」，「她」一定會為你下金蛋的！

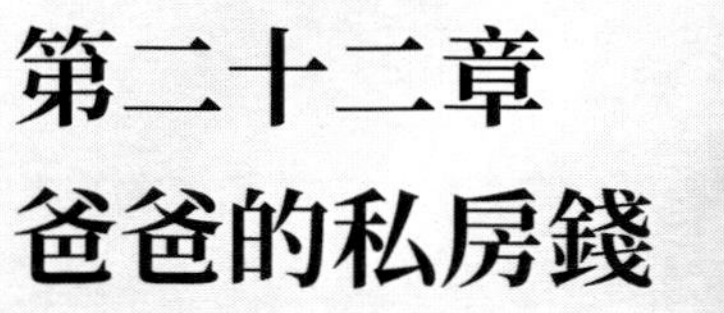

第二十二章
爸爸的私房錢

爸爸有私房錢。

這可是天大的祕密，這祕密可是媽媽在無意中發現的。

每天早上，媽媽總是會送我去車站上學，呼吸著街邊清新的小草芬芳，享受早晨的每一抹陽光。我們總是說些普通的家常，關於上課學習之類的感受，關於學校的人和事，關於過去和未來生活的想法。

偶爾談起爸爸的記憶力不如從前，做事情總是丟三落四。媽媽突然告訴我，說無意中發現爸爸有「鉅額」的私房錢，為了給爸爸留點面子，媽媽說她沒有當場詢問爸爸，她倒是結婚10多年了，才第一次關心起家裡的財政問題。

我一直不知道媽媽在婚姻生活中是不是感到幸福，或者說媽媽的幸福定義是什麼。華人對待情感是含蓄婉轉的，也許很多的表達方式，都是透過平淡的生活細節體現的：為了媽媽每天吃上新鮮的早點，爸爸可以到很遠的地方去購買；為了媽媽的頑疾可以治癒，爸爸可以割捨自己對美食的喜好；為了媽媽的作息時間，爸爸改變生活方式……打小，我就耳濡目染爸爸的偉大，把許多爸爸的犧牲當作了理所當然。直到長大後，才慢慢體會爸爸的偉大。這種將妻子、兒女永遠放在第一的境界，不是每個人都做得到的。

身為一個知識分子，爸爸也許沒有像別的父親那樣，為家裡賺到大量的金錢，但爸爸把愛心、關懷、寬容、溫暖、勤勞的作風，留給了家裡。

媽媽是在發現爸爸在和親友的牌局中輸掉了不少錢後，開始關心家裡的開銷，她收回財政大權，每天詳細記錄爸爸的收支狀況，月尾還做個總結。爸爸手中可流動的現金減少了，小金庫漸漸就出現了。好在爸爸平時工作之餘還有不少外面的兼差，可以賺點小錢，除了上繳給媽媽外，爸爸也就留了一部分。

媽媽是在無意中為爸爸整理床褥時發現的，當時嚇了一大跳。好在媽媽沒有當面對質，爸爸大約也發現了媽媽知道了對小金庫的事，開始有所收斂。

其實我常常在心裡為爸爸叫屈，不過面對爸爸，我還是沒有流露出半分心裡的想法。

不過有一天我卻不小心「露餡」了。因為爸爸這個人愛打牌，卻又常常輸錢，輸了錢又不敢和媽媽說，所以他悄悄地存上了一筆私房錢，就藏在我家的某個角落。

這次湊巧被媽媽知道了，媽媽很鬱悶，現在爸爸又輸了一點錢，媽媽就忍不住說了爸爸藏私房錢的事。爸爸心情有點不好，也毫不客氣地回了媽媽幾句，眼看就要爆發一場小規模的戰爭……

我從座位上慢慢地起身說：「如果我以後沒錢用了，就到家裡去『淘寶』。」爸爸狠狠地瞪了我一眼，不理我。媽媽臉色有些緊張了！

後來我才知道了另一個祕密，原來，媽媽也在存私房錢……

今天早上，我起了個大早，幫爸爸做了 3 塊雞蛋煎餅，被爸爸全部一掃而光。悄悄為爸爸做點好吃的，是我回報爸爸的一種特殊方式。

小時候，偶爾會看到媽媽和阿姨小聲地交頭接耳，不知道在說些什麼，一看到我們小孩子靠近就立刻停止。那時我滿腹疑惑，卻沒有答案。不過，在那個需要節衣縮食的日子裡，每到逢年過節，媽媽還是有辦法幫我們買新衣服，或是帶大家吃頓大餐，有時甚至爸爸都很驚訝，媽媽是如何靠有限的家用變出魔術來。

後來我才知道，媽媽和阿姨的祕密，原來是「藏私房錢」，在有限的生活費中硬存下錢來，不管是跟會或是小額放款，她們總是能找到更高效益的地方，讓錢發揮利滾利的功能。就這樣，憑著爸爸一份收入，我們一家三口也生活得衣食無缺。

媽媽和阿姨交頭接耳的畫面一直在我腦海中揮之不去，「為什麼要那麼神祕呢？」這是我的疑惑。但是在那個女人沒有經濟能力，一切靠男性主導的環境中，女人似乎只能用這個方法，勉強爭取一點經濟自主權。那時我就在想：「等我長大，一定要自己賺錢，不要受制於人。」

可是我這種「女人當自強」的大女人主義，也不見得行得通。媽媽有一個朋友美娟阿姨就是一個事業女強人，在外商公司擔任高階主管，收入豐厚，先生又有自己的事業，簡直就是人人羨慕的模範夫妻。沒想到，前幾年先生事業面臨轉型壓力，整個搬遷到另一個相對小的城市，而美娟阿姨因為工作關係，與兒子留在目前的大城市，過著兩地分居的夫妻生活。

後來美娟阿姨的先生事業拓展並不順利，為了周轉，把兩個人過去所有的積蓄都投下去，甚至還把房子貸款額度拉高多借二百萬出來。但最終事業仍然面臨結束的命運，而夫妻兩人還要承擔高額房貸的壓力。美娟阿姨很無奈地說：「會賺錢有什麼用？我工作了十幾年換來的不是存款，而是負債。」所幸，美娟阿姨還有一份好收入，否則生活可能陷入困境。

可見，經濟自主權，和收入多寡無關，那究竟和什麼有關呢？不少女人以為找到一個好老公，就找到一張長期飯票。其實不然，我媽媽認為「藏私房錢」的能力高低，才是掌握長期飯票的關鍵。

「噓，說這句話，可不能讓爸爸聽到哦！」媽媽小心地囑咐我。

媽媽說，看過好多夫妻的酸甜苦辣，還是發現有私房錢的太太比較幸福。所謂的私房錢，是指有一筆錢完全由自己來支配與管理，與家庭收支無關，與家庭共同的未來無關，而是純粹屬於自己，由自己來花用，當然也由自己來投資管理、承擔獲利與虧損。

這就像女性主義作家吳爾芙（Virginia Woolf）提出的，「自己的房間」，每個女人需要一個屬於自己的空間，沉澱自我、尋找自我。每個女人也需要「自己的私房錢」，做自己愛做的事。

不要以為現代職業婦女擁有經濟能力，就擁有財富自主權。除了我前面說的美娟阿姨的例子之外，媽媽還有一個朋友，收入高、職位高，但到現在沒有房子也沒有機會出國旅行，雖然她多年來不斷地提出這個要求，可是都無法實現，理由只有一個，她的先生不同意。她提到這件事時，大家都覺得不可思議，不過這樣的故事，我從媽媽那裡也不只聽到一樁。

私房錢可以決定女人的人生是黑白的還是彩色的，這樣說可能有人認為太極端了，但我媽媽還有真實的故事可以分享給我。她說，偶然的機會下，媽媽認識了一位家庭主婦，她看來溫柔沉靜，雖不多言，在談到經濟環境大趨勢時卻很有見地，媽媽猜想，她是哪個企業老闆的夫人，或是某個領域的專業人士。

這位太太告訴我媽媽，她只是一個平凡的家庭主婦，媽媽嚇一跳，猜想她一定家世背景良好。可是她又跟媽媽說，她從小家境不好、生活很苦，一直到結婚後才有個穩定的生活。那一定是挖到一口好油井了，我想像她是嫁入豪門，麻雀變鳳凰。但她又說先生從事金融業，雖是高階主管，卻仍算是領薪階級。

有趣的是，接下來她告訴我媽媽的故事。她說，先生雖然懂得投資，但看她是一個平凡的家庭主婦，也不會跟她討論這些話題。反而機緣巧遇，她認識了一位懂得投資的女性朋友，那位朋友把她當做妹妹般地教導，讓她開始接觸投資理財。剛開始資金少，只敢保守地嘗試，慢慢的，閱讀資訊多了、投資經驗豐富了，她漸漸成為一位專業的投資人，同時也頗有斬獲。只是這些事她都背著先生進行。

一直到去年，因為他們考慮孩子的學區而換屋，在討論新家裝潢時，她才跟先生說，她可以負責裝潢費，讓她先生嚇了一大跳。她還偷偷跟我媽媽說，以前老公在家是老大，自從知道她的存款居然不輸先生後，對她的態度完全不同。她很老實地告訴我媽媽說：「有私房錢真的很好！」

有錢真好！但錢如果是跟別人伸手要，或是有錢沒有支配權，那還是受制於人。所以，媽媽的姊姊妹妹們，鼓勵大家爭取財務自主權，不然就開始藏私房錢。

至於該怎麼存私房錢呢？媽媽教導我說，目前有些家庭是夫妻各別提撥一筆金額，做為家庭支出，另外可再分配房貸、子女教育金的分攤辦法，剩餘的部分夫妻各自管理。要是另一半也認同此做法，就可以展開自己的儲蓄理財之路。

只是有些家庭沒有把這些分攤得很清楚，或是另一半可能不支持，那就不妨自己規劃一下，看每個月最多能挪出多少錢來做為私房理財之用。開始時，不用先和家人討論，若經過一段時間後，發現對日常生活支出影響不大，家人也沒什麼感覺，就可以持續進行，或慢慢加碼。

其實，女人要藏私房錢也頗容易的，一個月少買一件衣服，少上一次餐廳，存錢之路就可以輕鬆地開始了。這是我媽媽說的。聽媽媽說來，女人藏私房錢似乎是「天經地義」的事情了，那麼男人呢？噢，我那可憐的爸爸呀！我不禁這麼感嘆。

爸爸告訴我，私房錢也是一種很好的理財方式。

那天爸爸講了一個小故事給我聽，他說，在古時候，有一個人靠販米維持生計。每次當這個男人要外出賣米時，他的妻子就偷偷從米袋裡面抓一把米出來，然後藏到一個缸裡。到了年關，家裡有些緊，沒錢購買年貨。這個時候，妻子就把那口缸掀開，裡面是滿滿的一缸米。男人把這些米賣了，用得到的錢讓全家人好好過了一個年。

爸爸說，以上這則故事，是較早的與家庭成員藏私房錢有關的故事。雖然藏的是米，但米可以換錢，就相當於藏私房錢了。

大多數人都有這樣的看法：女人藏私房錢，就是會過日子，是為了家庭，是懂得勤儉節約的一種表現；而男人藏私房錢，則普遍被認為是頗有爭議和有些曖昧的感覺，因為這個私房錢大多沒有被用在所謂的正途。而我認為，男人藏不藏私房錢，藏私房錢是不是合適，關鍵是與藏私房錢的出發點有關。假如能用在正途，男人藏私房錢也不失為家庭理財的一種方式。

現實生活中的夫妻，並不一定都是男人出手闊綽、女人精打細算這樣的組合模式。實際上，在不少家庭，女人大手筆的、衝動的非理性消費，要比男人更厲害。在商界，有一句話叫做「女人的錢好賺」，就充分說明了這個道理。尤其是現在，隨著女性在家庭和社會上的地位日益提高，一些日常的家庭開支，更多的是由女性來操控。

所以說，對於一般家庭而言，家庭的財富不僅僅取決於賺錢的速度，還取決於花錢的速度。當女性非理性的衝動消費觀念無法改變、男人又無法完全掌控家庭財產的支配權時，男人採取存私房錢這樣的「和平」方式，也是家庭理財的一種相對可取的方式。俗話說：「不怕一萬就怕萬一。」當家庭遇到緊急情況需要一筆開支的時候，男人把自己的私房錢

「貢獻」出來，倒是能夠解決燃眉之急呢！

隨著生活水準的提高，人們在解決了溫飽問題之後，又開始追求浪漫。夫妻間也是需要製造浪漫的，這一點相信大家都認可。不過，大家要知道，製造浪漫僅僅空口說白話是不行的，必須有一定的投資。比如說，到了某個特定的紀念日或者節日，男人為了增進感情向女人示愛，要送上一個特別的禮物。如果沒有自己可以支配的私房錢，事先就必須向女人申請家庭撥款，說：「親愛的，給我一些錢吧！我要買某某禮物給妳。」女人在一番盤問之後同意了，給付一定數額的錢，讓男人去買。那麼，這樣沒有任何意外和驚喜的浪漫，就像演戲一樣經過預先的排練，就會大打折扣、味同嚼蠟了。

現在的社會，人們越來越具有社會性，過去的那種單打獨鬥、「小國寡民」的思想顯然已經不適應新的歷史潮流了。人的這種社會性，表現出來就是相互合作和交往越來越緊密。尤其是男人，越來越多地將自己融入社會裡、融入人群中，這樣才能得到生存，才有發展的機會和可能。這個參與和融入社會，也是需要投資的，如請客吃飯什麼的。倘若家裡有一個通情達理的女主人，對於男人這樣的額外開支能夠理解和支持，但更多的是不予支持或支持力度不夠。假使男人一味地索要，勢必會引發家庭的不和睦。這個時候，男人要是有自己的私房錢，就可以拿出來用以救急，這樣，在人們的交往之中才能夠契合。不然的話，天天混吃混喝，日子久了，會被別人瞧不起、排除在外。

所以說，爸爸說男人藏私房錢，在一定程度上是有利於家庭和諧的。但是，這要有一個前提，就是一定要將私房錢用在有利於家庭的用途上。倘若用在家庭之外，僅僅是為了滿足自己的不良嗜好，那麼，這樣藏私房錢的後果，就會破壞原有的和諧引發家庭矛盾了。

因此，現在爸爸決定自己還是要「藏私房錢」，可是他也不去打牌了。爸爸的這個「英明」的決定，讓我感到爸爸的「偉大」。

不過事情還沒完呢！爸爸說，女人可以藏私房錢，男人可以藏私房錢，而我們小孩子也可以藏私房錢。對於這個我不是很明白，於是爸爸就找來不少資料幫我學習藏私房錢，用爸爸的話說，就是——教「小富翁」管好「私房錢」。

過年期間，孩子們都能得到不少壓歲錢。家長們是要求孩子把壓歲錢全部上交，還是允許其自由支配？由於長輩們的「大方」，讓孩子們手裡的壓歲錢越來越多，不少家長開始猶豫：壓歲錢是否該讓孩子自己支配。如果讓他們隨便花，擔心他們會隨意揮霍；如果收回，又怕孩子不高興，跟家長鬧脾氣。關於壓歲錢的處置問題，往往成為引發許多孩子和家長之間小小「戰爭」的導火線。隨著孩子的壓歲錢數目不斷上漲，處理金額較大的壓歲錢也是一門學問，家長可以適度下放管理權，並透過科學引導使孩子增長理財知識，樹立正確的消費觀和物質觀。

爸爸說，現在的孩子消費意識濃。

越來越繁榮的經濟、越來越優越的社會條件，讓更多的孩子有了獨立支配壓歲錢的意識，也使更多家長放開對孩子壓歲錢的約束。

一名剛拿到身分證的青少年小剛表示：「我一拿到身分證就去開戶，今年的壓歲錢全部存到戶頭裡，我想怎麼用都可以。」

然而，孩子對金錢的獨立支配意識，也引起了家長的顧慮，小剛的父親說：「孩子提出要自己使用壓歲錢，要是不答應，他就覺得不平等。可是現在孩子的壓歲錢數額較大，讓他自己支配，我們還是不放心。」

據了解，隨著物質文化生活水準的提高，如今的孩子對壓歲錢的消費有自己的見解。「我早就想買 Switch 了，我媽一直同意，所以我打算用壓歲錢買。」17 歲的小章說，「壓歲錢除了交學費，就是零用錢。沒有什麼計畫，想怎麼花就怎麼花。」

爸爸教導：借收支專案表學勤儉。

花在學習、做公益和孝敬長輩方面的錢，占壓歲錢總花費的比例是多少？爸爸說，今年寒假，有一間學校的學生們收到了一份特殊的寒假作業——理財實踐手冊。手冊中有一張收支專案表，讓孩子們為自己收到的壓歲錢做個明細帳，對每筆花費做到心中有數，總結哪些錢該花，哪些錢不該花。

這本理財實踐手冊按年級分為 4 種。手冊裡有一張收支項目表，收入方面列出了收到錢的日期、來源和金額，支出方面分為學習、做公益、孝敬長輩、娛樂、其他 5 個項目，5 個項目中還分為若干個明細用途，每次花錢的時間、事情都要列出。最後把各項目的金額累加，看看花的錢是否超支，或者在各專案中是否「一邊倒」：花在娛樂上的錢是否占了很高的比例，花在孝敬長輩上的錢是否比例太低。「用數字來說話，讓孩子明白量入為出的道理。」學校的副校長這樣說。

理財實踐手冊裡還有符合各年級年齡特點的探究題、實踐題和拓展題。比如關於假鈔，低年級學生要知道如何辨別鈔票的真假，而高年級學生則要了解「發現假鈔怎麼辦」等知識。

爸爸說，現在的學生家庭經濟條件不錯，對金錢來之不易沒有概念。因此，結合學生的年齡特點，將勤儉教育與生活、學習密切結合，要比枯燥的說教有力得多、有趣得多。

爸爸說，青少年要學會累積財富。

孫先生的女兒今年上國一，這幾年壓歲錢加在一起已經有四、五萬元。但孫先生並不擔心女兒亂花，他已經跟孩子商量好了，用這些錢買支長笛。「孩子學長笛，一支好笛子要三～五萬元。我跟她說了，買長笛是為了讓妳多學本領，妳出四萬，剩下的爸爸補上。」

孫先生的做法得到了理財教育專家的肯定。壓歲錢比較容易讓孩子「私欲膨脹」，產生「我的錢，我說了算」的想法。而一些孩子在手裡錢比較寬裕的時候，很難控制自己。

如何對待孩子的壓歲錢，專家給出的建議是：家長教孩子學習「當家作主」，以多種方式打理壓歲錢，增長知識。如引導孩子將部分壓歲錢存入銀行，透過幫助孩子建立理財帳戶，使之形成累積財富的良好習慣；或指導孩子用壓歲錢購買兼具藝術欣賞和收藏價值的物品，還能同時培養孩子對人文藝術的良好興趣。

爸爸說，理財教育專家同時還建議，合理處置壓歲錢一定也要教會孩子科學消費。家長將部分壓歲錢交給孩子，幫助他們建立消費小帳本，明白貨比三家等消費常識，鼓勵他們根據自己的需求添置學習用品、購買課外讀物，讓孩子明白「把錢花在刀口上」的道理。另外，也要教育孩子利用壓歲錢購買節日禮物或生日禮物給長輩，表達親情。

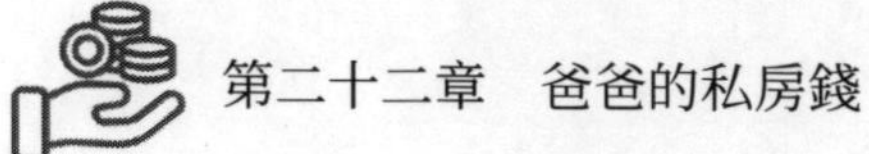

第二十三章
媽媽的「吝嗇」

今天是女兒十六歲的生日，女兒專門從萬里之外的以色列飛到上海，來看望在這裡工作的媽媽。媽媽高興地領著女兒到上海的一家麵館吃長壽麵。坐下來後，女兒在點麵時點了一杯柳橙汁。媽媽拿過單子看了一下，問女兒為什麼要點柳橙汁，女兒說自己想喝。媽媽說，如果妳渴的話，麵館裡有免費送的茶水，沒有必要點柳橙汁。

見媽媽不讓自己喝柳橙汁，女兒還以為媽媽如幾年前一樣一貧如洗，可她想想不對呀！現在媽媽應該是有錢人了呀！於是女兒不解地問：「媽媽妳現在還很窮嗎？」媽媽說：「媽媽不窮，妳渴了有免費的茶水，為什麼要點 80 元一杯的柳橙汁呢？如果想喝柳橙汁；等妳有錢的時候，妳可以自己一次買十杯柳橙汁來喝。現在是我給錢，我認為妳喝茶水就能夠解渴，沒有必要用我的錢來買柳橙汁喝。」

女兒一聽，原來是有錢的媽媽捨不得讓自己喝一杯柳橙汁！她氣得從椅子上站起來就要走。媽媽叫住女兒說：「妳走可以，連妳送給我的禮物也一起拿走。」女兒遲疑了一下，委屈得含淚又坐了下來。

吃完麵，母女倆無言地走在回旅館的路上。媽媽看著女兒那掛著淚痕的臉非常內疚 —— 不就是一杯柳橙汁嗎？自己為什麼這麼無情不買給過生日的女兒，讓她高高興興地過十六歲生日呢？可她在內疚流眼淚的同時，也明白自己做得對，自己什麼都可以給女兒，包括自己的身體乃至生命，可如果只是一味滿足女兒的欲望，那麼自己培養的只能是一個衣來伸手、飯來張口的飯桶，她就不可能像她兩位歷盡苦難才成為百萬富翁的哥哥那樣獲得成功，等她以後成功時，她一定會理解自己現在的用心良苦。想到這裡，媽媽擦了擦臉頰上的淚水，默默地為女兒的成功祈禱。

這位無情的媽媽叫沙拉．伊麥斯（Sara Imas），是以色列擁有百年歷史的「羅斯蒂克兄弟鑽石」有限公司駐中國地區的首席代表。或許有不少人認為她對女兒的吝嗇有點葛朗台的味道，然而，不可否認的是，她的確培養出了 3 個優秀成功的兒女！

讓孩子從小學會理財，銀行媽媽教女兒理解金錢。

女兒今年 20 歲，在國內一所知名大學讀大二。說起教育孩子從小理財的經歷，媽媽認為有必要與大家交流一下。

媽媽和爸爸都生於一九五〇年代，現一起任職於金融部門。女兒從四歲開始就喜歡與小朋友玩儲蓄存款遊戲，即孩子們拿作廢的空白存單互相扮演銀行與客戶的角色。從女兒懂事起，媽媽和爸爸就教育她：勤儉節約是傳統美德，父母靠辛勤勞動取得財富不容易，在生活上不能大手筆地亂花錢。也許是耳濡目染，女兒在用錢方面從小就非常會精打細算，有時甚至到了「吝嗇」的地步。但對於慈善事業她從不吝嗇。今年過年，他們全家到百貨公司逛逛，還看見女兒拿錢給街頭的乞丐。

小學三年級時，女兒在報紙上發表一篇文章得到幾百塊的稿費。這幾百塊在當時的情況下，對她可是一筆不小的錢。媽媽問她怎麼處理，她毫不猶豫地說，把它存到銀行裡可以有利息，既保值又升值。以後陸續得的幾次稿費，她都毫不例外地存到銀行裡。

家裡從不隨意給女兒錢用，就是要給她零用錢買零食吃也要找個理由。比如，在一九八〇年代初期，在她小學階段，媽媽給她一個家政助理職務，還發聘書給她，職責上寫明放學後幫忙打掃家裡、洗自己的衣服、幫父母倒茶、盛飯等兒童能力所能及的家事勞動，每月薪酬 500 元，做得好還可以得到嘉獎。

做了一段時間後，女兒提出不做了。媽媽問她為什麼，她抱怨說班上的其他同學什麼家事都不用做，每月至少可以拿到不少於 500 ～ 1,000 元的零用錢，她做那麼多的是，報酬那麼低，心裡覺得不平衡。於是父母開導她說，妳的錢是妳用辛勤工作換來的，它的意義非同一般。而妳同學的錢是依靠父母施捨的，根本不能與妳相比。這樣，女兒開始有了靠自己賺的錢花起來最心安理得、最有意義的理

從小學開始，女兒就開始建立自己的帳本，她把每一筆收入和支出都記得清清楚楚。有時家長會抽查她的帳本，指導她如何記帳。教育她記帳的意義在於知道錢的來龍去脈，存在一個收支平衡關係，同時可以看看哪些錢值得花，哪些錢應少花，哪些錢不該花；媽媽在平常的言談話語中還常常告訴她，到商店買零食或去書店買書時要貨比三家，在打折的時候買商品最划算，買高年級同學畢業時推銷的低價參考書比較實惠。女兒試著去做並開始嘗到了甜頭。她一直把這從小養成的好習慣保持到了現在。

在大學這兩年裡，家裡每月給她的零用錢也是十分有限的，算起來只比伙食費略多一點。她開始有些看法，認為家裡並不算困難，父母才給這麼一點錢，而同學中有些家庭比較困難的學生，每月的花費比自己還要多，這從道理上說不過去。媽媽就鼓勵她想辦法把有限的錢用到最大化，做到一分錢辦兩分事。或者自己利用課餘時間去賺外快（如寫稿、當家教、幫人翻譯等），用自己的知識去創造財富。同時，媽媽還建議她好好看一看《富爸爸，窮爸爸》（*Rich Dad Poor Dad*）等增強財商知識的書籍。

她現在經常與我探討如何能省錢的方法。如購買保養品，她從不相信一些廣告或推銷人員的花言巧語，而是上網找相關資料，查詢保養品用途以及是否適合自己的膚質等等，力求用最少的錢買到最適合自己的保養品。也經常趁超市有打折或優惠的時候，去買一些必需的日用品。在教育投資方面，媽媽還算是比較理性的。女兒從小學到高中從來沒有請過家

教，主要依靠學校老師的課堂教育為主。假期要參加一些才藝班，媽媽也是根據孩子的特長和興趣來決定，從不盲目跟風。對購買學習參考書、資料、軟體等，身為「吝嗇」媽媽的觀點，是該買的絕不吝嗇，不該買的或用不上的絕不亂買。因學習需求，媽媽買了一臺較好的筆電給女兒，並買了不少英語應考（托福、雅思）的學習軟體。

在媽媽所在的城市，女兒不少同學有的小學就出國當「小留學生」了，有的則是國中或高中也出國了。當時也有許多人勸媽媽送孩子出國念書。但媽媽卻認為：與其花大錢到國外去讀國中或高中，還不如讓孩子在國內扎扎實實地學好國高中的基礎知識。如有可能出國去讀研究所、博士班，開闊眼界，拓展國際化思維則是可以考慮的，但也不要盲目。這樣從理財的角度是比較合算的。

媽媽在女兒國中的時候就為其辦了教育儲蓄。孩子上大學後，媽媽把她多年來的壓歲錢和教育儲蓄款，全部用來購買開放式基金和國債，這樣，等孩子大學畢業後就可以有一筆比較穩定的錢用於出國或購買大宗物品。媽媽也替孩子買了人身意外保險和健康保險，多一份關愛，多一份保障，防患於未然。

媽媽認為，當前子女教育費用在家庭的總消費中，的確占了很大的比例（尤其是在大中城市），但如果單純從「望子成龍」的願望出發，去盲目投資幾十萬甚至上百萬，這算不上理性的教育投資。要做到理性教育投資，「吝嗇」媽媽認為：

第一，要客觀地分析自己孩子的優劣勢，再去權衡更適合哪一種教育模式，要因人而異，不要盲目跟風。看見別人的孩子出國，自己的孩子就一定要出國，要不然面子上過不去；看見別人的孩子上一流學校，自己的孩子也非上不可，要不然就虧待了孩子，卻全然不顧孩子的意願和實力如何。有的孩子在家長的身邊都不肯好好學習，而是經常蹺課、打架鬥毆，誰也管不著。出國後處於一種「放飛」的狀態，他在國外能學好嗎？這樣能讓家長放心嗎？有的孩子學習成績與一流學校的同學差距較大，家長硬是砸大錢讓他去讀，弄不好孩子還會因為過於依賴家長和金錢的作用，而產生價值觀的偏離。若是成績與別的同學差距較大，則容易產生自卑或者自暴自棄的心理，這樣對孩子的健康成長不利，所以要有的放矢地選擇適合孩子的學校，把錢花在刀口上，以免投入大，見效少。

第二，要及早做好理財規劃。從孩子小的時候，就要開始做好教育費用和日常費用的大致規劃和預算。要根據自己的經濟狀況和風險承受能力，採用不同的投資方法（如投資實業、房地產、股票、基金、國債以及購買分紅保險等等）來積存教育費用，未雨綢繆。

第三，要教育孩子從小學會理財。要教育孩子從小養成勤儉節約、自食其力的好習慣。不要過於依賴父母和其他人，要靠自己的努力去獲得成功。要用自己的智力、辦法去獲得資金和財富，真正成為一個對社會有用的人。

富人對孩子越來越「吝嗇」，有錢人如何控制孩子的物質欲望？

小西的父母最近相當苦惱，因為上小學的孩子最近看上了一個上千元的玩具，憑著父母及長輩平時的溺愛，每天都在家裡鬧，而且要求每天的零用錢增加到100塊，而他們夫妻都是月薪兩三萬的普通工人，根本沒辦法滿足孩子的要求。隨著物質生活的豐富，現在的孩子越來越容易得到物質上的滿足，不少家庭出現如同小西這樣的問題。不過另一個現象是：越來越多的富人，卻對孩子越來越「吝嗇」了。

不要「窮得只剩下錢」。

李先生原本是一家頂級燕鮑翅餐廳的總經理，今年他去南京工作，將全家都一起遷過去，於是他的三個兒子 —— 上六年級的大兒子和一對剛上一年級的雙胞胎，也轉去南京的小學讀書。三個孩子中，大兒子每週會領到 20 塊錢作為零用錢，兩個小兒子則是 10 元。

「我在金錢上嚴格控制他們，因為不能讓孩子耽於物質享受。」李先生說，比起同年齡的孩子，三個孩子玩的東西豐富得多，家裡有非常多的電子遊戲機、玩具等，很多都是國外最新出的，在南京很少見；孩子喜歡的名牌球鞋，他也會買。可是這些東西買回來，他會控制孩子玩的時間，並且告訴他們：你之所以可以玩最新的玩具、穿這麼貴的鞋，是因為父母辛苦地賺錢，並且疼你，才會買給買；這並不代表你以後也能穿這種鞋；將來，你是要靠自己賺錢才能買這些東西的。

一週 20 元零用錢，李先生認為足夠了：「他們需要的東西，書本學習用品什麼的，只要是合理的要求，我們都會滿足。自由支配的錢，除了零用錢之外，還有每年的壓歲錢。我幫他們每人開了一個銀行戶頭，用他們自己的名字，他們會自覺地拿出一部分錢存進去，另一部分錢買自己喜歡的東西，這些我們不干涉。」要是孩子提出不合理的要求怎麼辦？「我會讓他提出理由，如果理由充分，我會買給他；如果理由不充分，但是他最近某個地方表現良好、值得獎勵的話，我會買，作為一個獎品送給他；如果實在沒有什麼理由，那就會拒絕，或者告訴他用自己的存款來買。」

「說實話，我的兒子剛從臺灣過來，由於拼音、繁體字等等原因，成績很一般，所以我也不在這方面對他有太多要求，只告訴他過關就行。」李先生說，他最希望孩子將來能成為一個堂堂正正的、有用的人，能夠受人尊敬，至於學歷什麼的，並不是最重要的。

在特長方面，他也是採取順其自然的方法：「我以前也送他去學過繪畫、鋼琴之類的，不過他沒有興趣學，所以就退出來了。有興趣學的就繼續，比如珠算、心算，他都拿到了初段的證書，跆拳道也是初段，英語從小就學……總之就是希望他們成為一個『完全的人』。」

所謂「完全的人」，就是說身心健康，不要「窮得只剩下錢」，李先生說，他盡可能給孩子好的物質條件，可是目的是讓他們成長、學習，而不是享受，「比如他們剛生下來時，我就讓他們聽頂級的音響和音樂，他們很喜歡；後來聽到不好的音樂時就會哭……我要培養的是他們的品味，而不是只會花錢買音響卻不會欣賞音樂。」

周曉宇（化名）今年 7 歲。今年兒童節媽媽的禮物，是讓曉宇去育幼院演奏電子琴。「這是我和另外 9 位家長精心準備的，平時刻意讓孩子們聚會，兒童節我希望他能用自己的特長去關愛別人。」周容是一家美容連鎖公司的總經理，也是曉宇很有錢卻「吝嗇」的爸爸。

也許你會覺得這樣的關愛是有姿態的，但對於孩子來說，每次經歷，都是父母在向他們傳輸一種觀念，許多富家子弟可能會充滿優越感，都很容易忽視身邊的人。「盤子裡只剩下最後一個水果，曉宇會問完家裡所有其他的人，包括保姆、鐘點工，確定大家都不吃之後，曉宇才會去吃。」周容說：「這是一種分享的概念，同時也是一種關愛的表現。」

含著金湯匙出生的曉宇，應該會像個小皇帝一樣，享受著所有的寵愛和優越生活？周容笑著說：「兒子有一次回家對我說：『媽媽，某某同學家裡好有錢喔！』我剛要緊張，這個孩子是不是有比較心態了，可緊接著孩子的話讓我放十八個心，孩子說：『他好愛炫富，真丟人，有錢也是他家裡的，又不是他自己的。』……」孩子似懂非懂的話，的確讓周容覺得欣慰。「我從來都不會讓他覺得自己和別人有什麼不一樣，每個人都是平等的。」

對於物質，不能縱容已經成為共識，可是又該如何培養合理地對待金錢？「在我們家，曉宇是有學分制的。所謂的學分制，是把孩子所有的日常行為，都集中到學分板上，如果今天曉宇自己刷牙了、自己練鋼琴、讀了課文、也有幫忙做家事，每一件事做完，他都可以到學分板上貼一個小標籤，一週會總結一次，學分可以用來和我們兌換玩的時間，也可以兌換錢。曉宇有一個自己的虛擬帳戶，兌換了錢，他就到自己的電腦裡結算，然後平時他的私人開支都從這裡提取。這是為了讓他明白，物質是要靠自己爭取的，要夠努力才能夠得到肯定，得到獎勵。」

吳小姐是餐飲公司的總經理。她和丈夫一起經營公司，她有兩個兒子，大的已經出國留學，小的則在讀高中。提起兩個兒子，她自認為教育得還算成功，「至少他們並沒有成為紈褲子弟。我們就是盡量讓他們感覺不到父母是有錢人。」

「孩子上國中之後，我們家裡的經濟條件開始好起來，在那之前也跟其他人家沒什麼區別。但是條件好了之後，也沒有在物質上給他們太多，只比其他的孩子好一點點而已。」吳小姐說，他們盡量不讓孩子感覺到家裡有錢，也就不會讓他們產生比較心理。即使買了比較貴的東西給孩子，也會告誡他們：「爸爸媽媽賺錢很辛苦，做生意如何如何不容易。」會把一些苦處告訴他們，這樣孩子會比較懂得珍惜。

吳小姐的大兒子在墨爾本讀金融，她提供了部分學費和生活費，其餘的讓兒子自己打工。小兒子很有個性，「他特別正直，像是逃票之類的，他覺得不對的事情絕對不會做。整體來說，兩個人都乖，沒什麼金錢養出來的壞毛病。」

兩個兒子各有特點，吳小姐對他們的期望也不同：「我希望他們一個從政一個從商。大兒子比較八面玲瓏一點，交際能力強，善於溝通，所以比較適合做生意；小兒子是個特別有原則的人，性格比較方正，所以適合從政。」但是，如果他們不願意呢？「那也不強求，像小兒子快要考大學了，我們讓他自己決定志願。」

「吝嗇」媽媽要從小培養青少年的理財意識。

現在的孩子生活條件太好了，有一些孩子受到長輩過分寵愛，向家長伸手要禮物或零用錢幾乎成為習慣，以致小小年紀消費起來也是不手軟。

正如專家指出，兒童理財意識差的主要原因，在於家長對孩子財商教育的缺失。許多父母生怕孩子染上貪財惡習，不讓孩子沾錢的邊，反而造成「絕大多數孩子都有零用錢，而絕大多數孩子又存在亂消費、高消費、理財能力差」的問題。

古語說：「授人以魚，不如授人以漁」。因此，與其讓孩子胡亂花錢，不如教孩子學習理財知識，自己動手創造財富。家長們不妨向孩子灌輸一些理財的知識，讓孩子開開心心地學理財，也不失為一份新穎有益的禮物。

在西方，摩根家族的老祖宗 —— 老摩根，當年靠賣雞蛋開小雜貨鋪起家，發了財後卻要求他的兒女，要為他們每個月僅1美元的零用錢制訂一個財物支出帳目；東方的例子如香港富豪李嘉誠，每次給孩子零用錢時，先按10%的比例扣下一部分，名曰：「所得稅」；在孩子購物前，則要求他們必須先預估價格，確定預算，然後才能購買。可千萬不要以為老摩根、李嘉誠是吝嗇鬼，兩位商界巨人不過是在培養孩子們的理財意識和習慣，你若知道摩根家族的人才輩出，以及李嘉誠長子李澤鉅成功執掌李氏基業，你就可以理解到這些富豪們，在培養孩子的理財意識方面的用心良苦。

富豪們培養孩子的理財意識是為了培養接班人，普通人教孩子這方面的知識更為重要，因為既然家財不多，孩子們更應從小懂得尊重父母與自己的勞動成果。

以下是幾種培養孩子理財意識的方法，供父母們參考：

一、為孩子建立一個「小銀行」。

西方著名的理財專家凱・R・雪麗對家長們的建議是：在孩子 4 ～ 10 歲時，讓他們掌握理財的最基本知識：消費、儲蓄、給予，並進行嘗試。而為孩子建立「小銀行」是一種最簡單的嘗試方法。

為孩子建立「小銀行」，絕不是簡單地為孩子開一個儲蓄帳戶，你可以從孩子六、七歲生日開始（即孩子上小學，會數數時），每週或每月讓孩子自己存上 20 元或 40 元。一是讓孩子對自己的帳戶存款負責，畢竟孩子們總是喜歡帳戶上的錢越來越多，這樣，他就不會養成亂花錢的習慣；二是規定他每次花錢時，使用量不准超過帳戶的 30%，這樣，他買東西時就會開始精打細算；三是告訴孩子，他帳戶裡的錢還必須盡一些義務，像是過年過節時買些小禮物給爺爺奶奶等，這樣孩子還會想省些錢做別的用途。如此從小練習，孩子的儲蓄意識將不斷強化。

二、讓孩子們學會合理使用信用卡。

當孩子長大一些，即 10 ～ 18 歲時則應改變方法，由於這時孩子對外交往多，花費越來越大，因此使用信用卡的方式更有效。若是給孩子一張信用卡，讓他們直接跟銀行、提款機這樣的機器接觸，肯定能令他們有一種長大成人的感覺，因而願意接受。這時，家長首先應每月替他存入一定數量的錢，要求他必須在月底保證收支平衡，如果他不顧一切用光錢，那將取消他使用信用卡的權利；其次，告訴孩子強行超支的後果。

讓孩子使用信用卡，將使即將長大成人的孩子注意不多花錢，亂超支，將來，孩子們就不會亂借債去消費。

三、讓孩子自己去買禮物。

在節日時讓孩子自己去買禮物是教他們學會合理消費，學會合理支配錢財的良好機會。首先讓他們確立要買禮物的大致價格，不准超支購買；其次，買禮物時，孩子必須從其「小金庫」提出錢來承擔禮物的20%～30%，若要使用自己的錢，孩子就不會鋪張浪費，避免他們買東西時以為是在花別人的錢而不管三七二十一，事實上，每次讓孩子購買他自己喜歡的生活用品時，都可以堅持這一點；第三，鼓勵孩子購買特價品，如他們願實行，可給予獎勵，這樣他們就會從小樹立去超市或商場這樣的平價商店，而不是為圖舒適去百貨購物的習慣；第四，假如預算超支，應勸孩子選擇其他禮物，而不是放棄對預算的堅持，這樣，才能使孩子有購物規則的意識。

當然，每個孩子對於理財方面的缺失是不同的，所以，對於不同類型的孩子要有不同的教育方法。

父母可以設置一種生活情景，約定以孩子的零用錢去超市購物，並事先確定好金錢的數額。可以讓孩子到超市去買任何他需要的東西，不加約束，在結帳處打出購物清單的時候，將購物金額與他所帶的現金比較，看購物金額在預算之內嗎？如果沒有，可以對照清單，讓孩子自己來選擇哪些是自己最需要的東西，哪些是不怎麼需要的，哪些是根本不需要盲目拿的，並讓他們把不需要的東西放回購物貨架上。這種體驗過程可以讓孩子知道，自己是零用錢的管理者，自己可以透過事先的預算來進行最佳的財務支出。

若是讓孩子在日常生活中透過學習實踐，將金融知識、家庭觀念、動手能力、節約勤儉一點一滴地累積起來，這將讓他們終生受益。

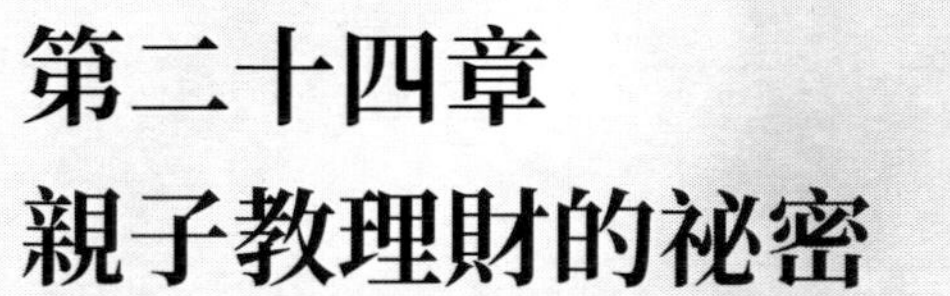

第二十四章
親子教理財的祕密

把「理財」融入生活當中。

曾經有個實驗，一位名叫皮亞傑的人，他將 10 顆彈珠排成上下兩排各 5 顆，再將第 11 顆彈珠加入下一排，並將長度縮得比上一排短，問小孩哪一排彈珠比較多？結果小孩都說較長的那排較多。但以相同實驗，只是將彈珠換成巧克力後，實驗結果完全改觀，兩歲半的小孩都知道要拿下面這一排！

一個當老師的媽媽問小孩：「小於 100 的最大整數是多少？」小孩目瞪口呆，不知道媽媽在講什麼，眼看弟弟要挨罵，哥哥跑過來幫忙：「媽媽要給你一個紅包，裡面的錢不可以超過 100 塊，你要多少？」弟弟立刻說：「99 ！」

今天我們的教學不能與生活連在一起，小孩不知道你在問什麼時，這不代表他很笨！對於孩子，希望他們能夠有效學習，要從了解他們的心理，並且以他們所要的方式著手。

有位媽媽提到，她後來讓孩子願意看中文，完全是從金庸的《書劍恩仇錄》著手，武俠小說嘛！講到最精采的地方，她就停下來說：「媽媽要去做家事了。」孩子拉著她問：「後來呢？」她就叫孩子自己去看。其實孩子並不能全看懂，自己用想像力填補了很多地方。不過他有強烈想要知道小說結局的動機，所以就能主動地、心甘情願地讀完中文書。

小孩子通常喜歡看卡通影片，父母即可將理財教育同時融入，與他們共同享受卡通影片的快樂時光。

例如，看「櫻桃小丸子」時，可選擇有關消費及理財部分，一邊和孩子討論劇情中小丸子的行為對錯，一邊引導孩子正確使用零用錢，另在「哆啦 A 夢」中，有出現大雄不當消費行為造成嚴重後果的部分，則作為負面教材，警惕孩子不要跟大雄一樣，在潛移默化中建立消費觀。

另外，父母亦可用與孩子玩遊戲，進而達到理財教育生活化的目的，例如玩大富翁遊戲，在親子互動過程中，透過選擇買哪個地段的房子，即可訓練孩子去思考，手中擁有的錢和目前的投資比例，是否適當或已過度投資。而撲克牌的「撿紅點」及「10 點半」，則可培養孩子預測和選擇策略的能力，為未來投資布局能力做準備。

不少國外小孩理財教育書籍，都特別強調教導孩子創業的理念，這就我們臺灣父母看來，簡直太瘋狂，畢竟孩子放學回到家，功課都做不完了，哪有時間忙賺錢的活動，更何況創業是大人的玩意，小孩談創業根本不可能。但事實上，教導孩子創業，是利用小孩子需要多餘零用金的動機所出發的理財教育，在活動當中呈現「寓教於樂」的效果。

在美國學校，就將「創業」活動落實於學生的課程活動中，因此，曾有家長談到，他兒子在活動中，成立的是一家賣中國字畫的公司，作品就是在家自己用毛筆寫好的春聯，當然也可應客戶要求當場揮毫完成作品，反正老外不懂中文，也不知道寫得好不好。

此外，有個印度小孩的公司想做「蛇舞」的生意，但由於沒有真蛇可「舞」，只能自己傻跳「人蛇舞」，「看熱鬧」的倒是有，付款的卻沒有，所以沒幾天就倒閉了……

另有一次活動，是學校讓幾個班的孩子合組一家公司，孩子們各有自己的角色，有當工人的，有當設計人員的，有當管理人員的。公司內部用假錢流通，把個人的工作角色和報酬連繫起來。而該家長的兒子是個設計師，屬於動腦一族，才做了沒幾天，他就發現公司「分配不均」、「貧富懸殊」：動手的，不如動腦的；動腦的，不如動嘴的（主管）。

這些創業活動的開展，可讓孩子學習社會上生存競爭的技巧、避免死讀書發揮創造力，並且將有關「錢」的教育提升到另一個層次，把賺錢的行為演繹得更貼近生活了。

放手讓孩子學習，才會成功。

你想過嗎？有一對勤儉持家的夫妻，教 8 歲兒會計知識和買股票。對孩子講錢？這會不會太過市儈？其實，給孩子錢不如教孩子如何花錢、存錢。因為從小就建立良好的理財觀，有助於健全的人格發展。

美國南加大心理學講座教授雷恩博士說：「一個國家的錢，如果不用在教育上，就會用在監獄上。」現在，這段話用在理財教育更是貼切。曾經寫過《有錢是教出來的》的夏韻芬也表示，「品格才是教育孩子理財的第一步。」她強調，父母要從日常生活中培養孩子使用金錢的正確想法，千萬不要什麼事情都用金錢量化，這樣孩子會失去責任感，對金錢的價值觀也會混淆。

現代父母在日常生活中，會遇到哪些理財的問題，又該如何借用機會教育？

場景 1. 到賣場買東西：

「媽媽，我可以買這個嗎？」

許多父母會利用帶孩子上賣場的時候，訓練孩子如何花錢。讓 3 歲的女兒自己拿東西結帳，「我會拿 50 元給她去買乖乖，告訴她乖乖一包 20 元，所以，還要找 30 元回來，讓她了解東西是要用錢才能買的，不能亂拿。」爸爸說。

同樣地，最近才剛帶 3 位女兒逛商場的媽媽也會給孩子錢，讓孩子到超商去買東西。「我給她們 100 元，訓練她們用錢。」媽媽強調，給孩子錢等於是把用錢的主導權交給孩子，當孩子有機會支配錢的時候，她們反而會更珍惜這筆錢，「因為她知道，自己只有這些錢可以花，所以往往不敢亂花。」

要是孩子選的東西超過手中的價錢，卻哭鬧不休一定要買時，父母當下應該怎麼辦呢？「我會評估孩子是不是真的需要，若是沒必要，那我會堅持立場不買給她。」這位媽媽曾經帶孩子到百貨公司樓下的超級市場買東西，孩子吵著要買一包300多元的糖果，媽媽覺得糖果色素多、沒必要買，就鐵了心不理孩子，反倒是先生先投降，想買給孩子吃，最後媽媽依舊堅持不肯買，「不是因為買不起，而是這次你妥協了，下次孩子就知道可以討價還價。」媽媽這樣說道。

場景2. 做家事：

「媽媽，吃飯也可以領錢嗎？」

「做家事就給零用錢」是許多父母訓練孩子培養金錢觀的第一步；不過，稍一不慎就很容易弄巧成拙，讓孩子誤以為做任何事情都可以用金錢來量化，所以當小孩開口閉口就要錢的時候，父母就要小心，孩子的價值觀是不是混淆了。

有一位某小學家長會的會長，同時也是國小理財班的義工媽媽，她在家教導孩子做家事、領零用錢時，會先把遊戲規則說清楚，掃地10元、洗碗10元、澆花5元……每一份工作該領多少零用錢通通製成一張表格，讓孩子選擇這個星期要負責什麼樣的家事，「至於沒有列在表上的，就代表是義務工作，做了不應該領錢。」媽媽說。

千萬不要讓孩子以為他做任何事情都可以邀功，當孩子出現這樣的想法時，父母要當下給予糾正，分析當初親子間所做的約定給孩子聽，什麼是孩子應該要做的，譬如吃飯、洗澡、看書、整理自己的房間，還有什麼是孩子可以領零用錢的，像倒垃圾、洗衣服等，通通都要事先聲明，施行的時候絕對要清清楚楚，千萬不能因為孩子吵鬧就亂了分寸。

場景 3. 出國旅遊：

「媽媽，出去玩是不是就可以買很多東西？」

暑假是旅遊旺季，不少父母也會在這個時間帶孩子出國去玩，看孩子玩得開心，為免掃興，孩子要什麼有什麼，心想：「難得出國玩一趟，就買給他吧！」卻破壞了平常辛苦建立起來的理財制度了。

其實，家長可以有更聰明的方法。

有一年，一位媽媽帶孩子到日本玩，到日本的第 1 天，她就給大女兒 1 萬圓日幣，而且是 10 張全新的 1 千圓日幣攤開來，然後一張一張交到女兒手中，「她第一次拿到這麼多錢，卻沒有亂花。」媽媽說，自己把這 1 萬圓交給孩子後，就不過問孩子怎麼用，只要求孩子每天要記帳，看看到底花在哪些地方。她發現，當孩子有機會拿到一筆錢、學著如何花用的時候，反而會更謹慎，甚至買到不喜歡的東西，還會要求自己拿去退貨，絕對不會買了不用就丟著。

還有的聰明媽媽會在出國前，先給孩子一筆錢，然後讓孩子學會如何用臺幣換成外幣，告訴孩子匯率以及手續費等細節，讓孩子去體會各國錢幣的大小，等到出國後，這筆錢就讓他們花用，付錢、找錢全由孩子自己來，父母只需在一旁觀察，然後給予指導。

場景 4. 玩遊戲：

「爸爸，暑假時間這麼長，我玩的時間也可以多一點嗎？」

是的，孩子，你絕對可以多玩一點，只是這個暑假，要帶你玩點不一樣的。

某國際管理顧問公司執行長陳爸爸，在孩子讀小學三年級的時候，就每天花半小時跟孩子玩大富翁線上遊戲。「在遊戲過程中，我會跟孩子解說，如何買房子、賣房子，更重要的是遇到『機會』或『命運』的時候，告訴孩子風險的觀念。」陳爸爸說。

兒童理財專家王爸爸，在孩子念小學一年級時，陪孩子玩自創的大富翁遊戲。原本簡單的「買房子」、「買地」變成了「買黃金期貨」、「買股票」，交易的貨幣也變成紙上記帳，譬如花 10 萬元買一檔個股，就要記在「資產」，要是賠錢，就要記在「負債」一欄。「這個遊戲可以訓練孩子資產與負債的觀念，讓孩子提早學會基本的會計準則。」王爸爸說。

同時，這個遊戲也可以讓孩子培養「當大老闆」的夢想。王爸爸解釋，他建立孩子理財觀的基礎就是「有夢最美」，他要孩子想創業要做什麼，然後告訴孩子：「當老闆就是可以印一堆股票讓別人來投資，大家一起來幫你賺錢，就是這樣一個簡單的原理。」

同時，他還教小孩如何看基金股、企業股與普通股、優先股等等，現在 8 歲的孩子就已經有投資組合的概念，孩子的自主選股都是績優股和權值股。「因為，這些都是很大的公司、有名的公司，所以我會投資它們。」王爸爸的孩子如是說。

有人認為，對孩子講錢傷感情而且太過市儈；但事實上，孩子從小就建立良好的理財觀，將有助於健全的人格發展；因為，人無時無刻都要用到錢，該怎麼花、怎麼存錢，理財觀念對不對，都會影響決策。

親子理財，太享受不足取。

太享受不足取，有陽光就夠了。

女兒在學校求學，有同學家境較為富裕的，難免會帶些光鮮亮眼的文具用品或玩具到學校，孩子回到家後，總是會以稱羨的口吻談到，要是自己也有該多好。

這時，就是教育小孩理財觀念的適當時機，告訴他們任何物品在購買前，要先衡量是需要的物品或只是想要、炫耀，一旦勉強購買超過自己財務能力的奢侈品，早晚會造成財務上的傷害。

有一個叫喬的人，多年來從事一份他憎惡的低薪工作。後來他決定要富有地退休。於是他節衣縮食，盡可能地存下每一分錢：在晚上及週末從事第二份工作來為他的投資管道添加燃料。50 年之後，自律和犧牲得到了回報，他的財務自由了。

於是喬決定，既然他已經 70 歲了，一定要過逍遙的日子！他認為該是時候，放縱自己去做夢想了一輩子的事 —— 也就是到世界各地潛水！於是，他將多年辛苦賺來的錢拿去學習潛水、購買潛水設備。他坐頭等艙飛到夏威夷，並在麗思卡爾頓酒店訂了套房。

第二天，他就直奔夏威夷最漂亮的珊瑚礁潛水。夢想終於實現了！當他穿上昂貴的潛水服時，無比自豪。他有專門訂做的保暖潛水服，特製的鋁質氧氣缸，德國製造的潛水相機、防水筆及防水寫字板。

喬準備好了！當他潛到海裡去看七彩的珊瑚礁時，他盡情享受每一分鐘！一邊潛入海底，一邊拍攝種種奇異的魚。第一次潛水正如他一直所夢想的。花了幾千美元在他的新愛好上，而每一分鐘都是值得的。

「等待是值得的。」喬對自己說，「這真的太美妙了。」

突然他震驚地看到有一個男人，只穿著游泳褲在他下面幾公尺的地方游。喬憤怒地在寫字板上寫了一句話，然後游到那人身邊，拍拍他的肩，生氣地將寫字板遞給他看。上面寫道：「為了這潛水設備，我花了幾千元美元，而你只穿著游泳褲，怎麼回事？」那人拿過寫字板寫下：「我快要淹死了！」

從這個笑話中，我們學到的第一個教訓是：事情往往不像我們想像的那樣！喬以為那人是在享受潛水，但事實上完全不同 —— 那人快要淹死了。

當談到財務時，社會大眾一樣會被一些表面現象所掩蓋。那些戴著勞力士錶和穿著名設計師專門設計的時裝的人，看起來已達到了財務自由，可是他們可能早已淹死在債務中！許多豪門第二代，出生後即擁有一切，相對的，我們一般中產階級人士，最常跟小孩說的話可能不是「爸爸買給你」，而是「想要，以後自己買」。

其實，一個人目前所擁有資源的多寡，並不必然代表未來可能獲得的財富也比別人多，反而是學會善用資源的人，更可能勝出。以下是新加坡成長的經驗，值得我們借鏡。

西元 1972 年，新加坡旅遊局打了一份報告給總理李光耀，大意是說，我們新加坡不像埃及有金字塔；不像中國有長城；不像日本有富士山；不像夏威夷有十幾公尺高的海浪。我們除了一年四季直射的陽光，什麼名勝古蹟都沒有。要發展旅遊事業，實在是巧婦難為無米之炊。

李光耀看過報告後非常氣憤。據說，他在報告上批了這一行字：你想讓上帝給我們多少東西？陽光，陽光就夠了！後來，新加坡利用那一年四季直射的陽光，種花植草，在很短的時間內，發展成世界上著名的「花園城市」。連續多年，旅遊收入名列亞洲第三位。

我們對孩子的理財教育，即是在教育他們對資源的善加利用，學會理財而能善加利用資源的小孩，未來就能像窮困潦倒的華特．迪士尼那樣，即使僅有一隻老鼠，在自己連麵包都吃不到的窘境下，也能創造出一個價值連城的「迪士尼」動畫帝國。

父母的管教態度，影響孩子一生。

美國太空總署的總工程師希坎姆，在他退休以後寫了一本自傳《十月的天空》。在這本書中，他說自己之所以能夠從貧窮的煤礦小鎮學校脫穎而出，拿到西維吉尼亞州科學展覽的第一名，跟他的母親有關。

他當年為了研發比較有效的炸藥，使火箭飛得高一點，曾經把他們家的熱水爐炸掉了，他當時非常緊張，以為一頓「竹筍炒肉絲」是跑不掉了，害怕得不敢回家。

當他餓得受不了，硬著頭皮回家時，想不到媽媽居然沒有罵他，只跟他說：「我早就告訴你父親這個熱水爐要換了，他都不聽，現在他必須要買一個新的了。」他聽了非常感動，決定一定要將火箭發射成功來報答他媽媽，他母親的態度改變了他的一生。

如同以上故事，父母告訴子女何謂良好的價值觀，並且在生活中以身教示範，就是所謂的言行合一，這對於孩子未來的人生態度有著莫大影響。尤其，想要子女對於花錢、投資、捐獻的方式和標的有所深思，你就需要在這些價值觀上確實以身作則，立下榜樣。

所以購物時，要是你只挑有名的設計師品牌，還帶子女去最高級的精品店，就等於是在教導子女：他們不必練習做理財決策。

假如，父母對於自己本身的消費行為想要刻意放縱（假如偶爾想要奢侈一下，到百貨公司血拼），但又不希望對子女有負面影響，有違培養子女節制消費的期望，這時應如何填補兩者間的落差呢？此時，父母應從檢視自己所要購買的產品著手，試問自己是否可以延遲購買，並與孩子開誠布公地討論。

例如：他可以對 12 歲大的孩子說：「小艾，新的 Switch 明天就要在網上發售了。我們可以在今天以較貴的價格訂購，或是等幾個月後在加樂福超市買。雖然我真的很想得到它，可是，想想還是應該等一下，看看是不是可以用更低的價格買到。我們還可以把其中的差價捐給育幼院。」

透過種種的教導，父母可以讓孩子明白，想要一件東西，並不是就應該理所當然立刻擁有它，因為它會伴隨著責任和選擇。父母對所購買的物品愈能節制，你的子女對自己在財務方面的選擇，其意識也會愈高。消費在本質上不是件壞事，只是要確保它對子女價值觀所造成的可能影響。

美國有個不光彩的小祕密，那就是父母都想要子女學會負責財務的習慣，可是能以身作則的比例卻出奇的低，而且這個情況正在惡化中。

在西元 1999 年，美國家庭的平均負債超過 7,500 美元。55％的美國父母未繳清每個月的信用卡帳單；只有 45％的父母能遵守預算；而每 8 對父母就有 1 對表示，他們的工作退休準備金為 0。難怪對許多父母而言，要為子女在金錢事務上以身作則，並成為其導師這個想法，簡直難以啟齒。

而近年來的「卡奴」人口激增，債務本身除對家庭有排山倒海的經濟壓力外，其中亦不乏有為人父母的，這對其下一代的理財教育，勢必也有負面示範效果，若未能妥善處理，恐怕無法跳脫世襲的貧窮困境。

理財教育是生存教育的一部分。重視「錢」的教育，等於是把孩了從「象牙塔」上「請」回到社會現實中來。而對錢的教育應由父母落實於生活中，以身作則。

有人問富翁阿卡德致富的方法，阿卡德問他們：「假如你拿出一個籃子，每天早上在籃子放進 10 顆雞蛋，每天晚上再從籃子拿出 9 顆雞蛋，最後將會出現何種情況？」

有人回答：「總有一天，籃子會滿起來，因為每天放進籃子的雞蛋比拿出來的多 1 個。」阿卡德笑著說：「致富的首要原則，就是在你放進錢包的 10 個硬幣，頂多只能用掉 9 個。」

父母陪著小孩共同實踐於每日的消費中，這麼簡單的致富道理，或許就是留給小孩最大的影響、最重要的資產。

誰都喜歡聽奇聞異事，尤其是青少年。

當你教孩子理財時，千萬不要說教，應該說 —— 不如講講故事。透過講述家庭理財故事，來闡述你認為最重要的理財經驗，將你的理財價值觀潛移默化地傳授給他們。

霍利．伊斯德拉有兩個哥哥，一個妹妹。

他們在很多方面都存在著巨大差異，卻有一個共同點：對花錢相當謹慎。對此，他一直迷惑不解，直到最近才發現了其中的奧祕。沒錯，他們的父母也是勤儉節約的人。可是他們並不是在有關勤儉美德和股票投資技巧的長篇大論中長大的。

那麼，為什麼他們都成了節儉的人？

霍利．伊斯德拉說，家庭價值觀通常都是在晚上點著燈，隨便聊一些事情的時候形成的。

他們在成長的過程中，經常會聽到有關外祖父在理財方面栽跟頭的故事。外祖父原本生於英國貴族家庭，他與他的 4 個兄弟姊妹各自繼承了在今天看來相當於幾百萬美元的遺產。不過，外祖父的兄妹們很快就把錢花光，過上了擁有名車豪宅的日子。而他的外祖父卻明顯謹慎得多 —— 他用這筆錢投資了一家農場。然而，缺少了點商業頭腦的外祖父，不得不一次次將大農場換作小農場，最後，還要靠做兼職園丁來維持生計。儘管如此，他的外祖父在英格蘭的鄉村還是過著快樂的生活。但無論如何，當他們聽到這個資產萎縮的故事時，其中的道理是不言自明的。

讓青少年感受過去的蕭條。

並非每個人都有一個擁有貴族氣質，卻缺乏商業頭腦的外祖父。不過多年來，數百萬個家庭都經歷了比這個更加觸目驚心的事情：金融危機大蕭條。經歷過一九三〇年代大蕭條的父輩們，都會有一個關於勤儉節約的教訓，而且很多人一次又一次地將這些故事講給他們的孩子聽。

「我的父母就經歷過大蕭條。」奧勒岡州的投資顧問威廉．伯恩斯坦說，「他們總是認為，你要盡可能存下每一角錢。但是，隨著這種品格一代代傳下去，它已經弱化了不少。我們的孩子可沒我們這麼節約，估計他們的孩子就更加出手闊綽了。」

伯恩斯坦說，在高速發展的亞洲，儲蓄率要比很早就進入繁榮的美國高得多。「你成為富人的時間越長，就越不願意儲蓄。」

如今，大蕭條已經被人們漸漸遺忘，耳邊聽到的全部都是對購物中心熱烈的討論。可是你不想讓孩子們在成年後，總是受信用卡債務的困擾吧？那就趕緊講講理財的故事給他們聽。只不過，講故事並不意味著隨心所欲，有 4 點問題值得注意：

- **精心選擇故事。**

講講你十幾歲時的賺錢經歷，說說你在大學時期或者在工作後遇到的財務困難。告訴孩子，你是怎樣把錢存下來付第一筆房屋頭期款的，是如何透過買一些一飛沖天的科技股發財的。「要讓孩子知道，你付出了代價，才擁有現在的生活。」伊斯德拉說。

■ **發揮祖父母的作用。**

如果你把週末都用來逛街，把晚上的時光都獻給了購物頻道，那麼，費多少口舌來大談節約都是毫無意義的。舊金山嘉信理財首席策略師波梅蘭茨建議，調動一下孩子的祖父母。「孩子在父母面前天生就具有反抗情緒，而祖父母與孫輩之間卻不然。」她說，「倘若由祖父母來講述中學時每天踏雪求學的故事，或許比從父母這裡聽來的更容易接受。」

■ **不要長篇大論。**

「我們有不少客戶喜歡和家庭成員長談。」伊斯德拉說，「他們可能會拿出家庭照片，如數家珍地講述著其中的每一個故事。」但是，若你能把家庭故事分成小段，編織到每一天的生活中，效果可能更好。伊斯德拉說：「你肯定不希望孩子把你當成破唱片。千萬不要說『今天是週二，我們來談談慈善事業』之類的話。」

■ **不要洩氣。**

你的故事不可能對孩子的理財觀產生立竿見影的影響。事實上，他們可能看上去對家庭故事毫無興趣，波梅蘭茨說：「父母說話的時候，他們可能會眼珠到處亂轉。但當他們長大時，卻有可能將同樣的故事講給他們的孩子聽。」

錢，對於四五歲的孩子來說，也許已經不陌生了。可是父母有沒有想過，培養孩子對錢和花錢有正確的態度、習慣和心理？有關專家提示，這需要注意正確的培養方法。

方法 1. 需要才是花錢的關鍵：

當天天提出他想要一個大型的拼裝玩具時，其實類似的玩具他已有好幾個了，而且這個拼裝玩具還特別貴。於是，媽媽就對天天說：「我們買不起這個！」

對孩子說「買不起」固然能夠簡化事情的因果，但是會讓孩子認為：是錢不夠，所以不能實現自己的願望。久而久之，孩子就會對錢形成一種追求和依賴。

要讓孩子明白，控制家庭開銷要有計畫，而不是用錢來主宰；收入很多，也可以開銷很少，收入很少，也可以把日子過得舒坦。願望的實現，並不在於錢的多少，而在於是否確實需要。

方法 2. 進行家庭花費交流：

浩浩從媽媽的手裡接過錢，去櫃檯買了一根冰棒，又想用剩下的錢去買個小玩具，結果店員阿姨告訴他：「剩下的錢不夠買玩具。」浩浩只得無奈地離去。

要幫助孩子懂得，各種商品都有不同的標價。美國有調查顯示，只有76%的父母會和孩子談論他們賺多少錢。父母和孩子交流家庭花費方面的話題，可以在不經意間讓孩子了解價格的意義。

平時可以用紙幣或者孩子的玩具硬幣，來向孩子展示一天的花費。譬如今天本來可以花 1,000 元，但是，今天買菜、買肉、買醬油等花了 800 元，還剩下 200 元。等孩子再長大些，可以把一個月爸爸賺了多少錢、家裡花了多少錢，主要買了些什麼等等告訴孩子，大概到孩子 12 歲左右，他就能漸漸明白，原來父母每個月賺的錢，其實大部分都在生活中花掉了。

方法 3. 會聰明的意外消費：

陽陽和媽媽一起去大賣場，本來說好只是去買些日常用品。可是突然看到一雙非常漂亮的鞋正在大減價。本來媽媽就想著要買雙鞋給陽陽，當然就把鞋買下了，陽陽十分高興。

去商場購物，不可能就只買計畫中的東西，而絕對不買其他的。重要的是，需要向孩子說清楚，家庭收入中有一部分就是被用來做臨時性消費的，關鍵在於如何更合理地使用。

要讓孩子感受到，合理地意外購物所得到的暢快和樂趣。同時可以讓孩子知道，在金錢上的智慧和籌謀，不只是去討價還價，也不只是節省和儲蓄，還包括能夠享受自己勞動賺來的錢所帶來的快樂。聰明地消費，同樣是一種能力。

方法 4. 用卡也能進行消費：

依依經常跟著媽媽去商店購物，可是她一直不明白的是，為什麼有的大人用錢買東西，可媽媽買東西時卻從錢包裡拿出一張卡，難道這卡是一個有著神奇魔力的東西？

大約在孩子 7 歲左右，才能真正懂得「卡」和「錢」背後的關聯。所以，父母在帶較小的孩子外出買東西時，盡量使用現金。不過可以適時地和他一起學習關於「卡」的簡單問題。

當父母在孩子面前使用刷「卡」消費後，可以和孩子一起看刷卡單和消費紀錄，告訴孩子，買的東西花了多少錢，而這些錢是透過卡刷走的。同時，還得告訴孩子，取出錢來是為了買生活中需要的東西，而不是「擁有」它。即使只有四五歲的孩子，也應該讓其懂得這個道理。

教孩子規劃零用錢，從孩子四五歲，父母就可以透過給孩子少許零用錢，來教會他花錢、省錢、計劃消費等知識。作為一種習慣的養成，對孩子是非常有益的。

方法是，譬如給孩子 10 個 10 元硬幣：

讓孩子把 6 個硬幣放進屬於他自己的小豬存錢筒；

把 3 個硬幣放進屬於他的小錢袋，作為隨意支配的部分；

最後把 1 個硬幣放進愛心盒子，作為用來幫助那些需要幫助的人的錢。

第二十五章
美國青少年的理財課

美國人十分重視兒童的理財教育，這種教育甚至滲透到了他們兒童與錢財發生關係的一切環節之中。我們不妨來品味一下，美國在兒童理財教育中的獨特「菜肴」。儘管社會背景存在著差異性，但這些理財教育的獨到之處是值得我們借鏡的。

讓孩子早早就學會自立。

13 歲的美國少年安東恩參加了「青少年理財營」，暫時擺脫只能當「伸手牌」的青少年身分，假想自己是 35 歲且已婚生子，每月月入四千八百美元，身為一家之主的他，得學習如何報稅，撙節打理一個月的食衣住行育樂等生活開銷。

理財營是由「青少年成就組織」(JA)、金控公司「第一資本」(Capital One) 及美國司法部合辦，一個月來密集到全美各地教育青少年正確的理財觀。

參加理財營面對生活硬仗。

活動中，安東恩來到「房地產公司」的招牌前，本來心想：「我要買間又大又貴的房子。」不過看到主辦人虎視眈眈的眼神，立刻改變心意，心想：「我買的大房子應在能力所及之內，以免搞砸信用。」

參加活動的志工羅莫斯說，好幾次聽到向來不知民間疾苦的學員抱怨說：「『我不付了，這麼多帳單，這麼貴，真的要這麼多錢嗎？』這時我們會斬釘截鐵地告訴他們：『這就是生活，生活費就是這麼貴，而且這是每天都得面對的硬仗。』」

猛按電腦體會父母辛勞。

在會計區，一些女孩猛按電腦。16 歲的布蘭妮發現，若帶著全家每月到餐廳消費四次，加起來金額驚人，此時才了解母親理財苦，自己再也不能隨心所欲亂花錢了。

理財營是由兩輛拖車改裝而成，巡迴全美各地教育青少年正確的理財觀，裡面還精心設計了十九種店面，讓青少年更有臨場感。至今已有一萬一千多位美國青少年參加。除了理財營，預算管理課也是目前學校裡當紅的課程，這反映出，越來越多人認為，過度使用信貸是造成當前金融危機的禍首之一。

「青少年成就組織」教育主任史帝芬說：「多數父母無力教育小孩如何量入為出，也無法教育小孩金錢觀念。其實許多人在理財方面，根本是一塌糊塗。」

被帳單嚇到懂得精打細算。

課程結束時，史帝芬跟安東恩說：「你口袋裡只剩十五美元了。」安東恩聽完，整個人傻住。他必須想辦法減少開銷，放棄一條高檔牛仔褲，才有餘錢幫小孩添衣物。安東恩說：「我一個月有四千多塊錢，最後只剩十五美元，因為帳單一堆，還得繳稅，我真的被這些事搞得抓狂。」布蘭妮倒是表現不俗，結算下來還剩 276 美元。

美國人向來習於借錢消費、先享受後付款，如果上一代的貪婪浪費造成了金融海嘯的苦果，能讓下一代開始懂得腳踏實地勤儉度日，倒未嘗不是一大收穫。

其實美國爸媽們都很操心給孩子上理財課。

過去幾年，美國年輕人因負債而破產的人數屢創新高。美國許多大學管理者認為：相比起教學失敗，不堪信用卡透支重負，會導致更多大學生退學。

大多數孩子的理財觀念，並不是在學校學到的，父母才是這方面的主導者。理財教育，要從娃娃做起，美國《西雅圖時報》報導了當地三個家庭對孩子進行的理財教育，我們是否能從中受到啟發？

家庭一、教孩子學會節約。

克勞迪婭 · 努茲是一個家庭主婦，丈夫在一家食品公司工作。他們有兩個兒子：11 歲的卡洛斯和 5 歲的以馬利。

每個週末，努茲會帶上卡洛斯和以馬利，到二手市場和折扣商店。他們跟著媽媽逛很久很久，看媽媽在購買糧食和乳酪時是如何貨比三家的。購物之後，努茲會把錢包裡找回的零錢分給兒子。

努茲說：「他們學會了在我購物時觀察、等待。我肯定，他們知道我們必須節約，如果不這樣，他們就分不到節約下來的零用錢。」對卡洛斯和以馬利來說，除非是生日或耶誕節，大搶購和新禮物就不要想了（就連這兩個節日也不一定有）。

11 歲的卡洛斯咧嘴笑著說：「假如節約、儲蓄，你就能買到大部分想買的東西。我從媽媽那裡學到：買東西之前，必須多問問自己是否真的需要買。」

儘管現在的商店遍布大街小巷，努茲還是希望「貨比三家」的理財觀念，能夠一直伴隨著她的孩子。「我並不想讓他們覺得金錢是最重要的、可以買到幸福。」努茲說，「教會他們節約和儲蓄，就能讓他們以後的人生少很多痛苦。」

家庭二、教孩子學會做預算。

埃里森 · 邁克歐文是半個家庭主婦，丈夫尼爾是軟體公司銷售部的副總。他們有三個女兒和兩個兒子。

兩個稍大的孩子每月拿 40 美元的津貼，年齡居中的每月拿 30 美元，兩個小的則每月拿 25 美元。

邁克歐文給每個孩子一本記事本和四個拉鍊錢袋，讓他們管理自己的財務。每人 10%的收入作為捐稅，在「捐稅袋」裡存起來，捐給本地的教堂。孩子們學著把剩下的錢一分為三：零用錢、長期存款和禮物預算。在大學畢業之前，每個錢袋裡的錢都不能擅自挪用。

學校舞會的前一週，17 歲的女兒娜塔莎鼓起勇氣，邀請一個男生當她的舞伴。在他接受了邀請後，娜塔莎又得鼓起勇氣向父母開口要買禮服的錢，卻遭到了拒絕。她必須省吃儉用，在一週內存到支付禮服、入場券和晚餐的 120 美元。「我求了他們好幾次，給我一些預付零用錢。」娜塔莎可憐地說，「他們只是說，妳應該提前做準備。」

有時候，14 歲的兒子安東只能帶著價值 2 美元的糖果去參加生日派對，因為他的「禮物預算」裡只剩下這些了。

邁克歐文說：「孩子犯錯，並不是每次都那麼容易糾正。」但她讓孩子們自己決定如何花錢，藉此培養他們的責任感。

家庭三、教孩子學會掙錢。

伊莉莎白・赫多，已離婚的失業母親。兒子大衛 12 歲，女兒安娜凱特 9 歲。

大衛夢想擁有一輛自動擋寶馬汽車，目前他的存款是 20 美金，還不夠買半桶汽油；安娜凱特比他好一些，已經存了 128.25 美元，正向買一匹馬的夢想靠近。

當大衛剛開始存錢買寶馬時，伊莉莎白被嚇了一跳，不過她鼓勵他們帶著目標工作，使存款成為一個更切實際的過程。她說：「存錢的確是為了一個目標，而不是因為節約的美德。」

伊莉莎白經常向孩子談起她的金錢觀，她希望這樣能使金錢不再那麼神祕。她說：「我告訴他們，這是我的薪資，這是抵押貸款，這些對他們來說都不是小數目。」

為了教育孩子，有一次，伊莉莎白把他們帶到當地的一家豪華旅館過夜，享受游泳池和客房服務。回憶起來，大衛說：「你會感到內疚，甚至有些厭煩。媽媽讓我懂得：如果想要揮霍，就必須努力工作。」

最近，伊莉莎白開始鼓勵孩子主動做家事。她給大衛 5 美元作為除草的工錢，假如大衛主動除草，他將得到 7 美元。大衛說：「2 美元能讓你的錢包重很多。」同時，他離駕駛寶馬的日子也就更近了。

美國學生負債現象嚴重。

美國學生持有信用卡的現象十分普遍，他們的信用卡平均負債額高達 2,750 美元。在大學裡，約 70%的學生至少有一張信用卡，這些信用卡的平均負債額為 4,800 美元。

在美國，西元 2001 年，每 15 名申請破產的人士當中，有一人的年齡低於 25 歲；西元 2002 年，有大約 15 萬名美國青少年（低於 20 歲）宣告破產。

美國消費者權益保護組織認為，信用卡公司濫發信用卡造成了許多負面影響，其中之一就是鼓勵學生盲目進行信貸消費。當學生們發現那些極具誘惑力的廣告宣傳背後是沉重的負擔時，他們已經負債累累，有的甚至走上犯罪道路。

「省錢夏令營」教孩子理財。

隨著夏天的到來，多數美國家長正在忙著準備為孩子挑選夏令營。不過，現在有不少美國家長準備將孩子送進一種「省錢夏令營」，好讓孩子早日了解到欠債的壞處以及省錢的好處和方法。

參觀銀行、制定預算。

伊莉莎白·多納迪是美國加利福尼亞州「省錢夏令營」的創始人之一，該夏令營是一個非營利組織，面向 10 ～ 16 歲的少年，每人收費 279 美元，教授一個短期的理財課程，教育孩子們掌握「財富」背後的規則，包括制定預算、了解利率以及為退休後存錢等等。夏令營會安排學生們到銀行參觀；假裝成消費者，使用假幣消費；聽取白手起家者講述他們的成功經歷。

實際上，早在西元 2005 年，美國就出現了類似的「理財夏令營」。當時，在美國洛杉磯，有人推出了「理財夏令營」，講授預算、投資、儲蓄等方面的知識，帶領學生實地參觀股票經紀人的辦公室、銀行、房地產商辦大樓以及大型酒店。現在，美國不少地區都出現了類似的夏令營。

隨著美國人日益陷入創紀錄的信用卡債務，許多家長表示，希望自己的子女能早日學會如何理財。「美國人的債務總量已達歷史最高水準，而儲蓄率則創下歷史新低。」加利福尼亞的吉奧納特說，她曾經和 12 歲的女兒蘿拉一起參加一個省錢夏令營。如今，16 歲的蘿拉已經學會了管理自己的服裝預算，還在一個共有基金開設帳號，投資數百美元，現在，這筆錢已經漲到了 4,000 美元。

美國小學生也投資。

讓人印象更深的是 14 歲的納森·萊米克斯，她的母親裘蒂·萊米克斯參加了一個為成人舉辦的省錢夏令營，萊米克斯實踐自己從母親那裡學到的課程，取得了非常好的成績。「他打工賺錢，上 3 年級的時候，就在美國一家著名的線上證券交易公司開設了一個帳戶，投入 1,000 美元。」

裘蒂在談到兒子時說，「現在，時間過了5年，他已經上8年級了，而他帳戶裡的資金則呈指數級增長，他的資產已經接近2萬美元。」

美國人如何培養孩子的經濟頭腦。

美國孩子十分精明，無論是購物還是算帳，都要比東方國家的孩子強。十五六歲如果必要的話，靠自己的雙手養活自己大都不成問題。而東方社會的孩子往往還依賴父母。美國孩子的生存能力不是天生的，而是他們父母細心調教的結果。在美國，無論是社會還是家庭，都十分注重對孩子的經濟教育，甚至在幼兒園就已增加個人理財的課程。

美國人教孩子理財有一套循序漸進的規則。為了帶領孩子穿越金錢迷信，家長們在小孩3歲時就開步走，進行花錢教育。小孩3歲，父母用寓教於樂的方式，告訴他們金錢的重要作用，但來之不易；4歲，讓孩子知道錢的面額，並讓他們知道，錢雖然有用，可不能自己想要什麼就要什麼，必須有所取決；5歲，讓小孩知道哪種面額的錢，可買到哪種東西，以及錢從哪裡來；6歲，讓孩子進一步了解金融貨幣，並學習簡單找零，常點數目很多的零錢，明白在處理財務時會遇到許多困難；7歲，幫孩子了解標價，以及找打折物品；8歲，讓孩子了解他們可做額外的工作來賺錢。如讓孩子在家門口放一個茶水攤。路過的大人一般樂於惠顧，他們並不是為了飲用，而是鼓勵他們的勞動。同時8歲也該學著存錢，他們可擁有一個儲蓄帳戶了，家長可以帶他們去銀行，開一個監護帳戶，要讓他們知道銀行的所在。如此，他們可以定期去存錢，而且保有這個存款簿。

9歲，讓孩子簡單地訂一週的花錢計畫，並於逛街時學著貨比三家；10歲，在小孩要花上一大筆錢之前，讓他們從存小錢起積少成多；11歲時，他們基本上通曉買家與賣家的關係，了解電視廣告的事實，可試著在銀行定存；12 歲的孩子，已有能力管理自己的零用錢。這時要教導他們做預算，有計劃地花錢。如孩子要買一個芭比娃娃，先得幫助她做預算，每週存錢，直到足夠買一個芭比娃娃為止。讓他們學到為得到某些東西而儲蓄是十分重要的，並知道如何使用和儲蓄。倘若他們在週末的下午發覺已沒有錢用，不妨就讓他在下一週內身無分文，如此他就會懂得責任和後果，知道用錢是應該謹慎。

如果孩子們在理財方面有失誤，這也是難免的事，家長可以與他們一起探索他們的想法和做「決策」的過程，和他們一起評估購物的得失。

總之，從小對孩子進行理財教育，能培育他們的經濟頭腦，成為懂得經營，熟諳商貿，精明強幹，社會適應性強的新一代。

例如，紐澤西銀行的創始人法爾瓦諾在他的獨子 8 歲時，就教他如何管理自己的大學教育基金。當孩子 15 歲時，父親不幸去世。但幸運的是，「父親教給我很多規律與法則。」小法爾瓦諾說。從那時起，他就開始獨立處理家族的財務事宜。

在美國也會有許多人向富人建議，不要讓孩子們知道將要繼承的財產數額。約伯夫婦卻不這樣想：「我們的兩個孩子都知道他們各自有一個信託基金。」約伯鼓勵孩子們參與市場投資，女兒 16 歲時就從父母那裡得到 4,000 美元用於投資。父母為她介紹了一個可信賴的投資顧問，但將投資決定權交給女兒。她現在已經有一筆大多數成年人都求之不得的證券投資組合了。

吃麥當勞學以致用。

住在紐約的蘿拉．舒爾茨說，13 歲的兒子最喜歡的餐廳是麥當勞，並對它始終如一。他 7 歲那年，我開始送他第一股麥當勞股票，以後逐年增加。每次麥當勞公司的年報寄至時，他都會仔細閱讀；每次去附近的麥當勞用餐時，他都要認真考察一番。這些股票不像過完節就扔掉的玩具，從中得到的經驗將伴隨他一生。

上網學拍賣課。

利用網路給孩子一些投資的意識，是蓋瑞．古川的想法。不久前，蓋瑞收到了很多皮卡丘（動畫片的主角）黏貼卡片，因為他持有卡片製造商的股票。於是，他一本正經地告訴兩個女兒：「皮卡丘卡片現在賣得可好了，這個消息千真萬確。」9 歲的愛麗斯和 7 歲的凱莉脫口而出：「爸爸，那我們把它都賣了吧！」此後的幾個月裡，兩個孩子在網站上拍賣這些卡片，一路競價到 2,000 美元才脫手，給她們自己上了一堂最好的經濟課。

對於孩子們的理財教育，美國更是大花心思、花樣百出，比如就用「漫畫英雄」助力美國青少年財商方面的教育。

美國信用合作社全國聯合會（CUNA）下屬信用合作社行銷論壇，曾在聖地牙哥發起一項嶄新的行動計畫，該計畫主要面向兒童進行財商教育，並建立一個多媒體平臺。美國緬因州國家信貸聯盟成為首個獲准參與該一計畫的金融機構。

值得關注的是，漫畫超級英雄再次被選中，在這項兒童財商教育行動計畫中發揮獨特作用。因為漫畫超級英雄深受孩子們喜愛，能夠幫助銀行和信用社和孩子建立友善信任，從而開展金融知識掃盲。據報導，在 CUNA 創建的多媒體互動網站上，銀行為孩子們提供免費贈品、課堂教學計畫、系列漫畫書、動漫授權商品和蝙蝠俠電視動畫等。而參與行動計畫的金融機構，可以在這裡享受一站式的服務，點對點終端支援，並且在其行銷區域內，還給予這一互動平臺獨家授權。

美國信用合作社全國聯合會為何要面向青少年展開金融財商教育行動計畫呢？據美國西元 2008 年公布的一項針對 500 名美國青少年所做的調查結果顯示，有 70%的受訪者害怕金融危機將對其家庭造成近在咫尺的負面影響。兒童心理學教授表示，孩子們相當容易受到父母因資產縮水，甚至資不抵債而產生的緊張、焦慮和悲觀情緒的感染，不諳世事的孩子們，比成年人更容易產生極端焦慮的情緒。

因此，讓孩子們理解科學理財，把投資眼光放長遠，可能會有助於他們減少這種情緒。歐美國家相關兒童理財調查同樣顯示，孩子們接受系列化、長期持續的財商教育是必要的。若是缺乏正確的指導，不良的金錢觀和理財觀同樣會影響孩子正常成長。

面向孩子進行財商教育，又不同於成人的理財教育方式，美國請來漫畫超級英雄上陣，問題就迎刃而解了。

第二十六章
哈利波特的理財魔法學校

說到《哈利波特》我們當然就不得不提「哈利波特母親」，一位單身母親 —— J · K · 羅琳。

一天賺 2 億，哈利波特之母羅琳創富歷程。

J · K · 羅琳，家人和朋友叫她情人，書迷叫她 JK。出版生平第一本兒童幻想小說《哈利波特》就獲獎無數，《哈利波特》已經注定在現代出版史上留下最傳奇的一頁，是球最暢銷的作品之一。

西元 1965 年 7 月 31 日生於英國的 J · K · 羅琳。父親在勞斯萊斯工作。法國籍的母親安妮已於西元 1990 年過世，有一個小她兩歲的妹妹黛安娜 (Dianne)。羅琳以第一名成績畢業於懷登學校，後來進入艾希特大學主修法語與古典文學。曾在莫雷教育學院接受教師的訓練，也擔任過國際特赦組織 (是一個人權監察的國際性非政府組織) 的祕書。

她最喜歡的學科是英文和語言，從小愛寫作，六歲時就寫過一篇叫《兔子》的故事。小時候戴著眼鏡，滿臉鼻涕，有點害羞，有點用功，非常好動。最喜歡過萬聖節。除了動物內臟，什麼都吃。喜歡看喜劇，像《歡樂一家親》和《辛普森家庭》。

西元 1991 年，26 歲的羅琳到葡萄牙教兒童英文時，曾與葡萄牙的電視新聞記者結婚三年，唯一的女兒潔西卡 (Jessica)，生於西元 1993 年。但是在女兒三個月大時離婚，返回英國愛丁堡居住，僅靠失業救濟金生活，後來《哈利波特 1 —— 神祕的魔法石》甫出版，竟然全球狂賣，大獎不斷，羅琳一夕之間，從貧窮的單親媽媽，變成名利雙收、家喻戶曉的國際暢銷作家。

《哈利波特》已經是全球最暢銷的作品。創造出這本書的作者 J · K · 羅琳，彷佛對全球讀者施了神奇魔咒，一旦你知道她成名的經歷，你就不得不懷疑施魔法的人，其實另有其人！因為她根本就是現代版的「灰姑娘」。

最戲劇性的選擇：

《哈利波特 1》完稿時的羅琳，窮得沒錢影印稿子，只能用打字機一個字、一個字敲打出兩本書稿。由於沒出過書，不知該向誰投稿，只好至圖書館查閱一本作家年鑑，僅憑著個人的靈感和喜好，羅琳做了她這一生最重要的決定，也最戲劇性的選擇 —— 挑選了克利斯多夫．里特作為她的經紀人。

當然這兩人當時一點都無法預知，後來《哈利波特 1 —— 神祕的魔法石》一經出版，竟然全球狂賣，大獎不斷，羅琳一夕之間，從貧窮的單親媽媽，變成名利雙收、家喻戶曉的國際暢銷作家；而名不見經傳的小出版社，從此一躍為國際知名的大書商。

點石成金的魔法：

《哈利波特》的成功，的確像是個偉人的魔術，因為這本書打破了童書出版界的許多慣例，它的文字篇幅很長，並不易被兒童閱讀，主題內容的「正確性」也已經超過一般童書的範疇，包括具爭議性的巫術、誇大的邪惡勢力，甚至隨著故事主角邁入 14 歲，作者逐漸加入死亡、青春期等特殊情節題材，使得原先才 10 歲的小讀者（據說甚至有 8 歲忠實波特迷），被提早引領進入青春期和面對成熟的現實世界，這也讓有些大人開始更加關注「波特現象」對兒童的影響。

哈利波特旋風，讓許多不愛閱讀的學生，重拾對童話故事的熱情，吸引他們一探究竟，也是許多老師們樂於把握的大好機會。

於是專門提供美國中小學教師教學資源的學樂出版集團，就出版了五本閱讀指導手冊《*Harry Potter Literature Guide*》，協助教師在課堂上與學生研究討論內容，相對於向來不愛讀童書，又「只指不導」的一般大人們可要加點油了！羅琳說：「我從來沒有設定我的讀者對象，我從來沒想過為兒童寫書，是兒童書選擇了我，我覺得如果是一本好書的話，大家應該都會讀它的。」顯然，持續創新高紀錄的銷售數字已說明了，這是一部打破閱讀年齡疆界的作品。

創造閱讀的純粹樂趣：

寫作是羅琳生命中最喜歡的事，甚於照顧女兒、與朋友相聚或閱讀，《哈利波特》就像是她的好朋友，為她帶來許多快樂，所以《哈利波特》並不是一本具有神聖道德使命的書，她如是說。因此她並不認同媒體稱她為「下一個路易士」。

羅琳直言她並不喜歡刻意戀眷童年，逃避長大的故事情節，認為人生的樂趣就在於成長的過程，所以她從寫第一本《哈利波特》時已打定主意，只寫七集，一個從哈利的 11 歲展延到 17 歲成長的故事。

哈利波特的原型是世界首富比爾蓋茲。

據羅琳密友透露，《哈利波特》系列小說裡描述的魔法世界就是 Geek（奇客）圈子，而哈利波特本人的原型就是比爾蓋茲。在一般的字典上，「Geek」原指那些性格古怪的人，後來被用來指那些具有極高的技術能力、對電腦與網路的痴迷達到不正常狀態，生活的大部分精力和時間都消耗在電腦和網路上的人。他們給大眾普遍的印象是：架著厚厚的眼鏡、頭髮凌亂或髮型古怪、衣著老土怪異，性格偏執離群等。

羅琳說她小時候是個戴眼鏡、相貌平平的女孩，非常愛學習，有點害羞、流著鼻涕、還比較野。在當年，這樣標準 Geek 相貌的人是會受到歧視的，這影響了羅琳的整個童年。但等到她在西元 1990 年構思哈利波特的時候，比爾蓋茲創建的 Microsoft（微軟）公司已經營運了 10 年，而且越來越影響到每一個人的生活。

那些在原來學校裡受到歧視的、架著厚厚眼鏡、頭髮淩亂的男孩或女孩，成了影響世界進程的成功人士。「這太棒了，我要為 Geek 們寫書。」於是，有著標準 Geek 相貌，架著厚厚眼鏡、頭髮淩亂的哈利波特誕生了，他從小被阿姨一家人當成怪胎，天天被關在櫥櫃中，他一直以為自己只是個平凡的小男孩 —— 這一切都是 Geek 們也是羅琳和蓋茲小時候的體會。但最終他們將用魔法改變世界。

身價 10 億財富超過英女王。

就像她書中的男主角哈利波特一覺醒來發現自己在一個奇異的世界裡已經赫赫有名一樣，羅琳在她的第一本書出版後不久，一定也有這種震驚的感覺。一個失業的中年女教師，一夜之間竟成為大不列顛最富有的女人之一。

西元 2004 年時，羅琳榮登《富比士》富人排行榜，她的身價達到 10 億美元，財產數量超過英國女王的 6.6 億美元。根據資料，羅琳有 3 處房產，兩處在蘇格蘭的愛丁堡和佩斯郡，另外一處在倫敦。

哈利對羅琳施展的魔法還不僅限於此，西元 2001 年，羅琳梅開二度，嫁給麻醉科醫師尼爾 · 默瑞 (Neil Murray)。西元 2003 年，她生下兒子大衛，西元 2005 年 1 月又產下女兒麥肯奇。現在羅琳兒女雙全，衣食無憂，再也不是那個泡在咖啡館裡孤注一擲地創作哈利波特的單親媽媽了。

在自己的網站上，羅琳寫道：「這些年，我獲得的最好的東西，或許應該是焦慮的消失。我依然不能忘記握著手中的錢，考慮能不能付得起帳單的那種感覺，不用擔心這些是世界上最奢侈的事。」

富有的羅琳如何花錢？是人們關注她的另一個話題。早前，羅琳花鉅款在蘇格蘭買下了一座建於 19 世紀中葉的古宅。古宅附近風光秀麗，緊鄰著名的泰因河。成為富婆的羅琳為人十分低調，她說之所以要買下這座房子，也是為了要遠離媒體，安靜地生活。

羅琳在消費上也是慎之又慎。她把女兒送到公立學校，並告誡自己不要花太多錢買禮物給女兒。對自己她更是如此。為了一件價值數百英鎊的衣服，她猶豫了 5 次才下決心買。

「哈利波特」理財致富有竅門，成為全英國年齡最小的「大富豪」。

因為演出「哈利波特」系列電影，讓丹尼爾．雷德克里夫名利雙收，身價高達 1,400 萬英鎊，更進入週日泰晤士報的「全英 5000 大富豪」榜單。而丹尼爾在小小年紀時，就懂得理財致富，並把賺來錢全都交給父母處理。爸媽用他的錢開了一家「Gilmore Jacobs」公司，一半存入銀行生利息，其餘投資其他事業，即使往後他不再演戲，生活一樣很優越。

高價出租房，「哈利波特」成「包租公」。

丹尼爾曾花費 220 萬英鎊在曼哈頓購買一層新建的單身公寓，專門出租給那些身價更高的富人，每月租金高達 1 萬英鎊！

丹尼爾購買的這個公寓，位於一棟 13 層新潮 SOHO 建築的第五層，整個公寓面積近 200 平方公尺。這棟大樓是由當今法國最為著名的建築師之一尚．努維爾（Jean Nouvel）設計的，號稱這一地區「最性感的新式建築」。丹尼爾購買的公寓有兩間臥室、兩個浴室以及大落地窗，能夠看到曼哈頓地平線的美景。此外，還有一個游泳池、一間蒸汽室和一間門房。

「哈利波特」小富婆「妙麗」長大成人自理財。

8 年的「哈利波特」合約讓妙麗的扮演者艾瑪．華森成為名副其實的「小富婆」。

在她未成年時，艾瑪的父母並不放心她小小年紀就坐擁金山銀山，於是為她安排了一個由銀行財務管理公司設計的財富管理課程，了解如何以錢賺錢。艾瑪和丹尼爾．雷德克里夫都選擇同一家銀行財務管理公司，艾瑪在該公司設計的 3 天課程裡，有各行專業人士教導她什麼是支出與預算、基本的經濟學原理、了解資產的種類與投資利率、如何閱讀金融財務新聞等。此外，還包括如何參與公益活動、建立個人品牌以及維護形象等。

《哈利波特》小說裡的神祕魔法石可以讓人獲得永生，這是小說創造的可能性。如何掌握有限人生，創造幸福的無限，這個可能性的關鍵就建立在人們一生的理財之上。

每月奉行 321 法則。

對一個母親而言，除了理財規劃以外，還必須具有家庭財務全貌的觀點，包括收入和支出。每個月把收入分成六份，其中的 6 分之 3 當作一般生活支出，6 分之 2 當成理財、儲蓄，剩下的 6 分之 1 投資自己。

為什麼要投資自己？因為自己才是真正去操作投資的賺錢工具、核心的價值，如何累計自己的專業能力，讓薪水更高，或者創造更多的生意機會，就能產生其他 6 分之 5 的錢。

對子女的投資，則是爸爸媽媽們理財的第二目標，在孩子們上小學四、五年級時，就可以開始做教育基金規劃了。簡單用數字為例子來說，8%的年報酬率下，每個月拿出 1 萬元投資，20 年後可得到 5 百多萬，若只做 10 年，只能拿到 184 萬元，由此可知時間效果的威力，所以最好是從孩子 0 歲就開始做起。

現在是學歷的通貨膨脹時代，除了物價漲以外，大學錄取率高，以後小孩子的學習生涯可能拉得更長，大學絕對不是終點，可能還要出國留學，讀博士、碩士，意味著要花更多的錢。

至於理財教育上，家長們給子女的零用錢，也是奉行前面提到的 321 法則，在小孩子上小學開始給零用錢，雖然給的不多，但是要訓練孩子們的理財觀。比如，上國中的孩子每個月零用錢給 500 元，其中 6 分之 3 的 250 元零用，買個飲料喝等等，剩下 6 分之 2 可以叫他存起來，給他們存摺本記錄金錢的收支。

所剩 6 分之 1 仍是投資自己，父母給小孩最好的資產就是給他學習的能力，快樂的小孩懂得去練就一身「武功」。孩子們對「哈利波特」非常著迷，媽媽就可以跟女兒說，哈利波特也不是進去魔法學校第一天就會魔法，而是經過一段學習的過程，所以那零用錢的 6 分之 1 就當成練魔法的資本（投資自己）。

對一般家長而言，想要訓練自己的理財觀，可以「就近取材」多吸收資訊，現在的銀行不一定是貴賓理財客戶才給你投資建議，個人可以找自己往來的銀行，透過和行員互動，搜集資訊，想好要問什麼問題，多問幾個人。

當銀行理專介紹幾檔基金後，可以上網去看基金的報導，有些基金公司網站、網路銀行也有相關報導。另外，現在很多銀行常常辦投資講座，大家可以多加利用免費資源，可以請專業理財師辦一個微型講座，當成學習的過程，這也用不到你那 6 分之 1 的錢。

以前單身的時候，錢好像永遠不夠花。現在年輕的媽媽們提到過去總喜歡買最新的東西、衣服、坐計程車，還跟媽媽借錢，以前是「收入減去支出等於儲蓄」，現在成家之後，會把儲蓄放在前面，「收入減儲蓄等於支出」。自從當媽媽之後，一切為了孩子去設想的強烈信念，讓媽媽們更懂得理財，天下的媽媽真是偉大呢！

第二十六章　哈利波特的理財魔法學校

第二十七章
智慧是賺錢的資本

人們有句老話，叫「三歲看大，五歲看老」，說的就是孩子還在幼兒階段，就是其人格培養和價值觀確立的最好時期。而在美國，「從三歲開始實現的幸福人生計畫」的理財觀念，也與這句老話極為相似，家長們不是一味地把孩子們關在童話世界裡面，而是叫他們了解鈔票的面值，傳授「取之有道，用之有度」的觀念。

新一代的青少年是要駕馭未來經濟的人才，光有智商和情商還遠遠不夠，高財商才是制勝的法寶。本著這樣一個理念，呼籲家長們重視孩子財商的培養，讓每個學齡期間的孩子都能接受有系統的財商培訓。

財商培養與智商情商同等重要。

孩子們高高興興地回到幼兒園後，對過年在家裡好玩的好吃的說個不停，這時壓歲錢也成了他們討論的新寵，有些孩子會非常興奮地告訴老師，他的壓歲錢數額高達幾千，也有的孩子會說爸爸幫他把錢存到銀行了，自己還有了一張漂亮的提款卡⋯⋯

這就是孩子在財商中所表現出來的不同。

「財商」是指理財的智慧，體現了人作為經濟人在經濟社會中的生存能力。21 世紀的社會已經是一個強者才能生存的經濟金融社會，如今的金融風暴中，高智商卻破產的人比比皆是，家財萬貫卻終究千金散盡的例子也屢見不鮮，因此說，財商對於一個人未來能否擁有成功的財富人生已變得至關重要。家長如果再像以前一樣，只重視孩子智商和情商的培養而忽略財商，覺得多讀點書多學點技能就萬事大吉，將嚴重影響到孩子未來在新社會形勢下的生存和成功能力。

多數家長有個誤解，他們也許現在也明白財商的重要性，但覺得小孩子把書讀好就好，理財能力等他們長大自然就能學到。

這其實是非常錯誤的觀念，著名兒童心理學家皮亞傑的認知發展論指出，8 ～ 14 歲時期的兒童正處於具體運思期（Concrete Operational Stage），他們會快速地發展記憶和認知技能，是開發和培養個人財商的黃金時期。所以，在此一階段教育兒童理財態度尤其重要。

把孩子調教成為「小巴菲特」。

其實，少兒財商教育在全球來說，並不是什麼新鮮事了。西方發達國家對此早已有了充分了解。在美國、日本和英國，少兒財商教育作為基礎教育項目，均已有了一套成熟的課程體系，絕大部分地區的學生都被要求參與理財教育的課程。對比之下，國內少兒財商教育的空白狀態，無疑讓人擔心青少年的財商健康狀況。

對於如何培養小孩子正確的理財觀念和態度，理財專家有著自己的一套「3C」模型，即（Concept 概念、Cash Flow 現金流、Control 控制）作為開發孩子財商的基礎，並指出透過這樣一個模型，不僅能扎實培養孩子的理財能力，同時能引導他們充分鍛鍊自我管理能力、創造力等多元智慧。

透過這套 3C 模型的運用，透過財商的開發，不僅是在教導孩子學習理財，同時也是教導他們學習成功學，知道如何活出正面的人生。

「金錢」是一種力量，不過更有力量的是有關財富的智慧。青少年的理財教育與性教育一樣，你不理它，其實它早就伴隨在孩子的左右。現在富裕家庭的孩子，可支配的錢也多了起來，若是我們不幫助孩子從小正確理財，諸如怎樣用錢、賺錢和「錢生錢」的話，那麼錢財就有可能帶著孩子越過「邊界」，跟錯誤與罪惡走到一起。

過去我們講理財，較多強調的是如何抑制消費；現在我們則更多強調理財是一種綜合性的能力。在我們對孩子進行理財教育時，應該從「學會生存」的基點上引導青少年合理消費，同時，幫助青少年逐步樹立金融意識，培養理財智慧和信用理念。不僅要告訴青少年們如何看待金錢，也要啟發他（她）們如何正確地對待人生。

理財智慧：三項煉金術。

如何將 300 元變成 100 萬元？這種看似「白日做夢」的想法，透過投資理財，完全可以實現。

我們耳熟能詳的億萬富翁，無一不是精明的投資家，如股神巴菲特、金融煉金師索羅斯等，成功致富的祕訣只有一條：用錢生錢。

巴菲特從 6 歲開始儲蓄，每月存 30 美元。到 13 歲時，他有了 3,000 美元，買了一檔股票。此後他堅持儲蓄，堅持投資，堅持了幾十年。現在他是全球前五大富豪。

我們如何用投資的方式，使自己成為富人呢？只要堅持三個原則，相信若干年後，你也是百萬富翁中的一員。

這三個原則是：先儲蓄、後消費，每月儲蓄 30%的薪資收入；堅持每年投資，假設年回報率 10%以上；年年堅持，長達 10 年以上。

理財智慧：複利嚇死人。

複利，也就是把賺到的錢，再進行投資，讓錢生錢。愛因斯坦說過，複利是世界第八大奇蹟。在經濟情況許可的時候，投資的時間價值會給你的資本帶來增值，無須你付出任何努力。

假設你有 1 萬元用於投資，年投資收益是 25%。如果賺單利，三年後，你總共賺到 7,500 元。若是每年都把賺到的錢用於投資，三年後，你可以賺到 9,531 元。從三年時間看，複利與單利相比，差異不大。時間一長，差異就會非常驚人。

在 30 年後，如果是複利，最初的一萬元，就會變成八百多萬元；而用單利計算的話，只有八萬多元。只要有適當的收益率，讓複利發揮作用，同樣可以獲得可觀的收入。

問題是，多少人可以長期取得穩定的收益呢？這就需要遵守投資理財的重要原則 —— 時間原則，要讓時間幫你賺錢。

讓孩子學會「等待」和「複利」。

石油大王洛克斐勒，是美國 19 世紀的三大富翁之一，洛克斐勒享有 98 歲高壽，一生至少賺進 10 億美元，捐出的就有 7.5 億美元。但他平時花錢卻十分節儉。有一次，他下班想搭公車回家，缺 1 美元，就向他的祕書借，並說：「你一定要提醒我還，免得我忘了。」祕書說：「請別介意，1 美元算不了什麼。」洛克斐勒聽了一本正經地說：「你怎麼說算不了什麼？把 1 美元存在銀行，要整整十年才有 1 美元的利息啊！」

看了洛克斐勒的小故事，讓人直接的啟發就是，原來有錢人富有，就是這樣一點一滴地省下來，所以從小教育孩子理財，儲蓄習慣的養成即是其中重要的一環，因為儲蓄過程可以讓孩子學會「等待」和了解「複利」。

為何要學「等待」？因為儲蓄即是犧牲目前的消費，等待換取未來能有更大的消費，如此，從小就養成不會衝動消費的習慣後，長大自然就沒有變身成為「月光族」及「卡奴」的問題。

另外，「等待」也有其他意想不到的好處，在《EQ》這本書中曾提到有關 4、5 歲孩童的分組實驗；一組是寧願立刻拿到，但只有一顆糖果；另一組是願意等一下，之後可拿 2 顆糖果。結果願意等待，以拿更多糖果的這一組孩童，經追蹤結果，後來不管是學業、人際關係，都比較好。

而把錢存在銀行，則可以讓孩子了解大錢生小錢的好處，即是「複利」力量的呈現，可以幫助我們的錢以更快的速度增長。目前儲蓄帳戶的定存利率約為百分之一至二左右，孩子不容易體會到複利力量的強大。所以家長可以採取一些富有創意的措施，來增強儲蓄的吸引力。例如，您可以按照他們每月所獲利息，向其帳戶存入與該月利息相等的錢，從而使其利率翻倍，即可令他加深複利的驚人力量。

財富的累積，講究的是滴水穿石。人們都知道「積少成多，聚沙成塔」的道理，可是沒有幾個人能做到，但洛克斐勒做到了。

這就是「習慣」的魔力所在。簡單的動作重複做，簡單的話反覆說，這就是成功的祕訣。說穿了，成功其實很容易，就是先養成成功的習慣。而儲蓄即是良好的成功習慣，利用複利搭配長時間的累積金錢，去創造驚人的力量。難怪，愛因斯坦曾言：「複利是世界上最偉大的力量。」

理財智慧：及早投資。

複利產生的結果，看起來似乎不合理，其實，這是及早投資產生的差異。可以想像一下，兩個年輕人，一個從22歲開始，每年投資1萬元，另一位呢？年輕時逍遙快活，32歲開始投資，為了彌補逝去的歲月，就得每年存2萬元。相比而言，及早開始投資，是讓金錢快速增長的最好方式。

當時間和複利共同發揮作用的時候，威力非常驚人。投資理財也很簡單，量入為出，儘快累積投資的資本，儘早投資，哪怕是有限的收益率，假以時日，同樣可以取得可觀的收益。

理財智慧：錢有四隻腳。

俗話說：「人兩腳，錢四腳。」意思是，錢有四隻腳，錢追錢，比人追錢快多了。一生能累積多少錢？不取決於你賺了多少錢，而取決於如何理財。

有一次，洛克斐勒的公司請了一對兄弟蓋倉庫，哥哥叫約翰，弟弟叫哈佛。兄弟蓋好倉庫後去領錢，洛克菲斐說：「如果你們有了錢，很快就會花光，不如換成我們公司的股票作為投資，你們意下如何？」約翰想了想，當場答應了。不過，哈佛堅持要領現款。沒過多久，哈佛就把錢花光了；約翰因為公司的股票上漲，賺到不少錢，賺到的錢又作為本金，買入公司股票。結果，複利效用得以發揮，約翰的錢在洛克斐勒的公司裡源源不斷地增長。

世界上錢有許多種，有勤快的錢，有懶惰的錢，有待著不動的傻錢，有能夠飛快增值的聰明錢，有罪惡的錢，有乾淨的錢，有好心的錢，有殘忍的錢。理財的本質就是，擁有勤快的錢，累積聰明的錢，遠離罪惡的錢，善用乾淨的錢。

現在就行動。

投資，通俗的講，就是「錢生錢」。實際上，人們更多的時候都是在打心理戰，誰的心態最穩定，誰的資金最充足，誰的洞察力最敏銳，誰就是最終的制勝者。所以，才有「沒錢的人越來越沒錢，有錢的人越來越有錢」的說法。

現在就開始投資吧！許多人想成為百萬富翁，連第一步都未邁出，每個人都有一堆的理由，其實都是在找藉口。

如果你說沒錢投資，我建議將你收入的10%～25%用於投資；如果你說沒時間投資，何不減少看電視、滑手機的時間，把精力花在學習投資理財知識上？

投資不是一時熱情，而是一種生活習慣，我建議你每月做固定數額的投資。不論投資金額多小，只要做到每月固定投資，足以使你超越大多數人。

要說聰明才智，老實人不見得缺乏，高智商有才能的也大有人在，可是大多數「缺錢」的人，缺少的是其他一些對人生更有影響力的智慧，賺錢的智慧就是其中一種。

我們不妨把這種智慧叫做「財商」，就彷彿人們慣用的「智商」一詞。

賺錢是一種全新的生存覺悟。

首先我們不應當把賺錢簡單地看成只是一種生存行為，而應當看作一種生存覺悟。不僅如此，我們還應當把這種生存覺悟尊崇為指導我們具體生存的導師。因為，若是沒有生存覺悟的指引，我們將會永遠在一種生存定勢中閉著眼睛「驢拉磨」，勤勞地轉來轉去，卻永遠轉不到明天。

對生存覺悟最大眾化的解釋是：是否「覺出」自己的生活出了什麼問題，並「醒悟」到下一步應該怎樣去做，進而下定決心棄舊圖新。

對於長時期依賴土地和國家的人，能看到賺錢是解決自己的生存困境的重要方式，當然是一種覺悟。覺悟初期，人們可能免不了對新的生存方式產生一種恐懼心理，不過它帶給人們的前景卻是告別貧困，並自豪地跨入新世紀的大門。

賺錢絕對是一種智慧。

如同做生意，賺錢當然也是智慧。但是，它是另一種智慧。

在儒家的觀念裡，賺錢是低級的行為，商人被打入社會下層，經商充其量只能算做體力勞動。有一句俗語叫「無奸不商」，這是對商人惡意的攻擊。隨著社會的發展，越來越多的人已經了解到此類看法的偏激和陳腐。可是，我們誰敢肯定這個遠古的幽靈，已經從自己的大腦中澈底消失了呢？其實經商賺錢絕對不是一件簡單的事，因為它也是一種智慧。

這種智慧主要表現在：它思考的不是人和人之間的關係，也不是物與物之間的關係。它思考的是人與物之間的關係。它永遠記得：只看重人與人的關係，使我們陷入漫長的封建倫理文明的泥潭，直到今天，我們的雙腳還遲遲不能從泥潭裡拔出。它告訴我們：物與物的關係，是自然科學研究的命題，與大眾生存的直接關係並不大。它還告訴我們：人要活著，就要從物質世界獲取自己所需求的東西，包括物質最簡潔的表達形式——貨幣。

那麼，人與物相處的最大智慧是什麼呢？

一句話：它是一種絕對的實用智慧，只遵循等價交換的原則和 1 ＋ 1 ＝ 2 的計算規律。要是誰把它看得太複雜，誰就注定是個蠢人。而我們總是把簡單的問題看得複雜化，所以我們只擅長解決心靈問題，而拙於處理生存事務。

因此，我們必須從賺錢開始，學會生存智慧。

賺錢是特別的思維。

它是單純的思維，只思考利益問題；它是無情的思維，只思考利益本身；它是數字的思維，只思考利益分配；它是擴張型思維，只思考利益繁殖；它是掠奪性思維，只思考利益攫取；它是世俗的思維，從來不思考利益的意義；它也是道德的思維，從來只信奉公平的原則；它也是一次性思維，一清二白，互不相欠。

所以它也是很男性化的思維，充滿血性和雄心，從不拖泥帶水。它看似簡單，掌握起來並不容易。因為——

賺錢還是一種精神，一種自尊自強的精神，它充滿創造幸福和未來的熱情；賺錢又是一種情感，一種對財富的戀情。這種戀情裡注入了對生存的全部責任感；賺錢也是一門學問，一種對人的物質情結的無情探索，它殘忍地揭開了人類一切虛偽的道德面具；賺錢更是一種活力，一種人類生存的活力，它橫掃一切假斯文的陳腐之氣，使生活充滿生機。

說到底，賺錢的智慧只有一句話：當我們想把別人的錢變成自己的錢時，首先得給予別人利益。我們明白這個邏輯關係嗎？我們有這種氣魄和覺悟嗎？我們會計算付出和獲得的比率嗎？然而更重要的是，我們能給別人什麼呢 —— 我們有什麼可以給別人呢 —— 也就是說，我們有什麼資本呢？倘若我們什麼都沒有，那就意味著我們不能給對方任何利益，那我們又怎麼能安然地把對方的錢變成自己的呢？

如果是這樣，我們只好做夢。

因為，我們本來就是出於貧困才要賺錢。但是賺錢的條件卻是先給別人以利益，我們拿什麼給對方呢？

現在，請讓我轉告大家：

我們所缺乏的只是金錢，並不等於一無所有。我們的辦法就是用自己的其他資本與對方的金錢交換。對於貧困的人來說，這就是我們賺錢的祕密。賺錢的智慧思考的不是人與人之間的關係，也不是物與物之間的關係。它思考的是人與物之間的關係。

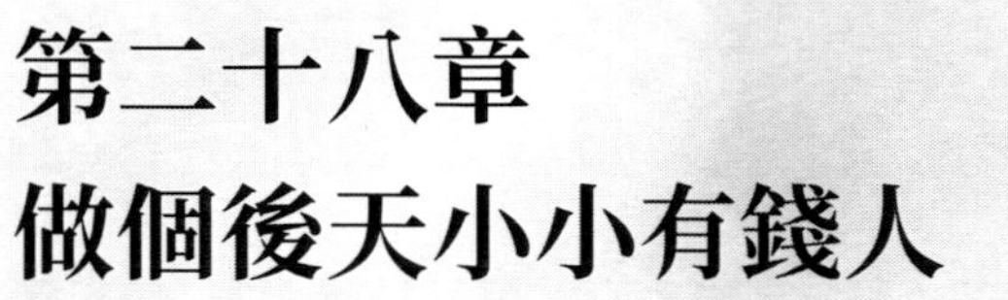

第二十八章
做個後天小小有錢人

發現孩子的「理財人格」，類型不同引導方式有就不同。

不同孩子對金錢的態度，在一定程度上決定了他們未來的理財習慣，而理財習慣又可能會影響孩子的一生。因此，如何正確引導孩子對金錢的態度，是為人父母者必修的一門功課。

每個孩子的「財商」是不一樣的，有的孩子一拿到零用錢就即刻花光，買自己喜歡的玩具或食物，而另外一些孩子則會一分也捨不得用，把零用錢全部放進自己準備好的存錢筒裡。

父母要針對孩子的理財特徵進行不同的教育，使之形成好的理財習慣，健全理財人格。

「海狸鼠」型的孩子需要引導：

「海狸鼠」型孩子非常「顧家」，雖然並不一定有特別的儲蓄目的或者計畫，但他們會勤勤懇懇地存錢，存錢筒越滿越開心。他們一般比較小氣，當看到自己喜歡的玩具或者漫畫書時，他們會向父母討錢，若是父母要求他們自己付錢，他們則寧可忍痛割愛。如果父母專門為他們建立了兒童帳戶，那麼他們就會專注於儲蓄，以便帳戶數字不斷增加，並樂此不疲。

這種習慣的形成多因耳濡目染，比如父母平時比較精打細算，每月都會把餘錢存在帳戶上，並且得意於家庭的積蓄越來越多。父母在儲蓄方面的紀律性，會讓子女也覺得他們應該嚴格遵守這種紀律。而父母對於儲蓄行為的提倡和讚賞，是促使孩子這種行為的直接因素。「媽媽，我又往帳戶裡存了 ×× 元！」「海狸鼠」型孩子經常會這樣炫耀。因為他們明白，存更多的錢是得到父母讚賞的小把戲。

孩子珍惜金錢，並遵守儲蓄的紀律是個好習慣，這使得他未來也能建立嚴格的儲蓄計畫，避免陷入「月光族」的泥沼。不過值得注意的是，太專注於金錢數量的增加，會讓孩子過分看重金錢本身，可能會妨礙他在未來更妥善地管理金錢，甚至影響到孩子未來的價值觀。

因此，對「海狸鼠」型的孩子，父母需要適當地引導他們合理地消費。像是計劃一項特別的家庭行動，讓孩子用自己累積的零用錢來負擔這次活動的費用，其所帶來的成就感會讓孩子覺得零用錢用得其所；或者，讓孩子負擔自己日常生活中一項比例較小的費用支出，比如交通費用，使得孩子感覺自己已經長大、獨立了，這會給孩子帶來比存錢更多的驕傲；而想培養孩子愛心的父母，也可以嘗試讓孩子和貧困地區的失學兒童結成「一對一」的互助對象，把自己的零用錢捐獻出去幫助其他小朋友，這對培養孩子正確的金錢觀也會起到很好的引導作用。

引導策略：這類孩子的儲蓄行為應該得到父母的鼓勵，可是也要適當引導孩子的消費行為，防止孩子過於專注於金錢本身。

對「霸王龍」型孩子說不：

「霸王龍」型孩子動輒就向父母索要東西，被拒絕後則大哭大鬧、不達目的不甘休。

「我真是怕了我兒子，一帶他進商場，他就不停地要買東西，不管需不需要、家裡有沒有，見到什麼都想要，我只要說個『不』字，他就大哭大鬧，甚至在地上打滾，每次到最後我都只好付錢了事。」一位姓陳的母親抱怨道，孩子不停地索要讓他們進退兩難，給呢，怕養成壞習慣；不給呢，又不忍心。

人的欲望總是無限的，小時候要一小包餅乾，長大之後要衣服、手機、電腦、汽車、房子……還有更多的東西。若是不加以分辨，只是一味地滿足孩子的欲望，就算有再多的金錢又怎能夠用？更何況有些時候，因為孩子大哭大鬧或者實在是對孩子的糾纏不耐煩，父母就滿足了孩子的欲望，這對孩子的人格培養是相當不利的，容易讓孩子養成任性、以自我為中心的性格。你應該斬釘截鐵地告訴孩子：「你需要的東西，爸爸媽媽一定為你準備；你想要的東西，可以告訴爸爸媽媽，我們會斟酌情況，決定要不要買給你；你哭或者發脾氣，都是沒有用的，我們一定不會買給你。」

這類孩子中有些則已發展到「誆騙投機」的地步，例如媽媽說不能買電動玩具，就跑去找爸爸要錢，或者父母要他做什麼事情的時候，以「給我多少錢」作為要脅條件，這實際上是在利用自己不斷增長的談判技巧，來增加自己的「收入」。遇到這樣的情況，父母一方面應該審視自己的行為，比如是否夫妻間在財務方面沒有開誠布公，從而加重了孩子這方面的傾向，另外一方面則是堅決抵制孩子的「無賴」要求，而且父母對孩子要保持一致的強硬態度。

引導策略：不管孩子如何哭鬧，父母要堅決地對孩子說「不」。

教「孔雀」型孩子做預算：

「孔雀」型孩子不能從存錢中得到滿足感，相反，不斷地把錢換成自己喜歡的東西，才會讓他們無比快樂。其實，這些東西也許他們並不真正需要，卻使得他們在其他小朋友面前顯得非常「富有」，正是這種「富有」感讓他們覺得快樂。

對這類孩子，一方面，父母要杜絕自己盲目比較的心理，同時要幫助孩子樹立健康的消費觀。父母要培養孩子「貨比三家」的習慣。比如，當孩子說：「別的同學都用三層的文具盒，我也要！」這時先不要一口答應，而是帶他去考察一下，商場、超市、還有街邊的文具店，哪家的文具盒更便宜，不同價位的文具盒都有哪些功能，而他自己真正需要的功能是什麼，當然，品質也很重要，父母還可以像專家一樣比較一下，街邊小店更便宜一點的文具和超市的文具，有何品質上的差異，然後引導孩子做出決定，他購買怎樣的文具更加實惠。

為了鼓勵這種健康消費的觀念，父母還可以採取一些獎勵措施，像是把節省下來的錢獎勵給他當作零用錢。當孩子形成「貨比三家」的習慣時，孩子在消費的時候就會更加理智和成熟。

引導策略：鼓勵孩子建立消費預算，學習管理金錢的能力。

給零用錢不如教理財，11 歲男孩理財 3 年存款 1.6 萬。

「借錢沒問題，但要算利息！」很難想像，這句話是出自一個剛滿 11 歲的小男孩之口。

小男孩叫小宇，是一名小學四年級的學生。幾天前，小宇的爸爸王先生帶他上街買東西，臨時差了 2,000 元現金，想起兒子有不少積蓄，便跟小宇說要借他的錢周轉一下，沒想到兒子居然跟老爸要起了利息。

「我的錢存在銀行本來有利息，現在借給你，利息就沒了，你當然應該幫我補上……」小宇解釋得有板有眼，讓王先生哭笑不得。

王先生告訴大家：「以前本來是想教他不要亂花錢，現在他倒成小財迷了！」

曾經，6 天就花掉 3,000 多元。

王先生從商多年，家裡經濟條件不錯。小宇是家中「孫子輩」裡唯一的男孩，長輩加起來有近 30 人，所以，每到過年、過生日，小宇都要發一筆幾千元的大財。

「過去我們大人也不管兒子的錢，都讓他自己花。」王先生記得，小宇8歲那年過年，3,000多元的壓歲錢用了6天就沒有了。「當時我們還覺得奇怪，以為是錢丟了。後來仔細一問，原來幾天時間裡他買玩具、買零食、打遊戲、請同學……把壓歲錢全部花光了。」

「家裡雖然不缺錢，但這麼放任孩子，就等於害了他。不過我們還沒開口說他兩句，他就頂嘴說：『錢是我的，我想怎麼花就怎麼花！』」

「沒辦法，只好先講道理給他聽：當你叔叔、嬸嬸、舅舅、舅媽往你口袋裡塞錢的時候，爸爸同樣也給你那些堂哥、堂弟、表姊、表妹發壓歲錢。這個道理跟你請人家吃麥當勞、人家請你吃肯德基一樣，沒有爸媽往外送錢，你能得到壓歲錢？爸爸不是要你上繳壓歲錢，但希望你注意兩點：一是不能亂花、亂用；二是以後不再給你零用錢，如果你想買個玩具什麼的，就要自己存錢來買。」一番苦口婆心的口頭說教之後，為了澈底改掉兒子亂花錢的毛病，王先生手把手地教兒子學起了理財。

如今，理財3年存款1.6萬元。

在爸爸的幫助下，小宇在銀行裡有了一個自己的帳戶。按照父子兩人的約定，小宇擁有完全的支配權 —— 可以自由地存取；而王先生只行使監督權 —— 不干涉兒子的開支。

小宇的收入包括：1. 過年壓歲錢；2. 生日長輩給的紅包；3. 平時透過做家事賺的零用錢。而他的支出（學費、吃穿由父母開支）包括：1. 平時零用錢；2. 買玩具和單獨外出玩耍的花費。

接著，王先生又專門買了一本筆記本給小宇，讓他記下自己每天的收支預算。一段時間後，王先生發現兒子不再像過去那樣大手筆地花錢了。

「我們同學當中，就數我最有錢了。」自己存錢自己花的成就感，讓小宇頗為自豪。3 年下來，小宇居然記滿了兩本帳本，存款達到了 1.6 萬元。

去年過年，小宇又迷上了收藏。他拿出自己的 1,000 元積蓄和爸爸資助的 1,000 元，買了各種生肖郵票和錢幣。一年過後，這些郵票和錢幣最少漲了 2,200 元。雖然只賺了 200 元，但這可是小宇有生以來的第一筆投資收益。用他自己的話說：「樂歪了！」

大家都問他：「你存這麼多錢，以後計劃怎麼用？」

「考上高學後，我準備趁暑假到埃及去看金字塔！」看來小宇是早有打算了呢！

普通人能否理財致富，與金錢的多寡並沒有太大關聯，卻和理財時間的長短關係重大。這個例子告訴我們，理財越早越易成富翁。專業理財師認為，像王先生這樣培養孩子從小樹立對金錢「取之有道，用之有度」的觀念，是非常難得，也是非常必要的。

「從理財的角度看，普通人能否致富，並不像人們想像的那樣，與金錢的多寡有巨大的關聯性，而是和理財時間的長短有著非常大的關係。年輕時如果及早理財，加上利用複式回報的效用，要成為百萬富翁亦非難事。」理財師說。

理財師還舉了個例子，假設甲從 22 歲開始每月存 3,000 元，到 32 歲總共存了 36 萬元；而乙在 32 歲時才意識到儲蓄的重要性，同樣每月存 3,000 元，到 57 歲時，總共存款 90 萬元。乙比甲多存了 15 年，總共存款額是甲的 2.5 倍。

但假設年回報率同為 6%，兩人到 57 歲時，甲（32 歲起就沒有再增加儲蓄）的財富累計價值為 220 萬元；乙（一直增加儲蓄）比甲多儲蓄 15 年，但因為他比甲晚儲蓄 10 年，他在 57 歲時的累計價值只有 208 萬元。甲的財富累計價值比乙高出 5.6%。

為什麼結果會這樣呢？理財師告訴大家，一般人會誤認為乙的儲蓄年期比甲長 15 年，以相同的回報率計算，累計價值應比甲多。但事實是，甲的最終累計價值比乙多，這就是及早理財，配合複利增長的結果。

可是不得不說目前的現狀是：很多家長談錢色變。甚至有不少家長只是一味地用零用錢滿足孩子的各種要求，很少培養孩子的理財意識。許多人教育孩子「書中自有黃金屋」、「義大於利」，跟孩子羞於談錢，以至於孩子根本無勤儉、理財概念，乃至上大學及工作後，仍缺乏投資理財和自理能力。而西方教育專家認為，兒童應從 3 歲開始接受理財教育。

「理財教育與孩子上學掌握科學文化知識一樣重要，應該努力成為當今社會孩子的一個生存必備技能。」理財師如是說。

青少年應該學會做個後天小小有錢人，財商從小培養是不可或缺的。

「財商」是一個人判斷金錢的敏銳性，以及對怎樣才能形成財富的了解。它被越來越多的人認為是實現成功人生的關鍵。財商和智商、情商一起被教育學家們，列入了青少年的「三商」教育，我們特別為家長歸納出了青少年財商教育的「三部曲」。

初級階段 —— 讓孩子「掌錢」：

多數家長擔心孩子亂花錢，會「剝奪」孩子們掌控錢的機會。比如要買什麼東西，統統向父母伸手要，馬上就要過年了，孩子們得到的壓歲錢，家長們也會說：「壓歲錢由父母來幫你保管。」全數地將壓歲錢收回去。這樣做的弊端是，孩子們會因此養成要花錢就伸手，一有錢就趕快花光的習慣，而缺乏對消費的規劃意識。

所以，在生活中，父母們應當給子女一些實際鍛鍊的機會，以週或是半個月為單位，一次性給孩子們一定額度的零用錢，讓他們自己來掌控這筆錢的花費。孩子們在這樣的鍛鍊中，就會逐漸地意識到規劃的重要性。當然，由於年齡的問題，孩子們一開始的時候可能還不具備這種能力，家長應當適時地進行監督。譬如小一點的孩子，就要求他們每天定時地向父母彙報今天的零用錢是怎麼用的，並且幫助他們記在小本子上，計算一下每一項的支出和總額各是多少，這個星期還剩餘多少錢。而三年級以上的學生，已經具備了簡單記帳的能力，家長們可以預先設計好帳本的格式，讓他們自己來計算支出和結餘。

不光是平時的零用錢，在逛商店的時候，家長們也可以給孩子一個固定的額度，讓他在這個額度內自由選擇喜愛的東西。因為有了限額，這時孩子肯定不會亂花一氣，而是要綜合衡量，優中選優。

這樣做的一個好處是，讓孩子們從小就培養起量入為出的理財意識，在消費的同時，會考慮到自己未來的花費和長期的規劃。好習慣一旦養成，終身受益，日後離開父母到異地求學，或是有了自己可以支配的收入，就不會出現消費無節制，到頭來只能依賴父母「啃老」的情況了。

中級階段 —— 教孩子「賺錢」：

都說開源節流，節流重要，開源的意義更大。讓孩子從勞動獲取收入的過程中，親身體會到工作的艱辛、財富來之不易，在工作中還能體會到回報與付出成比例，這樣看上去簡單的道理，嚼得草根則百事可做，小時候的這項功課，將會給他們的一生帶來巨大的精神和物質財富。

像是黃太太的兒子今年四年級，因為看到兒子平時總喜歡和班上的同學比較，小小年紀就已經有了名牌意識，黃太太買給他的衣服必須是「指定」品牌，玩具也要最新款式的，為了讓兒子知道金錢也是來之不易的，她和兒子簽訂了一份勞動協議：做家事賺零用錢。內容是每個週末打掃家裡打掃，一個小時黃太太會支付給兒子 50 元。每到週日上午，兒子再也不睡懶覺了，花兩個小時打掃房間，做得出色的話，黃太太還有獎勵機制，多付半個小時的薪資給兒子。一個月下來，兒子透過給媽媽「工作」賺了 400 元。更讓黃太太欣慰的是，兒子從勞動賺錢中體會到了工作的不易，「媽媽，買這個玩具，抵得上我兩個月的工作呢！其實它和上次外婆送我的那個差別也不大，我不要了。」

高級階段 —— 帶孩子投資：

除了教會孩子合理地花錢、有效地賺錢，家長們也可以試著告訴孩子一些普及性的金融知識，帶著他們做一些簡單的投資。

現在很多銀行都有推出一些針對青少年的「兒童帳戶」，得到不少家長的歡迎。但是大部分的人僅僅是用子女的名字開設一個帳戶而已，存款、提款的業務則都是家長包攬。其實，家長們不妨帶上自己的孩子親自辦理一些基礎的銀行業務，告訴他們為什麼要把錢存在銀行裡，不同年限的存款利率為什麼會不同，如何填寫存單和提款，怎樣匯款給外地的爺爺奶奶等等。

如果有的家長因為工作繁忙，沒時間帶孩子們去體驗銀行業務，那麼張先生家的「家庭銀行」模式，就很值得大家借鏡了。張先生為了讓女兒對存款、貸款有更加切身的印象，和太太一起為女兒建立一個「家庭銀行」。女兒每個月省下的零用錢、家事勞動所獲得的收入、過年時候的壓歲錢，都可以存在張先生家的「銀行」裡，他都會一一記錄到女兒的「存摺」上。

為了鼓勵女兒多存錢，張先生還按照類似美國「401（k）養老金計畫」

的誘導方法，就是當女兒每儲蓄 1 元時，張先生也會同樣地幫她存入 1 元，使她得到雙倍的金錢。但是，「高息」儲蓄是有代價的，張先生就規定，假使女兒在某一時間內取出儲蓄的話，父母便會把自己的那份取回。藉著這樣的方法，除可以增添女兒儲蓄的動力外，更可延長儲蓄的時間。

不止如此，張先生還教會了女兒怎樣使用貸款。他用家裡的房子來舉例說：「雖然我們家的房子很大很舒服，但是爸爸媽媽是不可能一次性支付這麼多錢的，只能向銀行貸款，也就是向銀行借錢，代價是每個月要按時地繳納房貸，還要多支付一些利息給銀行。」所以，在女兒有大宗支出的時候，張先生就會「貸款」給女兒購買她想要的物品，不過女兒必須按照分期付款的方式，按月地從零用錢裡抽出一部分來償還「分期貸款」。

現在有許多人提倡為孩子開戶投資基金，甚至是購買股票，卻忽略了讓孩子參與。家長們可以先和孩子們玩一些「大富翁」的遊戲，從遊戲中建立起對投資的初始印象。然後介紹簡單的投資知識給孩子，譬如帶著他們在電腦前查看基金的淨值，簡單地告訴他們淨值漲跌對自己的財富會有什麼影響。在潛移默化中，處於青少年時期的孩子們，自然也就學會簡易的股票投資原則。

第二十八章　做個後天小小有錢人

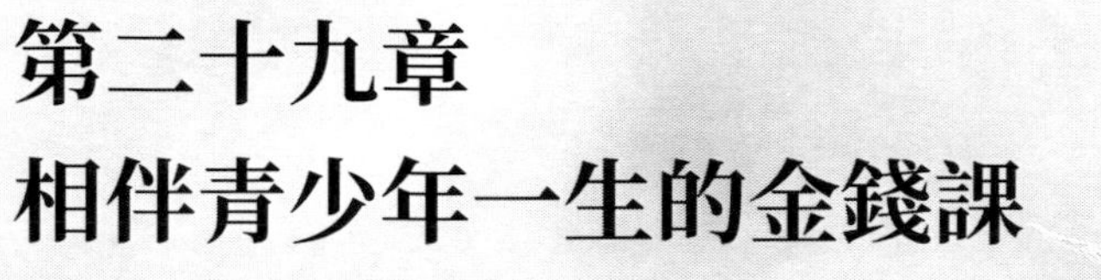

第二十九章
相伴青少年一生的金錢課

現在，青少年大手筆花錢的現象比比皆是，特別是很多中小學生，根本不知道家長的錢是如何賺來的，這說明我們對青少年的理財教育非常有限。從小讓孩子學習理財，必定會讓他們受益終身。

有一項針對青少年理財觀念的調查結果顯示，青少年存在亂消費、高消費的現象，具體表現為花錢不手軟、盲目比較、消費呈成人化趨勢；缺乏金融常識，甚至不清楚銀行信用卡的服務功能，不知道銀行存款的利率等等。這反映出青少年的理財觀念尚未形成、理財能力不強等諸多問題。

花錢如流水。

許多孩子往往不清楚自己每個月或每年的開銷到底有多少，很少有孩子會記錄自己的開銷。有記者曾刻意接觸一些孩子，驚訝地發現當今孩子們的開銷，不僅超過我們那個年代，而且遠遠超出了我們的想像。不少孩子表示：口袋裡的錢怎麼也控制不住，有錢就想花。一位高二學生在自己的作文中寫道：「我們每個人的支出就像堤壩決口一樣，一發不可收拾。」這比「花錢如流水」更可怕。

讓我們先來仔細分析一下孩子們的開銷，然後再來看看怎樣幫助孩子們「節流」。

支出一：日常支出。

我們將孩子們的日常支出，定義為每週都會有的支出，或者是每個月至少出現一次的支出。這類支出的特點是，每一次數額都不大，但次數頻繁，1 個月下來也是一筆不小的開銷。

- **零食**：對於喜歡吃零食的孩子來說，幾乎每天都要有 20 ～ 50 元左右的開銷。如果一個月按照 30 天計算，那麼零食費用大致為 600 元，多者要達到 1,500 元左右。受到電視、網路等媒體廣告的影響，有的孩子專吃廣告食品、專喝廣告飲料。或者說，專門幫廠商的廣告費用買單，難怪孩子們的零食費用會與日俱增。

- **音樂**：現在幾乎百分之百的孩子都是音樂的痴迷者，對他們來說，訂閱付費收聽音樂的軟體已是一種趨勢。。
- **影視**：喜歡大銀幕感覺的孩子們，過一段時間總要看上一次電影，買上一些飲料、爆米花，再加上交通費用，平均每月至少也要花費 300 ～ 400 元以上。動漫 —— 孩子正處於青春期，當然少不了對動漫的痴迷。訂閱線上軟體收看動畫，或者每週買一本漫畫書，每個月的開支也可能會在 300 ～ 400 元左右。體育 —— 儘管現在很多學校都有自己的體育館，但是空間和開放時間都受到限制，所以孩子們還是會選擇去校外運動，一般都會在地區的國民運動中心。例如打羽毛球，場地基本在每小時 290 元左右。一個月運動兩三次，每次一個小時左右，開銷也不菲。
- **書籍**：有些孩子每個月會買一本課外書籍，在這方面的開銷，估計一個月也要在 300 元左右吧！
- **手機費**：中小學生也成了手機一族，不過基本上都是用來傳 Line 而已，所以每月話費不高，基本上都能控制在 400 元以內。
- **其他**：許多孩子還有一些特別的喜好，比如說男孩子收藏汽車模型，女孩子買一些小飾品等等。

當然，並不是每個孩子都有以上這些支出，大部分孩子的支出只有其中幾項，還有的孩子很節約，全部支出可能都為零呢！

支出二：大宗消費。

大宗消費指的是學生一次性支出在 1,000 元以上的消費行為，如購買手機、運動鞋、請客吃飯等等。

- **人情**：人情消費向長輩看齊。不少學生反映，他們的人情消費是從成人社會交往活動中學來的，尤其是跟長輩學來的。某國三學生，為了慶祝自己在國中階段最後一個生日，發請柬邀請了 20 多名同學，在一家小飯店開了兩桌宴席，據悉一次性花費就在 4,000 元左右。於是又引來一些同學爭相仿效，類似現象不勝枚舉。學校老師普遍反映，如今不少中小學生崇尚高消費。一學生表示：「主要是由於面子問題，別人請你，你不能不去，你去了，就不得不回請。還好這樣的次數不多，一學期也就一次吧！開銷盡量控制在 1,000 元以內吧！」
- **用品**：用品消費向名牌看齊。學生的這項消費高得驚人。雖然不少學校對學生的儀表有嚴格的規定，如必須穿校服，不允許化妝等等，但是穿名牌運動鞋，用整套的保養品不算違背學校的規定吧？我買一部旗艦手機放在口袋裡，學校也管不著吧！取之有道：

消費支出這麼大，孩子不得不絞盡腦汁。這裡「取之有道」的「道」，意思僅僅局限於道路、途徑的意思。先介紹幾種途徑：

途徑一：父母給的零用錢。

孩子只要有用錢的要求，再謹慎的父母也絕對不會吝嗇這點費用的。樂觀地講，孩子大了，每位父母都嘗試著給子女一定的零用錢，鍛鍊他們的理財能力和理財信心。父母也意識到學校是一個微型社會，讀書的孩子也需要一定的人際關係應酬。狹隘一點講，沒有哪位父母希望自己的子女在用錢時捉襟見肘，因為子女的行為畢竟代表著父母的臉面。一般來講，父母會以週為時間單位給子女零用錢，每週 100 至 500 元左右。

這是孩子能夠得到的基礎錢，就像成年人的基本薪資一樣。若是學校收取課本費或班費，反正和學校相關或者和讀書相關的一切費用，都可以向父母申請補貼。

孩子一定要保持自己在父母心中的形象，要獲得父母絕對的信任，這樣才能在基礎錢之外，要求父母「加薪」或者發「獎金」。要是肆無忌彈地亂用零用錢，那麼你的零用錢很有可能直線下降。

途徑二：自己打工賺零用錢。

去哪裡尋找打工的機會呢？其實，最好的機會就是在家裡，孩子可以主動申請幫助父母做一些洗碗、清掃房間等家事，並和父母商量能否支付一定的勞務費作為獎勵。

大學校園一般會為大學生提供一些帶薪的工作機會，大學生一邊讀書，一邊幫助學校工作並獲得報酬。在國外，絕大部分中小學校也是如此，所以建議孩子們可以主動和學校相關部門連繫，如申請圖書館的管理員等，並要求一定的報酬。

途徑三：爭取獎學金。

學生的天職就是學習。以前是好好學習，天天向上。現在是好好學習，不僅能天天向上，而且還可以錢包鼓鼓，一舉兩得，何樂而不為呢！許多學校為了鼓勵學生努力學習，紛紛設置各式各樣的獎學金，而且一些企業為了打響企業的知名度，也在學校設立獎學金。身為學生的孩子們，一定要對得起自己，更不要辜負他們的美意。而你們所要做的就是努力學習。

途徑四：發揮一技之長。

無論是現在，或是將來，孩子們一定要培育自己的一技之長。例如說，你某門課程成績優異，那麼一定要爭取參加一些相關競賽。如果你擅長體育，那麼一定要爭取在學校或者縣市比賽上拿到名次，這些都是有獎金的，而且會讓你的前程豁然開朗。

途徑五：領取壓歲錢。

逢年過節是領取壓歲錢的時機。其中有兩條技巧要牢記，一是父母走親訪友的時候，一定要和他們一同前往。二是在向長輩或者是父母的朋友拜年的時候，要多說吉利喜慶的話。

另外，好好學習也是可以拿到壓歲錢的。比如說，你在升學期間，去一家非常好的國中、高中、大學讀書，那麼你家的親朋好友為了慶祝你念好學校，可能會包個紅包給你。這雖然不能完全定義為壓歲錢，但是我可以保證，金額絕對不會比壓歲錢少。總之，好好學習，是不會有錯的。

用之有道。

理財的理念對於孩子來講十分重要，若是理念錯誤，行動也一定錯誤。孩子至少應該懂得這樣一些道理：

理念一：合理規劃。

很多孩子都有這樣的疑惑，如何規劃零用錢呢？建議孩子們，不妨按照《錢不是長在樹上》（*Money Doesn't Grow On Trees*）這本暢銷書的作者戈弗（Neale Godfrey）的儲蓄基本原則，配置自己的零用錢。原文的意思大概是這樣的，孩子可以將錢放在 3 個容器內。第一個容器的錢用於購買日常必需品，第二個容器的錢用於短期儲蓄，為購買「芭比娃娃」等較為貴重的物品存資金，第三個容器中的錢作為長期存款放在銀行裡。

在我們的生活中，具體的操作就是把壓歲錢和其他一些大金額入帳的錢，放進第三個容器之中，可以放在銀行裡儲蓄。有的孩子要問了，可以用來投資嗎？我們的建議是量力而行，多聽聽父母的意見。孩子們可以把日常零用錢（父母給的和自己勞動所得）的 60%～ 80%放進第二個容器中，用來作為「迫不得已」的大宗消費。當然如果能放進第三個容器中則是更好的選擇。其餘的 20%～ 40%當作日常零用錢用。

理念二：減少開支。

現在的孩子們可能根本無法體會盲目消費的惡果。《華爾街日報》的個人理財專欄作家有過這樣比喻：孩子花錢不懂得克制，就像狡猾的首席執行長碰到一個百依百順的董事會，或者銷售員可以大肆報銷一樣。這就是說孩子亂花錢，不僅吞噬了自己，也在毀滅整個家庭。這是一件多麼可怕的事情啊！

吃喝玩樂是人的一種欲望，雖然欲望是不能壓抑的，可是也不能漫無邊際地氾濫，必須適度。對於讀書的孩子來講，這個度就是把吃喝玩樂看作是長期學習後的一種放鬆，一個月娛樂一次的頻率是比較正常的。

理念三：永不比較。

永遠都不要比較，俗話說得好：「人比人，累死人。」不要看到別人穿了名牌衣服，自己也買一件，與他一決高下。

每個人的家庭環境不一樣，應該根據自己的家庭環境，來考慮自己的消費水準，並向父母申請一定的日常零用錢。一般的看法認為，孩子的零用錢是家庭收入的 1%～ 3%為宜。也就是說，如果父母每月的收入共有 10,000 元，那麼身為子女的你，應該得到的日常零用錢應該介於 1,000 ～ 3,000 元之間。

理念四：壓歲錢是要還的。

沒有無緣無故的愛，也沒有無緣無故的恨，所以也沒有無緣無故的壓歲錢。其實，你得到的壓歲錢，是你的父母和親朋好友禮尚往來的結果。你在收取壓歲錢的同時，你的父母也在向別人支出壓歲錢。你所得到的壓歲錢，只不過是父母手中財富的一種變相轉移罷了。所以，為人子女的你若是不願意把壓歲錢交給父母，那麼一定要妥善處理。

父母的責任不僅僅是辛苦賺錢供養子女，更要傳授子女理財之道，讓孩子消費時懂得節約，儲蓄時能依據戈弗的「三個容器」的基本原則，以後將會有專門的文章討論這個問題。學校對孩童的理財教育也同樣擔負著不可推卸的責任。

第三十章
培養青少年的搖錢樹

關於搖錢樹的來歷，一般認為出自《三國志．魏志》所引〈邴原別傳〉的一則故事，一個叫邴原的人，在路上拾得一串錢，由於找不到失主，他就把錢掛在一棵大樹上。隨後路過此地的人，見到大樹上有錢，以為是神樹，於是紛紛把自己的錢也掛在樹上，以祈求來日獲得更多的錢，從此人們就形成了搖錢樹的習俗。從上述記載可知，人們最初不是從樹上搖錢、取錢，而是往樹上掛錢。掛錢的原因，是人們認為樹是神樹。由於邴原拾錢掛在樹枝上，引起眾人仿效，竟成「淫祀」，人們「斂其錢以為社供」。

關於搖錢樹的由來，民間也有許多說法，有一種說法是一個白髮老人給農夫一顆種子，叫他每天挑七七四十九擔水澆灌，水裡面要滴七七四十九粒汗珠，當它快開花時還要滴七七四十九滴血。農夫照著老人的話做了，結果種出的樹是搖錢樹，一搖便掉下銅錢。與此類似的故事是懶漢到處找搖錢樹，一個農夫告訴他：「搖錢樹，兩枝杈，兩枝杈上十個芽；搖一搖，開金花，創造幸福全靠它。」

原來，農夫說的搖錢樹就是人的雙手，這是傳統農民對搖錢樹十分形象和純粹的了解，即錢財來自辛勤勞動。有的說法是榆樹的葉子與銅錢相似，秋天葉子變黃以後更像銅錢，風吹手搖，樹葉飄落，就像錢幣落下，「搖錢樹」就是從這裡引申而來，當然這是文人墨客的創造，以及那些「異想天開」盼望能夠「天上掉下餡餅」之人的妄想而已。

有關調查表明，在所有未成年人的犯罪中，因搶劫、盜竊等與「錢」有關的罪行而鋃鐺入獄的，占全部未成年犯罪的70%以上。「君子愛財，取之有道」，這些未成年人之所以走上犯罪道路，在很大程度上是因為他們從小沒有得到良好的理財教育，沒有樹立正確的金錢觀。

讓孩子正確看待金錢。

「讓孩子小小年紀就有錢的意識，這對孩子成長有利嗎？」許多父母怕孩子染上貪財的不良習慣，所以盡量不讓孩子沾錢的邊。其實，孩子越看不到錢，越容易有花錢的誤解，形成揮霍和貪婪的不良習慣，所以讓孩子接近金錢、正確看待金錢，是對孩子進行理財教育的第一步。

理財從零用錢的使用開始。

教孩子使用零用錢是讓孩子學會如何控制預算、節約和自己做出消費決定的重要教育手段。美國家長盡可能將孩子的零用錢數量，控制在與他的同伴大致相當的水準上。至於零用錢的使用，則由孩子全權負責，家長不直接干預。一旦孩子因使用不當而犯錯時，家長不輕易幫助他們渡過難關。從而使孩子懂得過度消費所帶來的嚴重後果，學會對自己的消費行為負責。

受各種因素影響，許多家長不能讓孩子知道家庭的實際經濟狀況，富裕家庭只是讓孩子感到不缺錢，經濟拮据的家庭則羞於跟孩子談錢，甚至自己不吃不喝也要讓孩子吃好穿好，致使很多孩子花錢無度，不但浪費了錢財，還影響了孩子正確財富觀的形成。因此，無論是「窮爸爸」還是「富爸爸」，都要多和孩子交流溝通，加強引導，讓孩子知道錢是勞動所得，世界上沒有搖錢樹，只有靠勤勞和智慧才能創造財富。

嘗試讓孩子「當家作主」。

孩子收了壓歲錢以及結餘了零用錢，應當鼓勵他儲蓄。可以替孩子開立一個活期或定期存款帳戶，讓他們掌握開戶、存款以及提款的流程，並了解銀行計息、利率等常識，還可以將利息作為對孩子的現金獎勵，允許他購買自己喜歡的東西。

目前有許多銀行推出了少兒理財帳戶，這種帳戶是專為少年兒童量身定做的。透過對理財帳戶的使用，孩子可以非常全面地了解一些儲蓄常識，並在潛移默化中培養正確的理財觀念。

另外，也可以刻意培養孩子的投資愛好，比如集郵、集幣、收藏等，鼓勵孩子用壓歲錢實現自己的愛好，並體會收藏升值的快樂。

用理財成果做有益的事情。

鼓勵孩子用零用錢為父母、爺爺奶奶、外公外婆購買節日或生日小禮物，增強親情和愛心，贈人玫瑰，手有餘香，孩子會從贈與中體會到愉悅和快樂，會更有孝心。

孩子精打細算，但不要吝嗇；注重收益，但不唯利是圖……這些良好的理財習慣，會促進孩子的健康成長，從小練就的「財商」將成為孩子一輩子的人生財富。

讓孩子自己賺錢。

美國著名的系列兒童教育片《成長的煩惱》裡面，就講述了許多有關兒童理財教育的故事，例如其中有一集，講述麥克為了實現購買一輛舊汽車的願望，經常靠打工，幫別人洗車賺錢，透過努力終於擁有屬於自己的小汽車。而最小的本希望購買一輛價值 50 美元的最新款式兒童單車，來替換自己僅值 20 美元的舊單車，可是他沒有足夠的錢，父母就要求他靠自己的能力來賺錢，像是幫助鄰居除草等，他的姊姊卡蘿爾就出了一個「餿主意」，讓本製作 50 張 1 美元的彩票賣給自己的同學，大獎就是自己價值 20 美元的舊單車。雖然最後被他們的父母制止了這種錯誤行為，不過我們依然可以從中看到，教育兒童理財能力的簡單方法，讓他們為實現自己的目標付出勞動去賺錢，這樣才會讓他們體會金錢來之不易，才會明白理財的重要性。

謝穎是一名高中生，家境優渥，父母對她甚是疼愛，除三不五時為她買名牌衣服外，每月至少還給她上千元的零用錢。她告訴記者，零用錢是這樣開銷的：買書籍、訂閱音樂付費軟體等，月支出600多元；週末和同學打打網球什麼的，至少花費300元；偶爾請同學「吃一頓」，600～800元……如此下來，不時還得到爺爺外公、叔叔舅舅那裡「透支」點。

時下高消費的孩子又何止謝穎一人。各大中小學周邊，眾多商家都目不轉睛地盯上學生，各類促銷活動、誘人的折扣，讓眾多學子們心慌手癢。一身名牌、胸前掛手機的學生們，選購著價格不菲的文具……若是問：「如果錢花光了怎麼辦？」他們會不以為然地說：「用完了就『各顯神通』混飯吃囉！」

真是可憐天下父母心。有多少並不富裕的家庭，父母抱著對兒女們「成龍」「成鳳」的美好心願，在子女們的軟磨硬纏中，勒緊褲帶不得已而為之。有的孩子不顧家長債臺高築也要圖虛榮、講排場，吃喝消費向廣告看齊，用品消費向名牌看齊，人情消費向朋輩看齊，美容消費向明星看齊，沒錢就向父母伸手，從不考慮父母的艱難和賺錢的不易，自食其力意識更無從談起。

種種現象，反映出部分青少年個人理財意識、技能的缺失和低下。這些狀況，不僅對青少年自身發展不利，對家庭和社會也帶來嚴重的負面影響。

當今這個時代的孩子，是先學會花錢後學會賺錢，在花錢和賺錢之間有一個真空：理財。沒有經過理財教育的孩子，很多只知道花錢，缺乏正確的消費觀念和創造財富的能力。如果說學校生活是社會生活的前奏和預演，在這個時代，理財教育不應該再是一個空白。尤其是我們致力於提高學生綜合素養，致力於培養適應時代要求的複合型人才，孩子理財教育就更不能缺失了。

在現代社會中，理財能力是生存能力的重要組成部分。青少年學會理財，不僅僅是學會如何用錢的問題，其中尚包含了多方面的教育內容和多種能力的培養。專家指出，要想做好「青少年理財」這篇大文章，還有很多事情要做，如刻意地培養孩子的理財能力，指導孩子熟悉並掌握基本的金融知識與工具。從短期效果看，能養成孩子不亂花錢的習慣；從長遠看，將有利於孩子更早具備獨立生活的能力。

所以教會青少年正確的理財觀，就是相當於在孩子們心中種下一顆正真的「搖錢樹」。

少兒「天生我才」，快樂成長後天應補理財教育：

一、少兒理財的三大原則：第一原則是讓孩子真正地擁有錢，父母可以提建議，但花錢的支配權要交給孩子，讓孩子支出自己的部分花費。第二原則是孩子有可能不理智消費，父母不要強行讓孩子接受自己的建議，應該允許孩子犯錯，並讓其承擔不理智消費的後果。第三原則是孩子擁有的錢，應該讓其參與自己的花費，如學費、醫療費、生活費等，還有玩具、書籍、買禮物等支出，不能都是父母買單。

二、別隨意給孩子零用錢，一是應定期給孩子零用錢。從孩子小學一年級開始，家長可以固定給零用錢，最好固定在某一天，如每星期的同一天。二是父母給零用錢時，要充分考慮到孩子的需求。要保證孩子的基本需求得到滿足，在這些花費之外仍略有盈餘，不要把每一筆開銷都算得緊緊的，也不要讓孩子感受到太大的經濟壓力，否則孩子擔心會自己的餐費無法解決從而影響到學習。三是給孩子的零用錢不要超過家庭的負擔能力。要是孩子和別家的孩子做比較，父母應該誠懇地告訴他們家裡的收入有限，讓孩子明白家裡的經濟條件現狀，不要去和別人比較。

三、理財教育要循序漸進。

第一步，幫助孩子掌握錢財。理財初期，家長要發揮部分約束作用，可以限制孩子每月花費的最大值，或者與孩子達成協議，若是孩子能合格理財就給予鼓勵；超支就給懲罰。父母可以幫孩子制定自己的理財目標，先選取小的目標，一般只需儲蓄幾個星期就可以實現，接下來可以確定更大一點的目標。這樣訓練有利於孩子為了大目標而放棄小欲望。這一階段的訓練，孩子會對自己的財務狀況非常熟悉，而且能合理地支配自己的花費，在消費的時候做到量入為出，並有初步的長期規劃。

第二步，培養孩子的賺錢能力。培養孩子的賺錢意識，讓孩子了解賺錢的規則，從獲取收入的過程中了解到財富流轉的規則，體會回報與付出之間的緊密連繫。

第三步，增加孩子的財富常識。一個理財高手需要懂得基本的財務知識、投資知識、資產負債管理、風險管理等多方面的知識。作為理財的起步，孩子不需要學那麼多複雜的內容，可是不要忽略讓孩子參與家長的理財。

四、孩子對金錢意識發展有幾個層次：3 歲以前孩子處於「沒有金錢功能意識」的層次，把金錢當做一種玩具，視為可以隨意擺弄的紙。4 ～ 6 歲的孩子處於「懵懂的金錢功能意識」水準，只知道錢可以換東西，但是沒有自覺的購買行為，知道吵著父母買需要的商品，有的孩子忘記或根本不知道找零錢。

家長的幾點啟發：一是兒童對錢所產生的興趣很早，只要和家長逛過幾次商店，錢的用途便牢記在心中；二是錢的知識和道德教育有緊密連繫。孩子懂得錢應該透過勞動賺得後，便產生愛惜錢的心理；三是讓兒童懂得節約，做有計畫的開支，是良好理財習慣的開始；四是理財教育使兒童了解商品、了解社會，培養積極的參與意識和競爭意識。

五、如何培養孩子的理財意識？一是不要無條件地滿足孩子的要求，孩子的小腦袋對金錢來之不易沒有太多的了解。以後要獲得成功，必須禁受住外界的誘惑。過於滿足孩子的要求，孩子不會有鍛鍊的機會。二是對於孩子的要求要放緩滿足的速度。延遲滿足，讓孩子意識到不是任何要求，別人都能無條件滿足的。三是對孩子一定要守信。答應帶孩子買東西，家長可能忘記了，要及時向孩子解釋清楚並想辦法彌補，忘記的次數不要太多，否則會失去孩子的信任。

六、少兒理財教育的四個方面：一是理財觀念。理財的道理和人生的道理是相通的，「君子愛財，取之有道」，人應當做錢財的主人，不應做錢財的奴隸。二是理財能力。有的孩子理財能力是天生的，有的需要培養。從簡單的數學運算，到個人理財戰略和策略的設計，都應該給孩子適當的教導和指引。因為孩子在理財的過程中，大都注意眼前的利益，很少會顧及長遠的利益。三是財富欲望。創造物質上的財富，也是對社會有巨大貢獻的重要表現。家長應積極主動對孩子進行創富欲望的教育，從小培養孩子追求卓越、追求富裕、追求成功的思想意識和強烈渴望。四是事業潛能。這種潛能除了要具有豐富的知識素養外，更重要的是非智力因素的培養，包括毅力、自信、堅強、正直、自律等個人素養的培養。

七、少兒理財教育的四個階段：第一階段，學齡前時期，家長應教他們了解一些數位和一些基本的概念，如簡單的加減法、物體的大小輕重，錢幣的種類和金額，進行商品交換的基本知識等。第二階段，入讀小學之後，可以開始教他們計劃自己的開銷了。如每週的零用錢怎麼支配，如何做自己的小帳本，如何支配好父母給自己的生活費。也可以安排孩子每週做一定的家事，或做一些力所能及的公益活動，也可以適當給予一定的報酬，讓他們知道金錢的得到，是要付出勞動的，知道金錢的來源和商品社會的情況。同時也讓孩子明白愛和情感的無價，明白金錢不是萬能的。

第三階段，就讀國高學時，可以向孩子講解一些更複雜的經濟學原理，如存在銀行中的錢是如何計算利息的，生產與消費循環的關係等，也可以適當讓他們做一些課外勞動、打工等，讓孩子在吃苦的過程中得到磨練。第四階段，孩子剛成年，有的已經踏入大學的校門，家長更應該關注孩子的財商發展。這時期的孩子思想特別活躍，當他有好的創意告訴你時，你要理性地分析。孩子在創業中也會遇到不少困難，家長要及時出手相助，並幫助孩子抓住商品社會中大大小小的創富機會。

八、抓住數字關鍵期，4 歲左右是數字概念形成的最佳時期，可引導孩子了解數位，由簡到繁，做些加減乘除的演算。方法是啟發誘導，以實物、圖片、玩具等引起孩子的興趣。要提高孩子對數字的敏感，促進孩子在理財過程中掌握數學運算，加強數學訓練。如果能從生活中結合實例重點訓練，孩子便能更熟練、更快速地掌握數字概念。

青少年「不差錢」學會理財很重要：

青少年慢慢長大，從「小孩子」變成了「國高中生」，也從「零用錢」短缺時代過渡到「有點餘錢」的投資時代，怎麼進行投資理財，怎麼將手裡的錢做一個很好的安排，已經成了很多當代青少年們關注的問題。

想要成為一個會理財的人，以下六個步驟可幫您成功實現：

一、下定決心開始「自己」理財。

大部分人會認為「理財」等於「不花錢」，進而聯想到理財會降低花錢的樂趣與生活品質。理財真的會剝奪生活的樂趣和品質嗎？答案當然是否定的，而且成功的理財還能為你創造更多的財富。理財並不是一件困難的事情，困難的是自己無法下定決心理財。若是你永遠也不學習理財，終將面臨財務窘境。只有你自己先下定決心「自己」理財，才算是邁開了成功理財的第一步。

二、財務獨立。

您終於下定決心自己理財了，接下來要做的就是獨立您自身的財務。這裡所說的「財務獨立」是指「排除惡性負債，控制良性負債，理性地投資」。

惡性負債就是人為不可控制的負債，例如生病、意外傷害、車禍、地震及颱風等，這些都屬於惡性負債。所以財務獨立的第一步就是買一份適合自己的保險，才能將意外帶來的金錢損失轉嫁給保險公司，讓您投資理財時無後顧之憂。

財務獨立的第二步是控制良性負債。良性負債就是您可以自己控制的負債，例如日常生活的花費、娛樂費、交際費等都是可以控制的良性負債。對剛進入國高中的學生來說，前幾年所選擇的生活方式有可能影響未來的生活模式。例如選擇不存錢、在學校寄宿、生活花費高的人，每月所結餘的所得就很有限，還有可能發生負債的情形；對於選擇與家人同住、生活花費低的人，每月所結餘的所得就相對比較高，而且還可以拿出大部分積蓄從事投資。聰明的您一定要學會控制良性負債。

財務獨立的第三步驟就是從事理性的投資。理性的投資簡單說就是「投資人了解所欲投資標的的內涵與其合理報酬後，所進行的投資行為」。

強調理性投資的重要性，是因為投資不當會導致負債的嚴重後果。

三、學習理財投資。

您的觀念是不是認為理財只有交給專家才最穩當？沒錯！把理財交給專家的觀念是正確的。但在您把錢交給專家理財之前，是不是有信心這個「理財專家」是「真的」理財專家，而且有把握這個「理財專家」會以您最大利益為最終理財的目的。若是沒有十足的把握，那麼您自己學習理財知識就是必需的工作。

美國麻省理工學院經濟學家萊斯特．梭羅說：「懂得用知識的人最富有。」能否運用知識及掌握技術，是 21 世紀貧富差距的關鍵。因此，不論您理財要不要交給專家，建議您多少都要有理財方面的專業知識，因為這些專業知識能使您避免一些理財方面的陷阱，以免辛辛苦苦存下來投資的錢化為泡沫。

四、設定個人財務目標及實行計畫。

理財目標最好是以數位衡量，並且是您可能需要一點努力才能達到的。說得簡單一點，就是請先檢視自己每月可存下多少錢、要選擇投資報酬率多少的投資工具、預計需花多久時間可以達到目標。因此，建議您第一個目標最好不要訂得太難實現，所需達到的時間在 2 ～ 3 年內最好。當達到第一個目標後，就可訂下難度高一點、花費時間約 3 ～ 5 年的第二個目標。

五、養成良好的習慣。

若不把理財當作一個習慣來養成，那麼在開始理財的初期可能就會功虧一簣了。因為理財最困難的時期，就是在剛開始理財的時候。通常剛下定決心理財的人，往往憑著一股滿腔的熱情，期待理財能馬上立竿見影、立即改善個人財務結構。但他們卻常常忽略了一點：初期理財的績效，是不容易有顯著的表現的。於是在一段期間後，對理財失望的情緒就澆息了當初的熱情，並產生認知上的差距，所以原來設定的理財目標就硬生生地被放棄，也放棄了個人成功的機會。

六、定期檢視成果。

不論做任何一件事，學管理的人都很講究事前、事中、事後的控制。因為經由這些控制，才可以確定事情的發展是不是朝著我們既定的目標前進；若不是，也可以及早發現，立即做出修正。理財投資是有關錢的事情，不可疏忽大意。

設定理財目標，擬定達成目標的步驟，就是理財的事前控制。「記帳習慣的養成」就是在做事中控制的工作。經由您前幾次的記帳紀錄中，就可以知道自己日常生活金錢運作的狀況。事後控制是指個人理財投資計畫完成時所做的得失檢討結果，也是另一階段理財投資規劃所需要參考的重要資料。

大學生「智商」、「財商」兩手都要抓的理財技巧：

有專家指出，21 世紀的大學生不應該只有「智商」，還應該具備一定的「財商」，在大學時代就要養成良好的理財習慣，為自己的現在和將來精打細算，這樣對於我們以後走向社會有很大的幫助。

學會貸款 —— 用明天的錢圓今天的夢。

對於絕大多數學生而言，每學期的學雜費、生活費是一筆不小的經濟支出。要是財務狀況較為緊張，建議不妨去申請助學貸款，因為大學生貸款利率比市場利率低，這樣既可以減輕家庭負擔，又可以培養自己的獨立意識和責任意識。

學會使用簽帳金融卡——增添財產安全係數。

為了避免不小心丟失現金，學生最好學會有效地利用簽帳金融卡，這為今後適應電子化生活方式做一個演練，同時也能以此來培養理性消費的好習慣。因此，學生不僅要學會用卡存錢、提款，也要學著養成良好刷卡消費的習慣（當然這僅僅代表個人觀點）。值得注意的是，同學們要注重密碼安全，切忌設生日、學號等常用數位。

學會兼職——適當「開源」早做實戰準備。

從投資學角度來說，兼職是一項不需要預付太大資本，又能獲得純增值的有效方式，且幾乎沒有什麼風險。找一份合適的校外兼職，會進一步擴充自己的財務本金。這種理財「增值」方式，應該成為大學生理財的一個重要組成部分。而且打工既能充實我們的頭腦和閱歷，又充實了我們的錢包，何樂而不為呢？

學會選擇——注重理財細節。

如今的大學校園裡，存在一批學生不僅沒有存款，每到月末都要還要靠借錢度日。不良的消費習慣和不合理的理財計畫，是產生這種現象的根源。除去為大家介紹過的，要按適當比例分配每月財產外，還應從細節上合理理財，下面提出幾點建議給同學們：

一、寢室可以開設帳戶，公共費用（比如水電費、購買洗衣粉、清潔劑的費用等等）合理分攤。這樣可以讓室友們相互提醒，相互監督，節約了成本又培養了同學們的勤儉節約之風。

二、好友們一起外出聚餐是難免的，出行前可根據平時觀察或上網查詢，盡量選擇能玩得開心而且經濟實惠的地點。買單時最好採取 AA 制，大家都是學生，沒有固定的經濟來源，要講交情也不一定非得打腫臉充胖子。記得有位老師說過，在飯桌上講交情，請來請去，最後請得一點交情都沒了。

三、要分清哪些是非用不可的，哪些是可用可不用的，盡量避免出現買了一樣東西，結果一次也沒用上的情況。當然買東西也不要過分貪圖便宜，這樣沒用多久就壞了，往往得不償失，我們寧願選擇用稍貴一點的價格買到品質較好的商品。

四、平時節假日避免高消費。同學們在一起可以做一些既不用花費太多金錢、又能愉悅身心的活動，比如一起爬山、慢跑等。五、有部分大學生開始學習投資，這要量力而行。其實大學生沒必要花過大精力去掌握投資的技巧，養成合理的消費習慣才是最要學習的內容。因為大學階段正是許多理財觀念和理財習慣形成的階段，最好的理財方式就是「投資自己」。

六、知識才是最大的財富。大學是學習知識的最佳場所，這裡擁有如此多的優越條件，我們應抓住機會充實自己。因此同學們切忌捨本逐末，打工可以鍛鍊能力和賺錢，但萬勿因此耽誤了學習。正確處理好打工與學習之間的關係，也是理財的一個重要方面。

當然還有許多細節方面有助於我們理好自己的財，這就需要同學們從大處著眼，小處著手，制定合理的理財計畫，並在日常生活中培養起良好的理財習慣，從而讓手中的錢財更好的為自己服務，從有限的錢中得到更大的效用。

我們理財的路應該是一步一步的，給自己設定好目標，然後一步一步地往前走，達到了每個小目標就獎勵自己，理財其實就是做人，發現最優秀的自己，擁有最真心的朋友，背靠著最和諧的家庭。

錢少的時候，你可能會抱怨無財可理；錢多的時候，人們又覺得沒有時間去理財。有錢、無錢、錢多、錢少，都成了忽視理財的藉口。理財並不是富人的專利。你的收入也許只能勉強維持生計，除去開支所剩無幾，似乎無財可理，可是你忽略了一個重要方面，就是理財不光要開源，也要節流，錢少的人更需要合理地安排和規劃自己的支出，花好每一塊錢，增加自己的投資知識，盡量獲得高回報率，使自己的財富增值。實際上，理財是一個觀念問題，是一種生活態度。

理財是人們日常生活不可或缺的一門學問。個人理財或者個人財務策劃，在西方國家早已成為一個熱門和發達的產業，西方國家的個人收入包括工作收入和理財收入兩個部分，在一個人一生的收入中，理財收入占到一半甚至更高的比例，可見理財在人們生活中的地位。而我們的理財處於剛剛起步的階段，對於如何理財又普遍缺乏知識。本書的目的就在於拋磚引玉，讓每一個讀者都能從閱讀中獲得收益。

人的一生有許多夢想，也就是有許多的人生目標。這些目標的實現大多都需要資金的支援，否則就會成為泡影。因此人們期望自己的財富不斷地增值，來支持自己達成心願，這確實是一個永無止境的人生過程。理財不是一時衝動，不是投機取巧，也不是憑藉運氣，而是每個人透過學習和實踐，都可以掌握的一門學問。

總之，理財是一種社會實踐，是一種人生過程，是一種生活方式。朋友，當你閱讀了本書，有了理財的意識，那麼就請從今天開始投入理財，在理財生活中不斷實踐，不斷總結經驗，在理財生活中學習理財方法。理財策略之一就是越早越好。只要你每日將 10 元放進瓶子內留著不用，一個月可存 300 元，每年可存 3,650 元。倘若你繼續儲蓄，便會在 277 年後存 100 萬元了！不過，如果每年年底將這些存款用作投資，以過去 30 年美國 SP500（是記錄美國 500 家上市公司的一個股票指數）指數年平均報酬率 12%計算，只需 31 年你便可成為百萬富翁！

真正富有的人，除了擁有金錢上的財富外，還應擁有時間上、精神上的財富，他們應懂得利用自己的時間，去享受努力的成果。誰最懂得管理金錢，誰就是最富有的人。

你就是世界上最富有的人。

後天首富養成書：

各國零用錢觀 × 富豪們的童年大小事 × 孩子走上儲蓄之路，種下未來的搖錢樹！

編　　著：錢媽媽
發 行 人：黃振庭
出 版 者：崧燁文化事業有限公司
發 行 者：崧燁文化事業有限公司
E-mail：sonbookservice@gmail.com
粉 絲 頁：https://www.facebook.com/sonbookss/
網　　址：https://sonbook.net/
地　　址：台北市中正區重慶南路一段六十一號八樓 815 室
Rm. 815, 8F., No.61, Sec. 1, Chongqing S. Rd., Zhongzheng Dist., Taipei City 100, Taiwan
電　　話：(02)2370-3310
傳　　真：(02)2388-1990
印　　刷：京峯數位服務有限公司
律師顧問：廣華律師事務所 張珮琦律師

定　　價：465 元
發行日期：2023 年 08 月第一版
◎本書以 POD 印製
Design Assets from Freepik.com

國家圖書館出版品預行編目資料

後天首富養成書：各國零用錢觀 × 富豪們的童年大小事 × 孩子走上儲蓄之路，種下未來的搖錢樹！ / 錢媽媽 編著 . -- 第一版 . -- 臺北市：崧燁文化事業有限公司 , 2023.08
面；　公分
POD 版
ISBN 978-626-357-542-4(平裝)
1.CST: 個人理財 2.CST: 親職教育
563　　112011520

電子書購買

臉書